LES EXCLUS DE L'ÉGLISE

John J. McNeill

LES EXCLUS DE L'ÉGLISE

APPRENDRE A S'AIMER

Préface du père Jacques Perotti

TRADUIT DE L'AMÉRICAIN
PAR
MARGUERITE LE CLÉZIO

filipacchi

Titre original : « Taking a Chance on God »
publié par Beacon Press, Boston, États-Unis.

Édition française :

63, avenue des Champs-Élysées – 75008 Paris

AVANT-PROPOS

Une joie profonde m'a envahi quand j'ai appris la parution prochaine en langue française de ce livre de John J. McNeill. Depuis plusieurs mois j'arpentais les maisons d'édition, les unes après les autres, et chaque fois j'essuyais le même refus poli, voire distant. J'exprime tout d'abord ma reconnaissance aux éditions Filipacchi qui ont pris le risque de le publier. Mais qu'il me soit permis aussi de remercier chaleureusement Marguerite Le Clézio pour en avoir assuré la traduction.

C'est la première fois que paraît en France un livre sur un sujet brûlant : les homosexuels au regard de Dieu... Merci au mouvement « DAVID & JONATHAN » qui parraine cet ouvrage et souhaite le diffuser le plus largement possible.

Je connais John J. McNeill depuis plusieurs années. En 1984, lors d'un voyage aux États-Unis, je fus son hôte à New York. Lui-même vint en France peu après pour assister à une rencontre nationale des responsables de « DAVID & JONATHAN ». Cet ex-Jésuite, interdit de sacerdoce par l'Église catholique, demeure un prophète pour la communauté homosexuelle. Depuis plus de vingt ans, il a accompagné des gays et des lesbiennes en grave difficulté psychologique et morale. Il a animé des retraites spirituelles, des colloques. Avec eux, il a célébré l'eucharistie... jusqu'à ce que la hiérarchie catholique le suspende de tout ministère. Sa foi en Jésus-Christ est passée au creuset de la souffrance et de l'exclusion. Authentique prophète d'une grande humilité, il est l'instrument que Dieu s'est choisi pour redonner confiance et courage à tant d'hommes et de femmes que les Églises et les sociétés civiles rejettent à cause de leur différence affective et sexuelle.

Je suis frappé de constater que ce qui se produisait il y a une vingtaine d'années aux États-Unis, avec l'émergence du mouvement « DIGNITY », se déclenchait à la même époque dans plusieurs pays d'Europe.

En France, en 1972, c'était la naissance du mouvement « DAVID & JONATHAN » sous l'impulsion d'un prêtre, Max, et de quelques laïcs, Gérald, Jean-Marie, etc. En 1974, le pasteur Doucé, tragiquement assassiné en 1991, créait le Centre du Christ Libérateur (C.C.L.), d'obédience protestante. Partout en Europe, d'autres associations chrétiennes voyaient le jour. Pour ne citer par exemple que la M.C.C. — Metropolitan Community Church — en Angleterre, la Communauté à Bruxelles, H.U.K. — Homosexuelle und Kirche — en Allemagne, Gay European Baptist Federation aux Pays-Bas, Davide e Gionata en Italie, etc.

Il est vrai que cette efflorescence d'associations chrétiennes gays est issue quelque part de ce qu'on a appelé la « libération sexuelle ». Je pense que ce fut un déclic, une révélation de la lente émergence de l'identité homosexuelle au cœur du monde. Après tant de siècles de rejet, de destruction, d'intimidation, un vent de liberté soufflait... Ce furent d'abord des personnalités du monde artistique et littéraire qui commencèrent la percée. La revue « Lire » ne vient-elle pas de publier un dossier sur les atouts littéraires de l'homosexualité ?

Si pour certaines professions il est de bon ton, paraît-il, de s'afficher gay ou lesbienne, en est-il de même lorsqu'on est OS chez Renault ou dans le bâtiment ? Est-ce aussi aisé lorsqu'on est instituteur, prêtre, religieux ou religieuse ? Ma vie personnelle et les confidences de tant de frères et soeurs m'obligent à affirmer aujourd'hui, comme je l'ai dit souvent à la télévision et dans les médias en général « qu'être homosexuel en 1993 demeure encore un parcours semé d'épreuves ». Nombre de

1. « L'homosexualité est-elle un atout littéraire ? » *Lire* - n° 206, novembre 1992.

gays et de lesbiennes risquent de rester des « blessés à vie » à cause de l'ignorance des Églises et des sociétés. Je reste persuadé que l'exclusion est motivée par la peur et l'ignorance. Or, je l'affirme haut et fort : l'Église catholique ne connaît pas les réalités humaines et spirituelles que vivent les gays et les lesbiennes de la fin du XXe siècle. Des textes récents émanant de la Congrégation pour la doctrine de la foi viennent de nous le confirmer amplement [1]. Enfermée dans un hétérosexisme hors duquel il n'y a point de salut, elle ne peut voir dans notre homosexualité que dévergondage, drague et rapports sexuels « contre nature ».

A « DAVID & JONATHAN » et dans tous les groupes gays chrétiens du monde, nous affirmons humblement mais avec conviction que l'homosexualité est un don de Dieu. De par la terre entière, des hommes et des femmes, fidèles à l'appel du Christ : « Lève-toi et marche », se lèvent, se guérissent des blessures qu'on leur inflige et découvrent la liberté d'aimer comme Dieu le veut pour nous. Notre combat rejoint celui de tous les opprimés, de tous les exclus. Avec eux et comme eux, il faut « boire à son propre puits » comme le dit Bernard de Clairvaux ... Là est la source de toute liberté.

Il m'a fallu des années de souffrance pour accéder à ma propre libération. On ne se libère pas seul, mais les uns avec les autres, les uns par les autres.

En 1981, j'ai eu la chance de rencontrer Gérald, fondateur de « DAVID & JONATHAN ». Très vite je me suis engagé dans ce mouvement de libération. Depuis vingt ans, des milliers de gays et de lesbiennes se sont écoutés, se sont épaulés pour parvenir enfin à se reconnaître libres et aimés de Dieu. J'en suis témoin.

Des prêtres et des religieux se rencontrent régulièrement depuis dix ans pour partager souffrances et espérance dans la foi. Peut-on arrêter un peuple qui, peu à peu, s'émancipe de l'oppression et de l'exclusion ? Tout le récit biblique en est la

1. « Quelques considérations à propos des projets de loi sur la non-discrimination des personnes homosexuelles » — 23 juillet 1992.

démonstration : Dieu ne cesse de promouvoir la libération de l'Homme.

Avec la parution de ce livre de John J. McNeill, je souhaite ardemment que mon Église accepte le dialogue. Depuis des années, nous le lui proposons. En attendant, il nous faut vivre, espérer et surtout aimer ! Il n'y a pas d'autres chemins d'humanisation et de marche vers Dieu que celui de l'amour, un amour qui nous prend tout entier, qui nous fait exalter et chanter dans le partage d'une intimité affective et sexuelle. Le chemin de l'amour est le chemin le plus exigeant, le plus ardu. Il est semé d'embûches, de blessures, de péchés, mais il n'y a pas d'autre voie pour rejoindre l'amour que Dieu nous témoigne en Jésus-Christ, verbe fait chair. Le plus grand des péchés, c'est de ne pas aimer.

Je salue la parution de ce livre comme une grâce que Dieu nous fait. Je sais par expérience qu'Il aidera des milliers de gays et de lesbiennes à progresser sur cette voie de libération.

Je veux espérer que beaucoup d'évêques, de théologiens, d'hommes et de femmes engagés dans l'Église, dans d'autres combats de libération, liront ce livre et souhaiteront entamer un dialogue en vérité. Alors, ensemble nous serons une communauté de Foi et d'Espérance vécues. Sans exclusion aucune.

Paris, le 7 février 1993

Jacques Perotti, prêtre
Attaché de presse de
« DAVID & JONATHAN »

PRÉFACE

Le rapport qu'entretient la religion avec la sexualité donne souvent lieu à deux questions d'égale importance. La première cherche à savoir ce que dit la foi chrétienne (la Bible, la tradition, l'opinion théologique courante) sur notre sexualité, sa finalité et ses formes d'expression. La seconde, ainsi que le souligne James B. Nelson dans son livre, « Between Two Gardens : Reflections on Sexuality and Religious Experience »[1] (D'un jardin à l'autre : réflexions sur la sexualité et l'expérience religieuse), s'interroge sur l'influence qu'exerce notre expérience d'êtres sexués sur notre théologie, notre lecture des Écritures, notre interprétation de la tradition et les efforts que nous faisons pour vivre le message des Évangiles.

Nous avons grand besoin aujourd'hui d'une *théologie sexuelle* qu'il ne faut pas confondre avec une théologie portant sur la sexualité. Celle-ci a toujours joué dans notre vie de croyants un rôle vital, bien que largement occulté jusqu'à ce jour. Quant à la réflexion féministe, elle est venue, par ailleurs, éclairer le fait que la plupart des théologies traditionnelles reposaient exclusivement sur une vision patriarcale de la réalité.

Husserl, le père de la phénoménologie[2], disait que la réalité

1. James B. Nelson, *Between Two Gardens : Reflections on Sexuality and Religious Experience* (New York : Pilgrim Press, 1983).

2. Husserl, Edmund : philosophe allemand (1859-1938), fondateur de la phénoménologie, méthode de description et d'analyse de la conscience qui situe l'origine de tous les systèmes philosophiques et scientifiques dans l'expérience.

nous parle toujours en fonction des questions que nous lui posons. Ainsi, les interrogations d'une personne dont le corps est féminin diffèrent radicalement de celles que soulève l'individu dont le corps est masculin, la réponse de l'un n'ayant rien à voir avec celle de l'autre.

Le postulat de ce livre est que lesbiennes et homosexuels adressent à la réalité des questions spécifiques qui se distinguent de celles des hétérosexuels, et que la théologie et la spiritualité gagneraient à en tenir compte. J'ai donc tenté d'énoncer dans cet ouvrage une théologie et une spiritualité axées sur quelques-uns des principaux domaines d'expérience où lesbiennes et gays, à cause de leur orientation sexuelle, se positionnent différemment, ont des besoins distincts et se trouvent, par conséquent, obligés de démêler les implications théologiques et spirituelles de leur expérience.

Thomas E. Clarke, S.J., parle dans son article, « A New Way : Reflecting on Experience »[1] (Une autre voie : réflexions sur l'expérience), d'une nouvelle approche de la théologie dans l'Église contemporaine — approche qui se fonde primordialement sur « l'expérience révélatrice ». La théologie ne peut plus se contenter d'être une science déductive qui s'élabore à partir de principes généraux ; elle doit plutôt procéder a posteriori, à la manière d'une science, en se fondant sur des preuves empiriques fournies par le vécu des individus pour aboutir à ses conclusions. Clarke affirme que l'auteur de cette nouvelle forme de réflexion théologique n'est plus le théologien professionnel qui évolue dans un cadre académique, mais qu'elle émane plutôt des membres de la communauté chrétienne de base ; et dans ce cas précis, des homosexuels chrétiens qui s'efforcent de rendre compte de leur foi à d'autres dans le but d'éclairer leur action pastorale. Ce processus revient en fait « à engager une réflexion chrétienne commune sur l'expérience révélatrice (où sont inclus les " signes du temps ") qu'on interprète à partir d'une ana-

1. *Tracing the Spirit : Communities, Social Action, and Theological Reflection*, textes réunis par James E. Hug, S.J. (Mahwah, N.J. : Paulist Press, 1983), pp. 18-50.

lyse sociale et en se référant aux Écritures et à la tradition, en vue de mener dans le monde une action chrétienne »[1].

Mon intention est ici d'élaborer une spiritualité fondée sur l'expérience révélatrice des lesbiennes et des gays chrétiens, qui vise à répondre à leurs besoins spécifiques et à orienter leur action pastorale dans le monde.

J'avais aussi à l'esprit un groupe de lecteurs plus précis, dont le sort donne à ce volume son caractère d'urgence : je veux parler de tous mes frères homosexuels souffrant du sida ou qui sont en danger de le contracter, ainsi que de leurs amants, familles et amis. Ceux-ci ont désespérément besoin de situer ce qu'ils sont en train d'endurer dans le contexte d'une spiritualité nouvelle qui leur permette d'établir des liens entre leur réalité et leur expérience et la révélation que Dieu nous fait de Lui-même en Jésus.

Ce texte est né des milliers d'heures que j'ai passées comme psychothérapeute à partager la douleur et la joie, les combats et les triomphes de mes patients homosexuels qui s'efforçaient de concilier leur homosexualité et leur foi chrétienne. S'y sont ajoutés les schémas psychologiques et spirituels fondamentaux que j'ai identifiés au cœur des efforts qu'ils faisaient pour recouvrer leur santé psychologique et progresser vers une plus grande maturité spirituelle. Y ont aussi contribué mes nombreux sermons, ainsi que les ateliers et les retraites que j'ai animés pour divers groupes gays, en particulier les retraites pour lesbiennes et gays au Kirkridge Retreat Center dans les montagnes des Poconos en Pennsylvanie.

Ceci est un livre très personnel. Mon expérience y figure abondamment. J'étais le plus jeune fils d'une famille nombreuse américano-irlandaise ; j'étais gay et j'ai grandi à Buffalo dans l'état de New York. Mes parents, dont l'éducation n'avait pas été très poussée, étaient durs à la peine. Ma mère avait émigré d'Irlande vers les États-Unis. Mon père et elle croyaient sincèrement que le trésor le plus précieux

1. Ibid., p. 22.

qu'ils aient reçu de leurs parents et qu'ils transmettaient à leur tour à leurs enfants était celui de la foi et de l'espérance.

Mes parents sont morts depuis longtemps déjà. Mon père était fier de ma vocation à la prêtrise et à la vie religieuse, et ma mère l'aurait aussi sûrement été. Eussent-ils été encore vivants, ils n'auraient peut-être pas compris que j'aie suivi, par obéissance à ce que je crois être la volonté de Dieu, la voie qui m'a fait expulser de la Société de Jésus (ordre des Jésuites), tout en me privant du droit d'exercer la prêtrise. Mais je crois fermement que du royaume des cieux, ils peuvent comprendre et approuver mon désir de partager avec mes frères gays et mes sœurs lesbiennes le trésor de foi et d'espérance qu'ils m'ont légué.

Je suis aussi fier des quelque quarante années que j'ai passées dans la Société de Jésus. J'ai la plus grande considération pour les Jésuites qui mènent aujourd'hui une de leurs actions les plus importantes au nom de la libération humaine, en particulier en Amérique Centrale et du Sud. Bien que je sois légalement séparé d'eux, je me considérerai toujours comme l'un des leurs par l'esprit.

Ma spiritualité personnelle se fonde sur les exercices spirituels de saint Ignace de Loyola. J'ai travaillé en profondeur, au fil des années, avec beaucoup de gens de traditions chrétienne et non chrétienne. J'ai souhaité dévoiler au grand jour le trésor d'intuition spirituelle qui s'applique universellement à l'expérience gay. La meilleure façon que je connaisse d'y accéder passe par une compréhension et une pratique approfondies de ma propre tradition qui me permettent de partager avec d'autres mes convictions les plus intimes.

Les autorités du Vatican ont en fait contribué à m'inspirer l'écriture de ce livre. Lorsqu'elles m'ont imprudemment intimé l'ordre, il y a environ douze ans, de ne plus parler des questions d'homosexualité et d'éthique sexuelle, ne m'autorisant plus à enseigner dans quelque école catholique que ce soit, elles m'ont forcé à ce renoncement, me permettant ainsi de me consacrer à un ministère direct auprès des gays pour tenter de répondre aux questions clés que se posent lesbiennes et homosexuels dans le domaine spirituel.

Interdit d'accès à la salle de classe, je me suis lancé dans une nouvelle carrière de psychothérapeute. Détaché par mes supérieurs jésuites vers un ministère à plein temps auprès des gays, j'ai reçu, aux Instituts de la Religion et de la Santé, une formation de thérapeute qui m'a amené à percevoir avec plus de précision les liens entre croissance et développement psychologiques et croissance et développement spirituels. J'ai passé les douze dernières années à prier et à réfléchir intensément sur les textes des Écritures, dans l'espoir que Dieu se servirait de moi comme instrument de ma propre guérison et de celle de mes sœurs lesbiennes et de mes frères gays. J'ai aussi participé à des réflexions sur les processus psychodynamiques pouvant servir à soulager les blessures psychologiques de mes patients homosexuels.

Je remercie bien sûr les autorités du Vatican de l'occasion qu'elles m'ont offerte d'écrire et de publier ce livre. Lorsque l'Esprit les amena à m'ôter le droit d'exercer quelque ministère que ce soit auprès de mes sœurs et de mes frères gays, elles me libérèrent du même coup d'un silence qui avait duré dix ans, en me donnant un ordre auquel je ne pouvais absolument pas obéir en mon âme et conscience. Au bout d'une année de prières et de discussions, j'ai décidé que je devais d'abord obéir à Dieu et que suspendre mon ministère équivaudrait à transgresser la volonté de Dieu à mon égard.

J'espère par cet ouvrage faire découvrir une nouvelle dimension de la théologie de la libération. « L'avenir de l'histoire, comme l'écrit Gustavo Gutierrez, est dans la ligne du pauvre et de l'exploité. La libération sera l'œuvre de l'opprimé lui-même ; en lui, le Seigneur sauve l'histoire. La spiritualité de la libération a, comme point de départ, la spiritualité des *anawim* »[1].

S'appliqueront donc ici au mouvement de libération gay et lesbienne trois des principaux thèmes de la théologie de la libération — humanisation, conscientisation, dialogue et com-

1. Gustavo Gutierrez, *Théologie de la libération,* traduit de l'espagnol par François Malley O.P. (Bruxelles : Éditions Lumen Vitae, 1974), p. 211. Anawim : mot hébreu signifiant les humbles.

munauté. L'humanisation est ce processus grâce auquel les homosexuels développent une identité saine et cherchent à se faire accepter et traiter comme sujets et non comme objets. La conscientisation correspond à la prise de conscience des structures qui les oppriment. Dialogue et communauté leur offrent en outre les moyens d'organiser leurs propres ressources sociales.

Je souhaite que ce livre fasse l'objet d'une lecture attentive et critique, non seulement de la part des lesbiennes et des gays, mais aussi de tous ceux qui se soucient de réaliser l'objectif évangélique d'une vraie libération de l'humanité. Loin de se limiter à notre seul groupe, notre message s'étend à tous les hommes et à toutes les femmes. Le cheminement qui nous conduit à une libre acceptation de notre sexualité devrait aussi permettre à chacun d'accepter son vrai moi.

Je crois qu'il est important d'énoncer très clairement les présupposés de ce texte, en particulier sur les plans de la morale et de la théologie[1]. Il reste fidèle aux thèses que j'ai défendues dans « L'Église et l'homosexuel » publié aux États-Unis il y a environ douze ans[2]. Bien que celles-ci aient été dénoncées par quelques écrivains, personne ne les a jamais contestées sur le plan du savoir.

J'avais tenté dans « L'Église et l'homosexuel » de réfuter trois prises de position traditionnelles de la communauté chrétienne à l'égard des rapports homosexuels. Je me suis tout d'abord attaqué à la notion selon laquelle Dieu souhaitait que tous les hommes soient hétérosexuels et que l'homosexualité constituait de ce fait une déviation par rapport au plan unique de Dieu. Déviation qu'on taxe d'habitude de péché ou, plus récemment, de maladie. Ceux qui défendent un tel point de vue sont d'avis que les homosexuels doivent changer d'orientation au moyen de

1. Ce qui suit faisait originellement partie de mon article, « Homosexuality : Challenging the Church to Grow », dans la série « After the Revolution : the Church and Sexual Ethics », *The Christian Century,* 11 mars 1987.

2. John J. McNeill, *L'Église et l'homosexuel,* traduction française (Genève : Éditions Labor et Fides, 1982).

la prière ou de la thérapie, ou alors mener une vie de célibat absolu d'où serait exclu l'amour sexuel. Cela revient à dire que l'épanouissement sexuel est le droit exclusif des hétérosexuels. C'est la position qu'adopte la lettre du Vatican, « Sur l'attention pastorale à accorder aux homosexuels », adressée à tous les évêques du monde. Cette lettre avait été jugée nécessaire pour contrer toute « propagande trompeuse » de la part de groupes chrétiens gays qui remettent aussi bien en question la tradition de l'Église que son interprétation des Écritures.

J'ai, en revanche, avancé l'idée qu'on trouve parmi les êtres humains que Dieu a créés une vaste gamme d'identités, tant du point de vue du genre que de celui du choix de l'objet sexuel. Toute volonté de les ranger de force dans les catégories étroites et hétérosexistes de « masculinité » et de « féminité » risque donc de nuire à la richesse et à la variété de la création divine.

Dans toutes les cultures, comme à chaque période de l'histoire, un certain pourcentage d'hommes et de femmes évoluent vers l'homosexualité. Il faudrait comprendre que ces individus font partie du plan divin de création, que leur orientation sexuelle ne relève pas inévitablement du péché, de la maladie ou de l'échec, mais qu'elle est don de Dieu. On doit l'accepter comme tel et la vivre dès lors avec reconnaissance. Dieu ne méprise en effet rien de ce qu'il a engendré.

Insistons ici, afin de mieux combattre certaines idées courantes, sur l'idée que l'être humain ne choisit pas son orientation sexuelle, mais qu'il la découvre comme quelque chose de donné. Prier pour que celle-ci change est aussi vain que de prier pour que change la couleur de ses yeux. Il n'existe, de plus, aucune façon saine de renverser ou de modifier une orientation sexuelle déjà constituée.

Ceux qui ont prétendu pouvoir transformer les homosexuels en hétérosexuels ont été discrédités, d'autant plus qu'il s'avérait souvent que leur homophobie n'était pas étrangère à leur argumentation. La principale technique utilisée pour réaliser ce pseudo-changement consiste à renforcer chez les gays la haine de soi — approche susceptible de provoquer beaucoup de souffrance et de se solder par des résultats désastreux sur le plan psychologique. Les communautés chrétiennes qui adoptent ce type de ministère le font d'habitude pour éviter toute remise en question de leur prise de position traditionnelle et pour esquiver à tout prix le dialogue avec les lesbiennes et les gays qui sont bien dans leur peau, ainsi qu'avec des psychothérapeutes professionnels. Le vrai choix auquel doivent faire face les homosexuels n'est pas entre hétérosexualité et homosexualité, mais bien entre la possibilité d'établir des rapports avec autrui et le fait d'être coupé de toute intimité relationnelle.

D'autres Églises se sont contentées, dans leur ministère officiel, d'aider les homosexuels à vivre le célibat. Or, la tradition chrétienne veut que celui-ci soit un don spécial que Dieu accorde à un petit nombre pour qu'ils travaillent au royaume de Dieu. Lorsqu'un homosexuel a reçu ce don, il est effectivement béni. Le clergé catholique romain opte volontairement pour le célibat, mais les laïcs homosexuels n'ont pas le choix ; l'Église leur ordonne d'observer le célibat durant toute leur vie.

Il n'y a aucune raison de croire que Dieu leur accorde à tous ce don. Des études empiriques ont au contraire démontré que la grande majorité des homosexuels qui ont tenté de mener une vie de célibat finissent par exprimer leurs besoins sexuels de façon autodestructrice et chaotique. Dieu accorde à tout être humain le droit de connaître l'amour sexuel et l'intimité. Celui qui voudrait en priver quelqu'un a l'obligation de prouver de façon indubitable le bien-fondé de cet interdit. La seule réaction chrétienne saine et sainte qu'on puisse envisager, c'est d'apprendre à accepter son homosexualité et à la vivre en conformité avec les valeurs chrétiennes.

La deuxième thèse de « L'Église et l'homosexuel » était que, loin de constituer une menace pour les valeurs de la société et de la famille, comme ont tendance à le supposer bon nombre de gens, les homosexuels, qui font partie du plan divin de création, possèdent des qualités et des dons spécifiques et peuvent contribuer de façon très positive au développement de la société[1]. Si lesbiennes et gays venaient à disparaître, le mouvement d'humanisation s'en trouverait d'ailleurs sérieusement ébranlé. J'ai, par conséquent, le sentiment que l'émergence de communautés homosexuelles au sein de l'Église à ce moment précis de l'histoire est tout à fait providentielle.

La troisième thèse de mon premier livre a été sans doute la plus controversée. L'Église a toujours maintenu que tout acte homosexuel, allant à l'encontre du plan de Dieu, était un péché, comme l'est de ce fait l'amour vécu par deux homosexuels qui les éloigne de Dieu. J'ai pour ma part soutenu que, dans la mesure où l'amour entre deux lesbiennes ou deux homosexuels est constructif, il n'offense pas Dieu ni ne transgresse en aucune façon le plan divin. Il peut, au contraire, être un amour saint qui médiatise la présence de Dieu au sein de la communauté tout aussi efficacement que l'amour hétérosexuel.

Bien que mes arguments aient pu prêter à controverse, ma position me semblait étayée par de nouvelles preuves qui proviennent d'études bibliques mais aussi empiriques relevant des sciences humaines, plus précisément de la psychologie et de la sociologie, qui remettent totalement en question la notion traditionnelle selon laquelle on avait le choix d'être homosexuel ou de ne pas l'être. Les nouvelles recherches portant sur le développement psychosexuel ne laissent planer aucun doute sur le fait qu'on ne décide pas de son orientation sexuelle et que la seule réaction possible et saine à sa propre homosexualité est de l'accepter. Il y a encore et d'abord les preuves à puiser dans l'expérience collective des lesbiennes et des gays qui, en tant que chrétiens engagés, cherchent à vivre leur existence en accord avec la foi et les valeurs chrétiennes. Tous ces constats devraient donner à chaque communauté chrétienne de sérieuses raisons de repenser sa conception de l'homosexualité.

1. Ces idées font l'objet d'une longue discussion dans mon article « Homosexuality, Lesbianism and the Future : The Creative Role of the Gay Community in Building a More Humane Society », dans *A Challenge to love : Gay and Lesbian Catholics in the Church*, textes réunis par Robert Nugent (New York : Crossroad, 1984).

Les exemples personnels figurant dans ce texte représentent un amalgame de mes propres expériences et de celles de divers patients et associés professionnels. Toutes les situations ont été déguisées par souci de respecter le principe de confidentialité.

Je suis très reconnaissant à tous ceux qui ont rendu possible la publication de ce livre. Ma gratitude s'adresse d'abord à tous mes patients homosexuels — femmes et hommes — qui m'ont fait l'honneur de m'accorder leur confiance pour partager avec moi leurs joies et leurs peines les plus profondes. Je remercie particulièrement tous les malades du sida et ceux qui les soignent avec qui j'ai cheminé plusieurs années. Si j'ai pu communiquer leurs nombreuses et si riches intuitions au lecteur, c'est bien parce qu'ils ont accepté de me dire toute leur douleur, leur angoisse et leur tristesse, tout comme leur courage et leur espoir face à l'adversité et à la mort. Merci aussi au thérapeute, Arnold Rachman, qui m'a formé avec beaucoup d'intelligence et de talent.

Je sais gré à tous ceux qui ont lu mon manuscrit et m'ont aidé à le mener à bon port, tout d'abord Tom Fischer pour son remarquable travail d'éditeur, ainsi que Paul Hamilton, David Bailey, Norman Laurila, Margaret Kornfeld, Robert Svenson, Louis Swift et Wilbert Sykes. Ma reconnaissance va aussi à Robert Raines et à Cynthia Herni qui m'ont fourni l'occasion de développer un bon nombre de ces idées au Kirkridge Retreat Center. Je souhaite enfin remercier mon ami, Charles Chiarelli, dont l'encouragement et le soutien quotidien m'ont permis d'écrire ce livre.

Première partie

GRANDIR DANS NOTRE FOI
VIE SPIRITUELLE
ET EXPÉRIENCE
HOMOSEXUELLE

INTRODUCTION

Lesbiennes, homosexuels et vie spirituelle

L'extrême sensibilité religieuse dont ont toujours fait preuve lesbiennes et homosexuels inspira à Carl Jung ce commentaire sur la vie spirituelle de ses patients homosexuels : « Les homosexuels sont souvent doués d'un sens religieux si fécond que l'*ecclesia spiritualis* devient pour eux une réalité concrète ; leur ouverture spirituelle les rend sensibles à la révélation »[1].

Mon travail auprès de centaines d'homosexuels m'a conforté dans l'idée que la plupart d'entre eux sont en effet extraordinairement désireux d'approfondir les valeurs spirituelles, ainsi que l'a fait valoir Mark Thompson dans son livre, « Gay Spirit : Myth and Meaning »[2] (L'esprit gay : mythe et signification). Ils se retrouvent souvent en effet à l'avant-garde des avancées spirituelles de toute l'humanité. Mais cette ouverture même risque aussi de les rendre particulièrement vulnérables aux aspects pathologiques de la religion.

J'aborderai dans la première partie de ce volume les formes matures et immatures de la foi chez les homosexuels. J'analyserai ensuite le phénomène de l'athéisme gay et le rôle d'aiguillon qui est souvent le sien sur le plan spirituel. Je me pencherai enfin sur l'un des principaux défis auxquels se trouvent confrontés la plupart de mes patients homosexuels dans leur quête religieuse. Je veux surtout parler de la distinction qu'il

1. C. G. Jung, *The Collected Works* (New York : Pantheon, 1959), vol. 9, part 1.
2. Mark Thompson, *Gay Spirit : Myth and Meaning* (New York : St. Martin's Press, 1987).

leur faut à tout prix établir entre une foi pathologique et une foi psychologiquement saine. Car une croyance malsaine profondément ancrée dans l'inconscient engendre des sentiments de peur, de culpabilité et de honte s'avérant être, dans bien des cas, la principale source de résistance à la guérison psychologique et l'obstacle majeur à la maturité spirituelle.

1

Vivre une foi adulte

> *« Ce n'est pas un esprit de crainte que Dieu nous a donné, mais un Esprit de force, d'amour et de maîtrise de soi. »*
>
> 2 Timothée 1:7[1]

Lesbiennes et homosexuels souffrent d'une multitude d'exils. J'ai connu, moi aussi, ce sentiment d'exil, en tant que soldat et ancien combattant homosexuel. Car les lesbiennes et les homosexuels qui aimaient et servaient courageusement leur pays dans les forces armées américaines étaient soumis à une injustice particulière ; pesait en effet sur eux, en dépit de toute leur loyauté et de tout leur courage, la terrible menace d'être traduits en conseil de guerre et rayés des cadres de l'armée si l'on découvrait leur orientation sexuelle particulière.

La douleur de notre exclusion de toute forme de vie sociale m'a été brutalement rappelée par l'incident suivant. Un tribunal régional avait interdit, il y a quelques années, à d'anciens combattants homosexuels de porter leur banderole dans un défilé. Un tribunal de grande instance ayant, par la suite, abrogé cette décision, un fanatique se jeta sur la banderole de ceux qui

1. N.d.T. : Les citations bibliques figurant dans ce volume sont empruntées à la *Bible de Jérusalem* (Paris : Éditions du Cerf, 1995) dont nous respectons le style typographique.

avaient enfin le droit de défiler au grand jour pour la lacérer à coups de couteau.

J'ai eu, peu après mon ordination en 1960, l'occasion de retourner sur les champs de bataille européens où la 87e division d'infanterie à laquelle j'appartenais s'était battue à l'automne de 1944. J'y ai recherché tous les noms de mes anciens amis et camarades morts pour la patrie et j'ai célébré une messe à leur mémoire.

Invité à prêcher vingt-cinq ans plus tard, en 1985, devant un groupe d'anciens combattants lors de leur fête officielle, j'ai arboré en chaire mes décorations de guerre : la médaille de l'Infanterie de Combat, le « Purple Heart » (décoration remise à un blessé de guerre américain), et la médaille de Bonne Conduite. Je suis généralement hostile au port de tout symbole patriotique par les prêtres dans le sanctuaire, étant convaincu que nous devons être devant Dieu, comme Jésus lui-même, solidaires de l'humanité tout entière. C'est-à-dire que nous n'avons pas le droit de nous approcher de Dieu au nom d'une seule partie de l'humanité : famille, race, groupe ethnique, ou compatriotes. J'ai donc affiché ces médailles en signe de protestation contre l'injustice.

Engagé dans l'armée à dix-sept ans pendant la Deuxième Guerre mondiale, j'ai servi dans la 87e Division d'Infanterie de la Troisième Armée sous le commandement du général George Patton, dont la devise, « notre sang contre leurs tripes » est restée célèbre, et dont le corps repose aujourd'hui au Luxembourg, à l'entrée d'un cimetière militaire où gisent tant de soldats morts. Parti à l'étranger comme simple soldat, je suis arrivé dans la zone de combat, en Alsace-Lorraine, des obus de mortier sur le dos. Ma compagnie a été l'une des premières à franchir la frontière allemande le 2 décembre 1944. Mais nous avons très vite été encerclés par des tanks, et les soldats de ma section ont tous été tués ou faits prisonniers. Je n'oublierai jamais ma terreur lorsque j'ai compris que nous étions cloués au sol, sans défense, par un tank ennemi, dans une tranchée de mitrailleurs allemands que nous venions à peine d'investir. A l'instant même où je m'en aperçus, un soldat ennemi s'apprêtait à effectuer une manœuvre classique dans l'infanterie : il se rapprochait de nous en rampant pour lancer une grenade dans notre abri. Nous nous sommes instantanément levés, les mains en l'air. Un soldat allemand s'est alors dressé à quelques mètres de là et nous a ordonné de descendre en bas de la colline. Nous étions des « Kriegsgefangenen », des prisonniers de guerre.

Je me revois encore, quelque quarante-trois années plus tard ; petit gars de dix-huit ans tremblant de peur, je descendais un chemin creux, la gueule d'un fusil dans le dos. Arrivés à un carrefour, nous sommes tombés sur un Christ en croix au bord du chemin. Balbutiant le peu d'allemand qui me restait d'une première année d'études universitaires, j'ai demandé au garde la permission de dire une prière. J'ai le souvenir de m'être mis à genoux pour faire ce que je croyais devoir être mon dernier acte de contrition avant d'être exécuté. Tandis que je priais, le garde, appuyé sur son fusil, fumait une de mes cigarettes.

Je n'ai évidemment pas été exécuté, mais conduit à l'endroit où l'on rassemblait les prisonniers. Ont alors suivi six mois de terreur, de famine et de coups auxquels j'ai survécu, Dieu merci, puisque je suis encore de ce monde. Je me souviens de ma prière d'alors : « Seigneur, je suis trop jeune pour mourir ; faites que je vive pour accomplir votre œuvre. » Cette prière-là a sûrement été entendue.

A nous qui avons échappé au massacre, se pose le problème de la culpabilité du survivant. Pourquoi notre vie a-t-elle été épargnée alors que tant d'autres ont disparu ? Nul n'élucidera jamais ce mystère. Libéré du camp de prisonniers où je m'étais forgé une foi nouvelle, j'ai recouvré la santé de l'esprit et du corps au bout de deux années d'hospitalisation et de fortes doses de médicaments, et je suis entré, en 1948, au noviciat de la Société de Jésus, pour accomplir l'œuvre de Dieu sur terre. « *Ad Majorem Dei Gloriam* », pour la plus grande gloire de Dieu. Chaque moment écoulé depuis m'est apparu comme un temps que Dieu m'accordait pour accomplir ici-bas une tâche voulue par Lui.

Le jeune homme qui s'était agenouillé et avait prié devant la croix au bord du chemin avait, de toute évidence, reçu le don de la foi, héritage le plus précieux que ses parents lui aient transmis. Parlant de la foi, l'apôtre Paul nous dit : « Ce n'est pas un esprit de crainte que Dieu nous a donné, mais un Esprit de force, d'amour et de maîtrise de soi. » (2 Tm. 1:7).

Mais ma foi avait encore un long chemin à parcourir, tout semé d'épreuves et de faux dieux dont il me faudrait encore triompher. Nous sommes, en effet, appelés à approfondir nos convictions religieuses, tout comme nous grandissons et mûrissons dans les autres domaines de notre vie ; et ce processus doit se poursuivre jusqu'à la mort. Cela étant, il importe que nous prenions conscience du fait que certains aspects de notre foi contribuent à notre épanouissement, tandis que d'autres sont malsains et destructeurs, et que nous renforcions, grâce à une attention permanente, ce qui en elle est vivifiant, tout en nous efforçant d'éliminer ses aspects maladifs et hystériques.

Il m'est arrivé par exemple de confondre, à une certaine époque, la voix de Dieu et celle de mon propre sur-moi sadique, tant ma vie spirituelle était imprégnée de culpabilité morbide. Faute d'être rempli de force et d'amour, mon esprit succombait alors à la lâcheté, et j'ai mis longtemps à me libérer de ce sentiment de culpabilité. Tâche qui est d'ailleurs loin d'être accomplie, car je n'ai compris que très progressivement le sens de la célèbre phrase de saint Irénée, « *Gloria Dei, homo vivens* », la gloire de Dieu, c'est l'homme vivant. J'ai longtemps cru, en revanche, que la gloire de Dieu se manifestait dans la souffrance, bien plus que dans le plaisir et dans la joie.

On peut aisément confondre désir de sécurité et foi en Dieu. Si l'on est intimement convaincu, faute de maturité, que la volonté de Dieu ne s'exprime que par le biais d'autorités extérieures, l'on peut être terriblement tenté de se soumettre aveuglément à ses supérieurs hiérarchiques, pour se décharger par la suite, tel un Eichmann, de toute responsabilité quant aux conséquences de cette obéissance. Mais ce faisant, on perd de vue le fait que Dieu peut nous parler directement à travers nos expériences personnelles ; et que pour obéir à la volonté divine, nous sommes parfois amenés à contester l'autorité et à assumer librement toutes les conséquences de nos choix et de nos actes.

Mon tort le plus grave a été de penser que je devais *me rendre digne* par mes actions de la grâce et de l'amour de Dieu. Je ne voyais pas alors qu'il n'est pas nécessaire de mériter l'amour de Dieu, mais, qu'en fin de compte, tout est don, comme la vie même. Dieu, qui est notre Père et notre Mère, nous accorde librement ses bienfaits, et la gratitude est la seule réponse qui puisse dès lors avoir un sens.

Comment pouvais-je accéder à une foi adulte et vivifiante ? Il me fallait guérir de l'idée que je me faisais de Dieu. Je me permettrai donc de vous parler ici de mon propre cheminement au sein de la communauté spirituelle homosexuelle, et surtout en tant que membre de *Dignity*[1], au cours de ces quinze dernières années.

J'ai grandi dans un quartier homophobe de Buffalo, dans l'État de New York. Conscient de mes tendances sexuelles, j'étais tourmenté par la crainte qu'une faille logée au cœur même de mon être ne me condamne à n'être jamais aimé, parce que « différent ». Je pensais que ma famille et l'Église ne m'accepteraient que si je cachais, niais et refoulais la forme particulière qu'avaient prise ma faculté d'aimer et ma sexualité. Pleinement conforté en cela par une Église homophobe, je reportais sur Dieu mon angoisse d'être rejeté et m'en faisais ainsi une fausse image. J'étais devenu l'adorateur masochiste d'un Dieu créé par mon sur-moi.

S'accumulaient inconsciemment et simultanément en moi une rage contre ce Dieu, une fureur contre l'injustice qu'il y avait à être exclu pour une raison indépendante de ma volonté. Mais craignant Dieu, je réprimais cette rage. Je me souviens d'avoir récité l'acte de contrition après la confession : « Oh mon Dieu, j'ai le très grand regret de vous avoir offensé, car je crains la perte du ciel et les feux de l'enfer... » Je faisais pleinement mienne la peur contenue dans ces paroles. Les mots s'enchaînaient, mais mes sentiments ne suivaient pas : « ... mais par-dessus tout parce que je vous ai offensé, mon Dieu, vous qui êtes infiniment bon

1. Dignity : organisation de catholiques homosexuels, comparable à David et Jonathan en France.

et infiniment aimable ». L'amour et la colère ne pouvaient coexister dans mon cœur.

Cette rage s'est alors transformée en une force autodestructrice. Mû par la frayeur, je tâchais de renoncer à ma réalité la plus profonde, à ma faculté de sentir et d'aimer, afin d'être accepté par ce Dieu. Tels les païens des temps anciens qui jetaient par effroi leur premier-né dans le feu aux pieds de la statue de Baal, je croyais devoir sacrifier une part vitale de moi-même pour être agréable à Dieu. Incapable de percevoir la réalité de Dieu, j'adorais ainsi une idole créée par moi seul.

Je me souviens très nettement d'un incident survenu peu après mon ordination. C'est un événement que j'attendais depuis de nombreuses années, puisque nous avons chez les Jésuites tendance à voir dans cette consécration la récompense d'une existence bien vécue. J'ai compris le lendemain de la cérémonie célébrée par le cardinal Spellman, que je serais obligé sous peine de péché mortel de dire l'office, alors encore en latin, plusieurs fois par jour. Cette charge qui me semblait terriblement pesante, m'a tout de suite plongé dans une profonde dépression, puisque j'encourais ainsi plusieurs occasions quotidiennes de commettre de nouveaux péchés mortels !

Après avoir célébré ma première messe à Buffalo, j'ai rencontré un ami prêtre à bord du train qui me ramenait au séminaire de Woodstock. Il en a profité pour me raconter la dernière plaisanterie qui circulait dans les milieux cléricaux de Washington. Trois prêtres se retrouvent en enfer et le premier, Peter, dit au deuxième, Joe : « Mais qu'as-tu donc fait pour être ici ? »

Et Joe de répondre : « Je n'ai que ce que je mérite. Je me suis taillé avec l'argent de la paroisse, j'ai fait la fête à Miami et je suis mort dans un accident de voiture, sans m'être repenti ni avoir rien restitué. »

Il demande alors à Peter :

« Et toi ? »

Peter de rétorquer :

« Je n'ai que ce que je mérite. J'entretenais une maîtresse dans un appartement derrière la cure ; je suis mort au lit avec elle, sans m'être repenti. »

Se tournant alors tous deux vers le troisième, ils l'interrogent :

« Mais comment se fait-il que tu sois ici, toi, Pat, le prêtre exemplaire ? Tu te consacrais corps et âme aux pauvres de ta paroisse dans le ghetto, payant de ta personne jusque dans les cuisines où se préparait la soupe populaire. Nous t'avions toujours pris pour un saint. »

Et Pat d'expliquer :

« Je n'ai que ce que je mérite. La dernière nuit que j'ai passée sur terre, j'étais très fatigué ; j'avais travaillé dix-huit heures auprès des pauvres ; je n'ai donc pas récité l'office jusqu'au bout et je suis mort dans mon sommeil. Alors, me voici ! »

Dieu m'a fait comprendre, grâce à cette plaisanterie, que la lecture de l'office n'était pas pour moi la meilleure façon de l'adorer. J'ai donc décidé de parier sur Dieu. J'ai mis mon bréviaire de côté et ne me suis jamais plus forcé à le lire, ce qui ne diminue en rien ma joie à lire ces prières au cours d'une retraite, ou lorsque en compagnie des moines du monastère Mount Saviour, je chante la louange de Dieu. J'ai saisi, à travers cette expérience, que l'un des premiers principes d'une vie spirituelle adulte et vivifiante consiste à résister et à refuser d'accomplir toute pratique religieuse dont l'unique fondement serait la peur de Dieu !

Nous autres, homosexuels, avons désespérément besoin aujourd'hui d'une foi adulte et stimulante ; une foi en prise directe sur notre propre pratique ; une foi qui nous permette de nous aider les uns les autres par amour, au lieu de rechercher avec égoïsme notre confort personnel ; une foi assez forte pour surmonter toutes nos craintes et surtout celle de la mort.

La menace du sida risque de nous faire retomber dans une foi immature et névrosée inspirée par la peur et la lâcheté. Mon propos dans les chapitres qui suivent sera de cerner certaines des formes que peut revêtir une foi malsaine et d'explorer les possibilités que nous avons, en tant qu'homosexuels, de vivre la vie à fond les uns pour les autres.

L'amour est le suprême don que Dieu nous a fait. Vivre un amour humain vrai, demeurer dans une communauté d'amour, c'est connaître la présence de Dieu. Mais l'amour est aussi paradoxal. Bien qu'essentiel à une vie heureuse et épanouie, il ne peut s'atteindre par de simples moyens humains. Ainsi que l'affirmait l'apôtre Jean : « Quiconque n'aime pas ne peut connaître Dieu, car Dieu est amour. » (1 Jn. 4:8).

L'amour est toujours un miracle ; c'est toujours le don que Dieu nous fait de Lui-même, toujours une expérience divine. Dans la communauté d'amour qui est la nôtre, la présence de Dieu nous est librement offerte, et cela au quotidien. Nous pouvons, si nous le désirons, la partager avec d'autres en signe de reconnaissance.

Je voudrais conclure cette réflexion sur une vie de foi profonde par le récit qu'a fait un témoin des derniers moments d'un prêtre homosexuel, battu à mort dans un camp allemand pendant la Deuxième Guerre mondiale, parce qu'il refusait d'arrêter de prier ou de se mépriser lui-même. Cet épisode rapporté par Heinz Heger dans « Les hommes au triangle rose », rappelle ce qui s'est passé dans le camp de concentration pour homosexuels à Sachsenhausen (Sachsenhausen était un camp de niveau 3 où l'on faisait délibérément travailler les prisonniers jusqu'à la mort) :

« Vers la fin de février 1940, arriva dans notre bloc un prêtre d'une soixantaine d'années, de haute taille et aux traits distingués. Nous apprîmes plus tard qu'il appartenait à une famille allemande aristocratique du Sudetenland.

Le tourment qu'on lui infligea à son arrivée lui fut particulièrement douloureux ; douloureuse surtout la longue attente, dépouillé de tout vêtement et pieds nus, à l'entrée du bloc. Lorsqu'on découvrit sa tonsure, après la douche, le caporal SS prit un rasoir et s'exclama :

« Je vais me taper moi-même cette tête, pour agrandir un peu sa tonsure. »

Et il se mit à raser la tête du prêtre, ne se souciant nullement de lui épargner les coupures. Bien au contraire.

Le prêtre revint dans notre salle de détention, le cuir chevelu entaillé, ruisselant de sang. Le visage décomposé, il regardait au loin sans comprendre. Il s'assit sur un banc, se croisa les mains sur les genoux et murmura ces mots, comme pour lui-même :

« Et pourtant, l'homme est bon, c'est une créature de Dieu ! »

Assis près de lui, je dis doucement mais fermement : « Pas tous les hommes ; il existe aussi des bêtes à forme humaine que le Diable a dû enfanter. »

Sans prêter attention à mes paroles, le prêtre priait en silence, remuant simplement les lèvres. J'étais profondément ému, bien que déjà insensibilisé par toute la souffrance que j'avais si souvent vue et subie moi-même. Et pourtant, le grand respect que j'avais toujours éprouvé pour les prêtres fit que sa prière silencieuse, cet appel muet lancé à Dieu pour que Celui-ci l'aide et le soutienne dans sa douleur physique et son tourment psychologique, m'alla droit au cœur.

Mais le Kapo de notre bloc, un *Vert* brutal et répugnant, avait dû dénoncer le prêtre en prière au SS, parce que le sergent du bloc apparut tout d'un coup dans la salle commune, accompagné d'un second sous-officier, et il arracha du banc le prêtre terrifié, tout en le giflant et l'insultant. Le prêtre supporta sans plainte les coups et les injures, fixant les deux SS de ses grands yeux étonnés. Avec une exaspération croissante, ceux-ci allèrent chercher un banc pour l'y attacher.

Et ils se mirent à le frapper avec leurs matraques, n'importe où, dans l'estomac, le ventre et les organes sexuels. On eût dit que leur extase allait grandissante, et ils se rengorgeaient en ricanant :

« On finira bien par t'ôter le goût de prier ! Espèce d'enculé ! Espèce d'enculé ! »

Le prêtre perdit connaissance, revint à lui à force d'être secoué, et retomba inanimé.

Les deux SS sadiques cessèrent alors de le battre, et sortirent de la pièce, non sans crier avec mépris vers l'homme qu'ils avaient assommé :

« OK, vieil allumé de salopard, tu pourras pisser par le cul maintenant ! »

Le prêtre n'arrêtait pas de râler et de gémir. Nous le détachâmes et l'allongeâmes sur son lit. Il tenta de lever la main pour nous remercier, mais il n'en eut pas la force, et la voix lui manqua lorsqu'il voulut dire « Merci. » Il gisait, les yeux ouverts, le visage grimaçant de douleur au moindre mouvement.

J'avais le sentiment d'assister à une version moderne de la Crucifixion. A la place des soldats romains, les brutes d'Hitler et un banc au lieu de la croix. Mais les souffrances du Sauveur n'avaient sans doute pas été pires que celles infligées à l'un de ses représentants mille neuf cents ans plus tard, ici, à Sachsenhausen.

Lorsque nous nous rendîmes à pied le lendemain matin jusqu'au terrain de parade, nous devions pratiquement porter le prêtre qui semblait sur le point de s'écrouler de faiblesse. Quand le sergent SS l'apprit, il s'approcha du prêtre et hurla :

« Tu ne peux pas rester debout, espèce de trou de balle, en ajoutant : Espèce de sale pédé, espèce de sale porc, dis-le donc, ce que tu es ! » Le prêtre était censé répéter ces insultes, mais aucun son ne sortit des lèvres de l'homme brisé. Le SS se jeta sur lui avec furie, s'apprêtant à le frapper à nouveau.

Mais l'inimaginable se produisit subitement, une chose que je ne m'expliquerai jamais et qui relève du miracle, ou d'une intervention divine.

Du ciel assombri surgit un rayon de soleil qui vint soudain illuminer le visage tuméfié du prêtre.

Il n'éclaira que lui au milieu des milliers de prisonniers assemblés, à l'instant précis où on allait encore lui asséner des coups. Il régnait un silence impressionnant, et tous ceux qui étaient présents regardèrent fixement le ciel, stupéfaits de ce qui s'était passé. Le sergent lui-même interrogea quelques secondes les nuages, puis laissa lentement retomber sa main levée et s'éloigna sans mot dire pour reprendre position au bout de nos rangs.

Le prêtre baissa la tête et murmura d'une voix mourante : « Merci, mon Dieu... Je sais que mon heure est venue... »

Il était encore avec nous pour l'appel du soir. Mais il n'avait plus besoin d'être soutenu ; nous le déposâmes au bout du rang avec les autres morts de la journée, afin que nous soyons tous là pour l'appel — les vivants comme les morts »[1].

Ce prêtre anonyme qui fut martyrisé parce qu'il avait osé être à la fois homosexuel et homme de prière nous est un modèle, à nous homosexuels et lesbiennes.

Dieu tout-puissant, aide-nous, tes filles lesbiennes et tes fils gays, à approfondir et à mûrir notre foi. Délivre-nous de la peur et de la lâcheté. Fais que toutes les souffrances et les douleurs subies dans le passé par ceux et celles qui furent persécutés pour leur homosexualité n'aient pas été vaines, mais aide-nous à obtenir pour nous et tous les nôtres, à l'avenir, la grâce d'une vraie libération. Remplis nos cœurs de ton profond amour pour nous, afin que nous soyons libres de nous aimer les uns les autres dans un esprit de gratitude. Amen.

1. Heinz Heger, *The Men with the Pink Triangle,* traduit en anglais par David Fernbach (Boston : Alyson Publications, 1980), pp. 41-43. *Les Hommes au triangle rose,* traduit en français par Alain Chouchan et Claude Sanjuan, a été publié par les Éditions Persona en 1981. Nous donnons ici notre propre traduction du texte anglais.

2

Le défi de l'athéisme gay

> « *Le peuple qui se trouvait dans les ténèbres a vu une grande lumière ; sur ceux qui habitaient les obscurs parages de la mort, une lumière s'est levée.* »
>
> Matthieu 4:16

Le rédacteur d'un journal gay bien connu estime que la religion est nuisible à l'humanité. Il se dit sidéré que les homosexuels fréquentent encore l'Église, et pense que leur loyauté envers celle-ci procède d'un incroyable courage ou d'une extraordinaire stupidité. Ce même périodique, dans un article intitulé « Une ligue athée gay prend congé de Dieu : les homosexuels athées sortent du placard »[1], rapporte aussi les propos d'un ancien membre de *Dignity*, fondateur avec d'autres, de ladite ligue : « *Dignity* ne m'a jamais rien apporté. Il m'a semblé que cette association ne parviendrait jamais à changer l'Église... » Je souhaite esquisser ici la réponse que nous, homosexuels croyants, pouvons donner à ce genre de défi.

Tout en gardant à l'esprit la révélation que Dieu nous a faite de son amour pour l'humanité tout entière, rejoignons un

1. N.d.T. : L'expression « sortir du placard », c'est-à-dire, vivre ouvertement son homosexualité, s'utilise aujourd'hui couramment en France. Elle figure entre autres, dans la traduction française de la nouvelle de Tennessee Williams, *Le poulet qui tue et la folle honteuse,* traduit par Jean Lambert en 1977. (Robert Laffont).

moment par la pensée tous nos frères et sœurs athées. Il importe de différencier ceux qui ont quitté l'Église (et souvent pour de bonnes raisons), mais qui croient encore en Dieu, de ceux qui ont complètement renoncé à leur foi.

Je suis tout à fait conscient de la souffrance et du désespoir qui ont poussé tant de lesbiennes et d'homosexuels vers l'athéisme. Je sais que plusieurs centaines de gays se sentent appauvris, privés de leur patrimoine religieux et de la lumière de l'amour de Dieu, en raison de la colère qu'ils ressentent à l'égard d'une Église humaine et faillible. Nombreux sont mes patients qui, au début de leur thérapie, se sentaient pris au piège d'un dilemme insoluble : croyant en Dieu, ils pensaient devoir nécessairement haïr leur propre homosexualité, mais acceptant celle-ci, ils s'imaginaient que toute foi en Dieu leur était interdite. L'une des étapes essentielles de la thérapie consiste à comprendre que Dieu ne doit et ne peut être identifié à aucune Église en particulier.

Seul un approfondissement de nos propres croyances peut nous permettre de faire la distinction entre notre foi en Dieu et notre rapport à l'Église qui est humaine et faillible. Il nous faut établir, grâce à une vie de prière personnelle, un contact direct et immédiat avec Dieu. Notre foi et nos convictions ne sauraient en aucun cas dépendre de la seule médiation de l'Église, car nous serions enclins à y renoncer à chaque fois que cette Église trop humaine nous décevrait ou nous offenserait. Nous devons parier sur Dieu, en gardant bien à l'esprit que Lui-même est peut-être scandalisé par l'Église. Après tout, Jésus a aussi connu de sérieux conflits avec les autorités religieuses de son temps.

Que peuvent nous enseigner nos amis athées, à nous qui restons fidèles à notre foi ? Face à un incroyant, notre premier devoir est d'interroger notre propre conscience. Demandons-nous d'abord à quel point Dieu est une réalité vivante et vitale pour nous, chrétiens. Comme l'écrivait le philosophe Gabriel Marcel : « Les croyants doivent se tenir en partie responsables de l'incroyance de l'autre… Si Dieu se manifestait à travers nous comme une lumière scintillant à travers un voile, l'autre ne pourrait qu'être convaincu de Son existence ».

Voici le défi que nous posent nos frères et sœurs athées à nous, lesbiennes et gays chrétiens : nous devons apprendre à nous aimer les uns les autres et demander à Dieu de nous donner la faculté de manifester au grand jour l'amour qu'Il nous porte. Rappelons-nous que l'intense esprit de charité qui animait les premières communautés chrétiennes frappait et attirait tellement les païens qu'ils souhaitaient en faire partie eux aussi. Laissons briller en nous la lumière de l'amour de Dieu pour que les incroyants puissent comprendre, grâce à nous, non seulement que Dieu existe, mais qu'Il les aime tels qu'ils sont, en tant que lesbiennes et homosexuels.

Les homosexuels athées sont capables, il est vrai, de nous éclairer sur nous-mêmes de plus d'une façon. Ainsi l'affirmait le pape Paul VI en s'adressant à tous les non-croyants du monde, lors d'un sermon du jour de Pâques :

> « Il se peut que nombreux soient ceux parmi vous qui se font des idées erronées ou inadmissibles de la religion. Il se peut que la foi leur semble être exactement ce qu'elle n'est pas : une atteinte à la raison, un obstacle au progrès, une humiliation pour les hommes, une tristesse pesant sur la vie. Peut-être certains d'entre eux sont-ils plus aptes à accueillir l'éclat de la lumière. Car, à moins qu'ils ne se soient endormis par paresse et ignorance, l'obscurité de l'athéisme dilate les pupilles de leurs yeux, alors même qu'ils s'efforcent de déchiffrer obscurément le sens et le pourquoi de la vie et de la destinée. »

Il est essentiel que nous qui croyons nous demandions dans quelle mesure notre foi a pu leur sembler une atteinte à la raison, un obstacle au progrès, une humiliation pour les hommes et une tristesse pesant sur la vie. Dans la mesure où nous adorons encore le Dieu de peur créé par notre sur-moi, nos amis athées ont raison de s'en tenir éloignés. Mon expérience personnelle m'incite à dire que la plupart d'entre eux ne cessent de s'efforcer, inconsciemment, de purifier le concept qu'ils se font de Dieu et de dénoncer les faux-semblants. S'ils devaient énoncer de façon consciente la nature du Dieu auquel ils refusent de croire, je suppose que nous nous refuserions comme eux à accorder foi et adoration à un tel Dieu. C'est pourquoi les critiques des athées sont si cruciales car ils ont le don de déceler très vite les aspects névrotiques et immatures de notre foi.

Il me semble que le développement psychique des lesbiennes et des homosexuels doit nécessairement passer par un stade d'incroyance comparable à celui de la *via negativa*, la « voie négative », de la pensée théologique. La plupart de mes patients se faisaient une idée de Dieu si entachée de haine de soi homophobe qu'ils n'arrivaient à démêler leur relation à Dieu qu'en tournant le dos à la religion pendant toute la période où ils tentaient de s'affirmer et de s'accepter. Ils ne pouvaient revenir de façon critique à une croyance religieuse qu'après avoir réussi à se forger une image de soi sécurisante et positive.

Nous avons tendance à chercher dans la religion une protection, une assurance contre un avenir incertain, plutôt que de la voir comme un défi qui nous inciterait à grandir et à réaliser pleinement notre potentiel créatif. Nous restons souvent, tels des enfants passifs et irresponsables, à l'affût de ce que la religion pourrait nous apporter, au lieu d'offrir ce que nous, nous possédons. Elle nous sert parfois bien plus à mettre Dieu *hors* de notre vie qu'*à l'intérieur* de notre vie.

Croyants homosexuels, nous devons demander la grâce d'être intensément conscients de la présence de Dieu dans toutes nos rencontres. Gardons à l'esprit le *fiat* de Marie : « Qu'il me soit fait selon votre parole. » Il dépend de nous d'intégrer Dieu à notre vie ou de nier sa présence. Il sera en nous dans la mesure où nous serons prêts à vivre une existence généreuse, en reconnaissance de l'amour que Dieu nous a manifesté en Jésus.

Puissent la conscience et l'expérience de cet amour divin vous remplir de joie et faire de vous, lesbiennes et gays, des apôtres d'amour. Amen.

3

Religion pathologique et religion vivifiante

« C'est moi Yahvé, ton Dieu, qui t'ai fait sortir... de la maison de servitude. Tu n'auras d'autres dieux que moi. »

Exode 20:1-3

Il est indispensable que lesbiennes et homosexuels apprennent à discerner les aspects pathologiques que peut recouvrir la religion d'une foi authentique et constructive, s'ils veulent échapper au trop lourd tribut que leur impose souvent une religion mal comprise[1]. Car des sentiments et des croyances morbides profondément ancrés dans l'inconscient homosexuel rendent parfois extrêmement difficile une pleine acceptation de soi.

Nos croyances religieuses, comme d'ailleurs tout ce qui relève de l'humain, reflètent forcément notre degré d'équilibre ou de déséquilibre psychologique. Dans son œuvre, « Psychotherapy and Growth : A Family Systems Perspective »[2] (Psychothérapie et maturation : perspective sur les systèmes familiaux), remarquable étude sur les différences entre la foi telle qu'elle est

1. Ces réflexions ont d'abord été présentées à la deuxième conférence annuelle sur « Culture, race et ethnicité dans la thérapie de groupe et de la famille » à New York University en mars 1987.

2. W. Robert Beavers, *Psychotherapy and Growth : A Family Systems Perspective* (New York : Brunner/Mazel, 1977).

vécue par des familles ayant un fonctionnement mental adapté à la réalité et celle que l'on retrouve chez des familles atteintes de maladie mentale grave, W. Robert Beavers distingue trois types de famille : celle qui souffre d'un « dysfonctionnement grave », la famille « limite », et la famille « éminemment fonctionnelle ». Ces termes lui servent à indiquer le stade de la maladie mentale et le niveau de fonctionnement qui caractérise chacune des familles étudiées. Lorsque plusieurs membres d'une même cellule familiale sont souvent hospitalisés pour cause de dépression, cette dernière est alors considérée comme atteinte de dysfonctionnement grave. Les familles fonctionnelles sont, en revanche, celles où ne se décèle aucune trace de maladie mentale.

Pour réaliser son évaluation, Beavers a pris en compte de nombreuses variables ; il a notamment analysé le rôle des « valeurs transcendantes » qui trouvent d'habitude leur expression dans les croyances religieuses traditionnelles, et dont il pense qu'elles facilitent l'adaptation aux pertes inévitables qu'entraînent dans toute vie le cycle de la croissance, du développement, du vieillissement et de la mort.

Une famille bien adaptée à la réalité et faisant preuve d'un bon équilibre psychologique doit, selon Beavers, être capable de faire face à l'éclatement. Ainsi, l'on peut juger qu'elle évolue normalement lorsque les enfants grandissent, quittent le foyer et deviennent des adultes autonomes, tandis que les parents vieillissent, connaissent un déclin physique, succombent à la maladie et meurent. La négation de ces réalités risque de se traduire par des conséquences pathologiques au niveau familial. Si certains parents éprouvent souvent de la difficulté à se détacher de leurs enfants et réciproquement, c'est bien parce qu'ils n'acceptent pas le principe même de la mortalité. C'est la mort qui se trouve ainsi niée dans un cas comme dans l'autre.

Toute culture se doit de proposer un ensemble de vérités « mythiques », un système de croyance par lequel chaque membre de la société se sente concerné et relié aux autres dans une identité collective ; il faut également qu'elle favorise un rapport de confiance entre l'individu et un univers perçu comme bienfaisant. C'est en se référant à un tel système de valeurs transcendantes que l'individu se situera au cœur de l'univers et donnera un sens à ses activités, sans rester tributaire de rapports familiaux immuables. Il se peut qu'une famille pratiquant une religion toute conventionnelle soit aussi capable de se positionner ainsi ; mais il n'est pas rare qu'un système de croyance donné naisse surtout des besoins et des convictions de l'être humain, intégrant, de ce fait, les divers buts humanitaires et les valeurs transcendantes qu'il a faits siens. En tout état de cause, l'équilibre mental de l'individu ne peut être assuré que s'il parvient à élaborer un système de valeurs personnel représentant un dépassement par rapport au sentiment de sécurité que garantit la famille.

Beavers conclut au terme de cette étude qu'au sein d'une famille fonctionnelle, la faculté d'accepter une perte est nécessairement associée à un système de valeurs essentielles porteur d'espoir, de confiance et de sens, au moment précis où le sentiment d'abandon menace de devenir insoutenable. Selon la formulation du poète, Robert Browning, nous sommes dans la vie confrontés à une seule question capitale : peut-on aimer tout en sachant que l'aimé(e) mourra ? Rares sont ceux, en effet, qui échappent au sentiment aigu du rapport qui se noue entre intimité et conscience de la finitude humaine et de la mort.

La principale interrogation que suscitent les diverses idéologies religieuses d'un point de vue thérapeutique n'est pas de se demander si elles sont « vraies » ou « fausses », mais de voir si elles contribuent au plein développement de l'individu et de la famille, ou si elles sont, au contraire, génératrices de morbidité.

La croyance religieuse traditionnelle voudrait que la « grâce s'élabore à partir de la nature », ce qui revient à dire qu'une vie religieuse authentique présuppose une juste appréhension de ce qu'on appelle communément santé mentale. Nous sommes donc en droit de porter un jugement sur la valeur de toute croyance religieuse en fonction de ses retombées psychologiques. D'une bonne théologie naîtra une bonne psychologie et vice versa. Une théologie défectueuse ne pourra, en revanche, qu'engendrer des conséquences psychologiques négatives. Ceci correspond parfaitement au principe biblique selon lequel « vous les reconnaîtrez par leurs fruits ». (Mt. 7:16). Si saint Irénée a pu proclamer : « La gloire de Dieu, c'est l'homme pleinement vivant », il est évident que des formes de croyance qui nuiraient à la santé de l'individu ne peuvent en aucun cas contribuer à la gloire de Dieu.

Le témoignage empirique qui ressort des études réalisées sur la famille nous permet également d'évaluer les diverses idéologies religieuses. Lorsqu'un système donné admet et défend la liberté de choix de l'individu, tout en tenant compte des limites et de la vulnérabilité humaines, il est à tous égards, compatible avec les principes de fonctionnement d'une famille bien adaptée. En revanche, ceux qui n'incitent ni au libre arbitre ni à l'esprit de décision, qui imposent lois et croyances de façon autoritaire, qui ne laissent aucun champ à l'initiative personnelle, qui encouragent l'obéissance par crainte de la punition ou du rejet, qui poussent à la quête désespérée de la perfection, en exigeant surtout que soient refoulés toute sexualité ou tout sentiment de colère, et enfin, qui dévalorisent les dons personnels en raison d'une interprétation erronée de l'humilité, ces systèmes s'avèrent être prédominants dans les familles profondément dysfonctionnelles et sont de toute évidence fondamentalement viciés.

Il est souhaitable qu'un processus thérapeutique aide les lesbiennes et les homosexuels issus d'un milieu religieux à prendre pleinement conscience de leurs systèmes de croyance les plus enfouis, et du cortège de sentiments de honte et de dénigrement de soi qui les accompagne, afin de les confronter aux valeurs religieuses saines que leur Moi aura su intégrer. La distinction entre religion névrotique et religion saine s'impose indépendamment de l'Église à laquelle on appartient. Quelle que soit leur obédience, toute Église et toute secte peuvent susciter des réactions saines ou pathologiques chez leurs adeptes. L'influence parentale est également capitale. Il existe en effet un lien direct entre la relation aux parents qu'a connu l'individu et la nature de ses idéologies religieuses. Ceux qui ont vécu dans un climat bon et aimant se montreront réceptifs au message d'amour libérateur de leur religion. Des parents attentifs peuvent « neutraliser le poison de la religion », afin que leurs enfants n'en connaissent que les bienfaits. En revanche, ceux qui auront été privés d'amour parental auront tendance à se construire l'image d'un Dieu sévère auquel ils ne se soumettent que par crainte.

Religion pathologique et famille gravement dysfonctionnelle se rejoignent dans un même schéma. Elles comptent toutes deux sur la peur de la punition pour s'assurer la docilité ; elles se servent de la culpabilité tel un subtil levier de manipulation et de contrôle. Craignant la liberté, elles cultivent l'obéissance aveugle et muette. Les doutes les plus naturels, perçus comme une menace, sont châtiés et réprimés. La religion et les familles pathologiques se définissent par rapport à ce qu'elles rejettent, sans très bien savoir par ailleurs ce qu'elles défendent. Elles voient des ennemis partout : les médias, les humanistes, les communistes, les intellectuels, les gays, les bonnes âmes et j'en passe.

Le message publicitaire suivant, financé par le bureau d'information religieuse des « Knights of Columbus »[1] illustre bien ce à quoi peut aboutir une interprétation pathologique de la foi religieuse. Il parut pour la première fois dans le « New York Herald Tribune » du 24 octobre 1965 (juste avant l'ouverture du Concile de Vatican II) :

Bienfaits de la foi pour le catholique !

« Pour le catholique pratiquant, la religion est le moyen le plus sûr d'obtenir le salut de son âme immortelle.

Elle se fixe également un but aussi urgent qu'impératif : *lui apprendre comment gérer sa vie.*

Le catholique n'a nul besoin d'inventer sa propre théorie quant à la nature de Dieu. Il n'a pas non plus besoin de se forger sa propre éthique pour ce qui est de ses relations avec son prochain. Il n'est aucunement appelé à élaborer ses propres

1. Knights of Columbus : société catholique de bienfaisance qui sponsorise, depuis 1948, une campagne publicitaire dans les médias pour expliquer les croyances catholiques.

principes de conduite morale et sociale... ou à distinguer le bien du mal, suivant sa conscience.

Toutes ces questions sont déjà résolues pour lui, grâce à sa foi en la vérité révélée par Dieu... à travers les enseignements très clairs de l'Évangile de Jésus-Christ... et grâce à la fréquentation des sacrements que lui dispense l'Église comme suprême nourriture de l'âme... »

Une telle interprétation me semble incontestablement pathologique. Mis à part le fait que cette publicité ne fait aucune mention du message chrétien de la résurrection et que, s'adressant aux hommes exclusivement, elle est empreinte d'un sexisme implicite, elle assimile en définitive la foi catholique à un état d'immaturité totale, de croyance aveugle, de passivité et d'obéissance. Elle nous encourage à renoncer à la réflexion, à ne faire aucun usage des dons que Dieu nous a faits, mais à accepter sans protester ni contester les directives de la hiérarchie. Les chrétiens y sont représentés comme des gens dont l'unique obligation serait d'obéir les yeux fermés, au mépris de toute responsabilité quant aux conséquences de leurs actions.

Les déformations de la foi que véhicule ce texte furent heureusement rectifiées par plus d'un document de Vatican II. Celui qui s'intitule « L'Église dans le monde moderne » incite notamment les laïcs à assumer leurs responsabilités en tant que chrétiens dans leurs domaines de spécialisation. On leur dit clairement de ne pas attendre de directives de la part de l'Église ou du clergé dont ce n'est d'ailleurs pas le rôle. En effet, le devoir inaliénable de chaque individu est plutôt de chercher, selon sa conscience, à incarner les valeurs chrétiennes dans sa propre vie.

De récentes déclarations de Rome et de la hiérarchie américaine sembleraient indiquer que l'Église souhaite revenir à une religion totalement autoritaire, interdisant aux laïcs et même aux théologiens professionnels de se prononcer, à la lumière des principes religieux, sur les questions très complexes que soulève la vie moderne.

Cette forme de croyance semble refléter l'attitude hystérique et le sentiment d'insécurité qui caractérisent les familles gravement dysfonctionnelles. Elle porte à croire que la hiérarchie catholique, et plus particulièrement celle de Rome, est hantée par la crainte maladive que ne vacillent son pouvoir, son autorité et l'existence même de la bureaucratie romaine. Elle tâche par conséquent d'imposer à toute l'Église un autoritarisme nocif à l'équilibre psychologique et au développement spirituel de ses fidèles. Prions tous Dieu pour que l'Esprit-Saint, si tangiblement présent au Concile de Vatican II, vienne une fois de plus apaiser les craintes et les doutes des responsables de notre Église pour qu'ils se retrouvent libres d'assumer les risques inhérents à toute évolution et à tout changement.

Il est un texte souvent cité du Nouveau Testament qui a donné lieu à bon nombre d'interprétations pernicieuses. L'apôtre Matthieu attribue les paroles suivantes à Jésus : « Vous devez être parfaits comme votre Père céleste est parfait. » (5:48). Certains ont cru discerner dans ce passage l'exigence d'une perfection morale qu'il n'est pas donné aux hommes d'atteindre. Lesbiennes et homosexuels sont particulièrement susceptibles de se lancer à corps perdu dans cette quête illusoire afin de compenser leur « différence ». Et pourtant, le terme *teleios* du texte originel n'implique aucune perfection morale. Dans le sens où l'utilisait Aristote et d'autres philosophes grecs, il est emprunté à la biologie et désigne un organisme ayant atteint son plein développement ; ainsi, d'un chêne parvenu à maturité, l'on pourrait dire qu'il est le *teleios* du gland. Cette phrase signifie donc qu'il nous faut évoluer vers l'état que Dieu désirait pour nous. Nous devons *nous réaliser*, à l'exemple de Dieu Lui-même. Paul emploie ce même terme pour nous exhorter à devenir aussi pleinement et consciemment humains que l'était Jésus. Le message très encourageant que contiennent ces paroles pour les homosexuels est que Dieu souhaite qu'ils parviennent précisément à être ce qu'ils sont, lesbiennes et gays, jouissant de la meilleure santé possible et de toute la sagesse qu'il leur est donné d'atteindre.

Croyants homosexuels, nous avons le droit et le devoir d'interroger tous les systèmes d'idéologie religieuse, afin de distinguer ceux qui nous aident à développer une saine acceptation de nous-mêmes de ceux qui nuisent à notre santé mentale et à notre maturité.

Dieu tout-puissant, puisse ton Esprit d'amour nous aider, nous, lesbiennes et gays, à reconnaître ce qui dans notre système de croyance personnel est sain ou pathogène. Aide-nous à remettre courageusement notre Église en question à chaque fois que ses actions nous paraîtront nuisibles à notre bien-être comme à notre équilibre psychologique. Amen.

4

Maturité spirituelle : défi posé aux homosexuels chrétiens

> « *On t'a fait savoir, homme, ce qui est bien, ce que Yahvé réclame de toi : rien d'autre que d'accomplir la justice, d'aimer avec tendresse et de marcher humblement avec ton Dieu.* »
>
> Michée 6:8

Les groupes religieux homosexuels soucieux de promouvoir l'évolution spirituelle de leurs membres doivent, avant tout, nous apprendre cette autonomie qui consiste à assumer la pleine responsabilité de nos choix et de notre existence devant Dieu et notre prochain. Il nous faut comprendre que nous ne pouvons en aucun cas vivre notre vie dans le seul but de complaire aux autres, quels qu'ils soient, parents ou autorités religieuses.

Tout ce qui nous vient de l'Église est, en effet, tellement entaché d'homophobie pernicieuse que nous avons le devoir, en tant que lesbiennes et gays, de procéder par la prière à une réévaluation personnelle de notre patrimoine religieux. Nous devons choisir parmi les valeurs qu'elle nous propose celles qui méritent notre adhésion et notre respect ; autrement dit, celles qui sont compatibles avec notre moi profond et qui n'attentent en aucune façon à notre propre dignité. Car, ainsi que je l'ai affirmé précédemment, tout ce qui est psychologiquement nuisible provient d'une théologie défectueuse. C'est donc un service à rendre à l'Église que d'identifier ce qui en elle est destructeur pour l'aider à départager traditions purement humaines et parole divine authentique.

Notre évolution vers une plus grande autonomie n'est pas sans rapport avec la révélation divine que nous transmettent les Écritures. La Pentecôte, ou la venue de l'Esprit-Saint, fut la dernière de toute une série d'épiphanies qui se sont succédées au cours de plusieurs millénaires. Sans doute est-il opportun de rappeler que Dieu se manifesta pour la première fois en tant que personne aux compagnons de Moïse lorsque ceux-ci, s'étant mis à adorer le Veau d'Or, étaient tombés dans une déshumanisation telle qu'ils en étaient réduits à l'état de bêtes. Le message essentiel de cette révélation consiste à proclamer que Dieu est bien une personne et que la meilleure façon de la vénérer est de développer au maximum notre aptitude spécifiquement humaine au travail, à la joie, au jeu et à l'amour.

La révélation progressive que Dieu nous fit de son être en tant que Père, Fils et Saint-Esprit correspond à notre faculté d'appréhender la présence divine et de l'intérioriser peu à peu dans nos propres vies. Dieu apparaît dans un premier temps comme une figure parentale qui érige des lois et exige d'être obéi, mais qui se montre également fidèle, capable de compassion et de pardon. Il se découvre à nous dans un deuxième temps en s'incarnant dans la personne humaine de Jésus, notre frère. Il nous est alors plus accessible en son humanité, tout en restant à ce stade encore extérieur à nous. Et Dieu se manifeste enfin sous la forme de l'Esprit-Saint de l'amour qui vit désormais en nous. Ainsi que l'a affirmé le prophète Jérémie, l'ancienne alliance avec Dieu était fondée sur la Loi et sur une autorité divine extérieure à l'homme : « Alors, moi, je leur fis sentir ma maîtrise, oracle de Yahvé. » (Jr. 31:32). Mais la nouvelle alliance est tout autre, puisque, ainsi que l'a prédit aussi Jérémie, Dieu inscrira sa Loi profondément en nos êtres et en nos cœurs, afin que tous les hommes, des plus petits jusqu'aux plus grands, sachent discerner la volonté divine écrite en eux et au sein même de leur propre expérience.

> « Mais voici l'alliance que je conclurai avec la maison d'Israël, après ces jours-là, oracle de Yahvé. Je mettrai ma Loi au fond de leur être et je l'écrirai sur leur cœur. Alors je serai leur Dieu et eux seront mon peuple. Ils n'auront plus à s'instruire mutuellement, se disant l'un à l'autre : " Ayez la connaissance de Yahvé ! " Mais ils me connaîtront tous, des plus petits jusqu'aux plus grands, — oracle de Yahvé, — parce que je vais pardonner leur crime et ne plus me souvenir de leur péché. » (Jr. 31:33-34)

Parlant à ses disciples au cours du Dernier Repas, Jésus leur dit : « Il vaut mieux pour vous que je parte, car si je ne pars pas, le Paraclet[1] ne viendra pas à vous. » (Jn. 16:7). Pourquoi fallait-il que Jésus nous quitte avant que ne se manifeste l'Esprit de la nouvelle alliance ? Tant que Jésus demeurait parmi ses apôtres, autorité et conseil leur étaient impartis de l'extérieur. Ils s'efforçaient donc de satisfaire aux exigences de quelqu'un d'autre. Dans la mesure où ils s'en référaient à la tutelle personnelle de Jésus, ils n'étaient encore que des enfants et non des adultes au sens pleinement créatif et responsable de ce terme.

Mais la mort et la résurrection de Jésus, suivies par la venue de l'Esprit-Saint, posèrent un réel défi aux apôtres, tout en leur permettant d'accéder à une plus grande maturité. Ils durent renoncer aux sentiments de sécurité et de réconfort que leur assurait un maître dont la prévoyance était totale. C'est à partir de ce jour-là qu'ils eurent à discerner en eux la volonté de Dieu. Seule la venue de l'Esprit donna aux apôtres le courage de renoncer à la tranquillité de la chambre haute et de mener dans le monde leur action créative et responsable de médiateurs de l'Esprit. Ce que j'espère et ce pour quoi je prie, c'est que l'Esprit-Saint accordera à la communauté religieuse des lesbiennes et des gays la grâce et la force de sortir du placard pour aller courageusement à la rencontre de l'Église et du monde, mus par une confiance absolue en leur mission.

Chacun d'entre nous doit, dans un certain sens, suivre un parcours similaire à celui des apôtres. Enfants, nous avons presque toujours tendance à voir en Dieu d'abord et surtout une

1. Paraclet : nom donné au Saint-Esprit dans les écrits de saint Jean.

figure parentale. Jésus nous apparaît dans notre jeunesse comme un frère ou un modèle. Mais le rapport à Dieu que nous établissons, une fois parvenus à l'âge adulte, s'inspire avant tout de l'Esprit d'amour qui nous habite.

Nous pouvons toutefois être fortement tentés, au niveau de la vie spirituelle, de demeurer d'éternels êtres immatures, c'est-à-dire passifs, obéissants ou rebelles, mais surtout, irresponsables. Même s'il peut nous arriver à tous de régresser parfois pour des raisons tout à fait valables, il n'en reste pas moins que tout enfant est appelé à grandir, à partir de la famille où il est né, à quitter père et mère, et à constituer sa propre collectivité.

Nous devrions, de même, dans notre vie spirituelle renoncer à la passivité et à l'irresponsabilité afin d'assumer au sein de notre groupe un rôle actif et créateur. La communauté chrétienne gay et lesbienne a particulièrement besoin de guides adultes, motivés et autonomes, doués de discernement, dont la colère soit constructive et qui sachent instaurer un rapport à l'Église où aillent de pair amour et sens critique.

Elle peut se donner pour but de fonder une association spirituelle basée sur l'amour, à commencer par l'amour de soi, amour qui s'étendra à nos sœurs lesbiennes et à nos frères gays avant de nous conduire enfin à celui de l'Église et au désir de la libérer de son esclavage sexiste et hétérosexiste. Mais tout amour vrai est grâce ou don de Dieu. Le mouvement religieux gay ne saurait donc se passer de la force spirituelle et de l'aide de Dieu pour accomplir l'œuvre qu'il entend entreprendre.

Que la communauté religieuse gay et lesbienne ait vu le jour durant la décennie où l'Esprit-Saint laissait pleuvoir sur nous ses dons en abondance ne me semble pas un hasard. Préparons-nous à former des groupes de prière charismatique pour obtenir cette confirmation qui consiste à entendre la parole que Dieu nous adresse personnellement. Nous ressentons certainement, en tant qu'homosexuels, le besoin tout particulier de recevoir les dons de l'Esprit. C'est grâce à une expérience directe de l'amour de Dieu que nous pourrons accueillir au plus profond de notre être l'Esprit de réconciliation qui nous permettra de nous aimer et de nous accepter nous-mêmes, de nous aimer et de nous accepter les uns les autres, et de croire que Dieu nous aime et nous accepte, alors même que d'autres dans l'Église nous condamnent au nom de ce même Dieu.

Nous avons surtout besoin d'apprendre à prier. Efforçons-nous de penser, de vivre, de travailler et de nous divertir en préservant en nous le sentiment très vif de la présence de Dieu. Il faut que nos pensées émergent de leur effroyable isolement et s'expriment dans une conversation libre de toute crainte avec Dieu. Il est normal que nous éprouvions une forte résistance à l'idée d'être si vulnérables, si dénudés et si dépourvus de protection. Car si nous désirons aimer Dieu, nous souhaitons aussi conserver un petit coin de notre vie intérieure et y rester bien cachés « dans nos placards ». Ces mêmes angoisses qui rendent difficile l'intimité avec l'autre nous retiennent aussi d'exister dans l'intimité de Dieu. Puissions-nous obtenir la grâce d'abattre certaines des barrières qui entravent notre rapport à Dieu et nous empêchent par conséquent d'être ouverts non seulement à nous-mêmes, mais à l'autre et au monde.

Écoutons la promesse que Dieu fit par l'intermédiaire du prophète Isaïe à ceux qui œuvrent pour la libération des opprimés :

> « Ne savez-vous pas quel est le jeûne qui me plaît ?
> oracle du Seigneur Yahvé :
> Rompre les chaînes injustes,
> délier les liens du joug ;
>
> renvoyer libres les opprimés,
> briser tous les jougs ;
> partager ton pain avec l'affamé,
> héberger les pauvres sans abri,
>
> vêtir celui que tu vois nu
> et ne pas te dérober devant
> celui qui est ta propre chair.
> Alors ta lumière poindra comme l'aurore,
> ta blessure sera vite cicatrisée.

Ta justice marchera devant toi
et la gloire de Yahvé derrière toi.
Alors, si tu cries, Yahvé répondra,
à tes appels il dira : « Me voici. »

Si tu exclus de chez toi le joug,
le geste menaçant et les propos impies,
si tu donnes ton pain à l'affamé,
si tu rassasies l'opprimé,

ta lumière se lèvera dans les ténèbres
et tes ombres deviendront plein midi.
Yahvé te guidera constamment,
dans les déserts il te rassasiera.

Il te rendra vigueur
et tu seras comme un jardin arrosé,
comme une source d'eaux
dont les eaux sont intarissables.

Et tu bâtiras sur des ruines antiques,
tu édifieras sur des fondations antérieures. » (58:6-12).

Envoie-nous, Seigneur, ton Esprit d'amour pour nous donner le courage de sortir du placard et nous transformer en médiateurs créatifs de ton amour. Amen.

Deuxième partie

DANS L'INTIMITÉ DE DIEU

INTRODUCTION

Se sentir en présence de Dieu

J'ai le souvenir très net du choc que j'ai ressenti lorsque, novice dans la Société de Jésus, j'ai lu pour la première fois les « Exercices spirituels » de saint Ignace de Loyola. Parlant de la prière du matin, saint Ignace recommande de préparer dès la veille au soir des sujets de méditation. Mais, écrit-il, avant de commencer cette prière du matin, il est bon de se souvenir d'abord que l'on se trouve en présence de Dieu. Et si Dieu veut bien nous accorder la grâce de *sentir* cette présence, nous pouvons alors nous en pénétrer et renoncer à réfléchir sur les thèmes choisis la veille.

Ignace suggérait ainsi que Dieu dans sa munificence nous accorde parfois instantanément ce que nous recherchons : la sensation d'une présence tangible et d'une communion d'amour. Détourner notre attention de cette expérience immédiate pour l'appliquer à d'autres sujets de méditation reviendrait, d'une certaine manière, à ignorer Dieu. Ce serait exactement comme si nous choisissions de regarder la télévision ou de lire le journal alors que notre amant(e) aimerait s'entretenir quelques moments avec nous.

Ce fut donc pour moi un choc que de reconnaître que, malgré tous les efforts que je pouvais faire pour dire cette prière du matin, je n'arrivais pas à m'ouvrir à Dieu. Puis, d'un seul coup, la soupape a sauté, libérant un flot d'émotions — sentiments de colère, de peur et de culpabilité dont je n'étais qu'à moitié conscient. J'ai alors compris que, même si Dieu avait souhaité établir avec moi un rapport direct et personnel, j'y avais toujours fait obstacle. L'idée même de cette présence intime éveillait en moi à l'époque des réactions affectives intenses que je mesurais encore mal.

Ceux qui ont une longue expérience du conseil spirituel décrivent cette pratique comme « le soutien qu'apporte un chrétien à un autre pour l'aider à mieux percevoir ce que Dieu cherche à lui communiquer personnellement, à y répondre de façon tout aussi personnelle, à approfondir son intimité avec Dieu et à en assumer pleinement toutes les conséquences »[1]. Les auteurs en question soulignent le fait que, dans ce type de conseil spirituel, c'est l'expérience qui est surtout mise en avant, et que, loin d'être conçue comme un événement isolé, elle apparaît plutôt comme l'expression d'un rapport privé et continu que Dieu établit avec chacun d'entre nous.

Il va de soi que nous aurions tous pu, lesbiennes et gays chrétiens, bénéficier grandement des conseils spirituels d'un directeur expérimenté et non homophobe. Mais rares sont ceux qui ont connu pareil privilège. Je me propose d'analyser dans cette deuxième partie les trois principales émotions qui entravent le sentiment d'intimité avec Dieu, à savoir, la colère, la peur et la culpabilité. J'examinerai aussi les conséquences qui en découlent pour les lesbiennes et les gays

Avant d'entamer cette discussion, je voudrais affirmer une fois de plus ce principe, à mon avis fondamental, selon lequel une bonne psychologie se traduit nécessairement par une bonne théologie et vice versa. Si vivre selon les Écritures et la loi de Dieu nous détruit humainement parlant, si en tentant de mener cette existence, nous sombrons dans la névrose, la dépression, la drogue ou l'alcool, l'irritabilité et la tristesse, nous devons en conclure que nous nous faisons une fausse idée de la théologie et que notre rapport personnel à Dieu est profondément vicié.

La principale hérésie où nous entraîne la religion pathologique consiste à nous faire croire que la frustration, le malheur et

1. William A. Berry et William J. Connolly, *The Practice of Spiritual Direction* (Minneapolis : Seabury Press, 1982), p. 8.

la souffrance sont les seuls moyens que nous ayons de glorifier Dieu. C'est d'ailleurs sur cette conception erronée que Marx fonda sa célèbre critique de la religion : Si tout ce qui diminue l'homme sert à exalter Dieu, tout ce qui grandit l'humain ne ferait donc que nier le Divin.

Maître Eckhart[1] nous offre, dans sa spiritualité de la création, une interprétation toute différente du christianisme. Celle-ci pose comme principe que Dieu nous appelle à « choisir la vie ». La première règle de toute vie chrétienne est que nous devons apprécier l'existence dans un sentiment de reconnaissance envers Celui qui nous prodigue tous les bienfaits, tout en les faisant partager à un maximum de personnes. Nous pourrons ainsi prier en disant : « Je te remercie, Seigneur, pour ces dons que tu m'as faits ; puisses-tu les étendre également à tous ceux qui sont dans le besoin. »

Il faut, pour « choisir la vie », arriver à surmonter les principaux obstacles à l'intimité. Selon la parole de Dieu qui nous vient de la Genèse : « Il n'est pas bon que l'homme soit seul. Il faut que je lui fasse une aide qui lui soit assortie. » (2 :18). Je souhaite que mes sœurs lesbiennes et mes frères gays trouvent dans les chapitres qui suivent des conseils qui les aideront à repérer et à éliminer tout ce qui peut faire écran entre Dieu et eux.

1. Eckhart (Johann, dit Maître) : Dominicain et mystique allemand né en Thuringe (vers 1260-vers 1327) ; ses principales oeuvres décrivent les étapes qui marquent l'union de l'âme avec Dieu, notamment, la dissimilitude, la ressemblance, l'identité et la révélation. Par le détachement, l'âme qui n'est d'abord rien, finit par être celle qui engendre Dieu : « Si je n'étais pas, Dieu ne serait pas Dieu. » Le pape Jean XXII condamna 28 propositions extraites de ses écrits en 1329. La pensée de Maître Eckhart intéresse aujourd'hui les bouddhistes Zen ainsi que certains théoriciens marxistes.

5

Gérer la colère

« Je te propose la vie ou la mort, la bénédiction ou la malédiction. Choisis donc la vie... »

Le Deutéronome 30:19

La colère et l'impact que peut avoir cette émotion sur notre vie spirituelle comme sur notre intimité avec l'autre et avec Dieu échappe souvent à toute analyse. Savoir gérer de façon créatrice et productive toute la colère que provoque chez eux le sentiment d'être étrangers à la famille, à l'Église et à la société est en effet l'un des plus grands défis auxquels se sont toujours trouvés confrontés lesbiennes et homosexuels. L'épidémie du sida donne aujourd'hui à cette rage une dimension aussi nouvelle que bouleversante.

La colère que suscite le sida s'avère d'autant plus difficile à régir que l'on ne sait pas toujours clairement l'expliquer, ni contre qui ou contre quoi la diriger. Le malade du sida devrait-il éprouver du ressentiment contre celui qui lui en a transmis le virus et dont il connaîtrait l'identité ? Notre révolte devrait-elle éclater contre nous-mêmes en raison du comportement qui nous a, réellement ou de façon potentielle, exposés à la contamination, ou devrions-nous nous en vouloir surtout d'avoir osé un jour sortir du placard ? Faut-il s'en prendre à la communauté gay dont le style de vie a contribué à répandre la maladie ?

Condamner tous les médecins qui n'ont pas réussi à la soigner, ou l'État qui n'a pas attribué un budget suffisant à la recherche et à l'éducation ? Dénoncer l'Église et la société qui refusent de nous reconnaître le droit de vivre une vie monogame et protégée par la loi ? Ou encore nous élever contre Dieu qui semble faire la part belle à nos ennemis, en permettant que cette maladie mortelle soit associée dans les esprits à notre mode de vie ? La difficulté que nous éprouvons à concentrer notre colère sur quelqu'un ou quelque chose de précis fait que celle-ci peut facilement exploser de façon névrotique et autodestructrice. Une colère rentrée que nous dirigeons contre nous-mêmes, faute de savoir l'exprimer par le biais d'un acte plus créateur, peut, par exemple, provoquer une dépression. Il importe donc que nous arrivions à mieux comprendre le rôle que joue la colère dans notre vie et à gérer ce sentiment de manière saine et constructive, surtout lorsqu'il s'agit de cette révolte insupportable entre toutes — celle que nous ressentons envers Dieu.

Dans une région montagneuse de la France médiévale, on appelait « crétins » les victimes de l'hypothyroïdie parce qu'ils étaient peu communicatifs, taciturnes, mornes et incapables de manifester aucune émotion. Le mot « crétin » était alors curieusement synonyme de chrétien ; en effet, la croyance populaire voulait que ces malheureux aient atteint le summum d'une sainteté dénuée de toute affectivité où les bonnes gens se plaisaient à voir un comportement chrétien authentique. Notre propre éducation nous porte souvent à penser que de bons chrétiens ne doivent jamais se fâcher ni ressentir d'hostilité envers quiconque. Nous avons donc tendance à penser que tout sentiment de colère est un péché et nous apprenons à la refouler et à la nier aussitôt.

Le principal mécanisme de dénégation auquel nous avons presque tous recours, que nous soyons adultes ou enfants, équivaut au principe que je résumerai ainsi : « Tout faire pour que maman soit bonne ». (Ce syndrome peut aussi s'appliquer au père, dans la mesure où celui-ci prend une part active à l'éducation de l'enfant). Rappelons au passage que l'enfant dépend entièrement de la bienveillance et de l'amour de celui ou de celle qui lui tient lieu de parent. Si sa mère n'est ni bonne ni aimante, il éprouve alors colère et frustration, mais il craint en même temps que son courroux n'éloigne de lui sa mère, puisque la perdre reviendrait pour lui à perdre la vie même. Il s'emploie donc énergiquement à nier et à refouler tout sentiment de cet ordre, préférant se dégrader lui-même et détourner sur lui sa propre rage : « J'ai dû être très méchant(e) pour que maman soit à ce point fâchée contre moi. » Ayant acquis ce mécanisme pour gérer leur colère, les enfants ont tendance à y recourir toute leur vie. Adultes, plutôt que de se retourner contre ceux qui leur font du mal, ils intériorisent leur ressentiment et s'en prennent d'abord à eux-mêmes.

Nous avons tous entendu parler de cas où une mère droguée s'est amusée à brûler son enfant avec sa cigarette. Lorsqu'on demande à la petite victime comment un parent digne de ce nom peut agir de la sorte, elle répond immanquablement : « Ma maman est bonne, elle le fait parce que je suis méchant. » Dans des circonstances aussi extrêmes, le processus grâce auquel l'enfant garde intacte l'image de la bonne mère est en l'occurrence une solution psychologique valable, puisqu'elle lui permet de rester en contact avec la réalité et de conserver l'illusion qu'il contrôle encore tant soit peu la situation. L'unique alternative est souvent le breakdown psychotique[1]. La vraie difficulté surgit, pourtant, lorsque ce procédé inconscient qui a persisté jusqu'à l'âge adulte rend impossibles des réactions plus saines. Les enfants de parents alcooliques ont, entre autres, souvent recours à des méthodes similaires pour refouler leur colère.

Ce mécanisme est en outre fréquemment renforcé par l'éducation religieuse de l'enfant. Celle-ci a fait croire à beaucoup d'entre nous que tout emportement est péché, outre le fait que les messages de l'Évangile peuvent eux-mêmes nous sembler contradictoires. Des passages tels que : « Quiconque se fâche au tribunal en répondra devant Dieu. » (Mt. 5:22) et : « Aigreur,

1. Breakdown psychotique : dépression liée à la maladie mentale. Dans les définitions courantes de la psychose, on voit figurer des critères comme l'incapacité d'adaptation sociale, la perturbation de la faculté de communication, ou encore la perte du contact avec la réalité.

emportement, colère, clameurs, outrages, tout cela doit être extirpé de chez vous. » (Ép. 4:31) sembleraient impliquer que toute colère est mauvaise. Nous admirons, en revanche, l'image d'un Jésus irrité, armé du fouet, chassant du temple les marchands et renversant les tables, ou encore celui qui dénonce en ses ennemis « des sépulcres blanchis qui ont au-dehors belle apparence, mais qui sont au-dedans pleins d'ossements de morts et de toute pourriture. » (Mt. 23:27). Si Jésus lui-même a connu l'exaspération, celle-ci ne peut plus aussi aisément être taxée de péché. Tous les grands prophètes ont également été des hommes et des femmes en colère poursuivant ardemment leur quête de la justice.

Puisque c'est durant l'enfance que se forgent nos idées et nos sentiments sur la colère et que se développent en nous les habitudes inconscientes nous permettant de les gérer, il se peut que nous ne sachions pas très bien distinguer colère contre quelqu'un et haine de quelqu'un. Nous avons du mal à déchiffrer le sens des paroles de saint Paul qui écrivait : « Emportez-vous, mais ne commettez pas le péché ; que le soleil ne se couche pas sur votre colère ; il ne faut pas donner prise au diable. » (Ép. 4:26-27). Au moins Paul n'assimile-t-il pas ici la colère au péché. Il nous conseille toutefois d'y faire face et de nous en libérer pour ne pas tomber dans le péché en nous laissant posséder par la haine et l'hostilité. En ceci réside l'un des grands secrets de la colère : nous pouvons la dominer sans peine lorsqu'elle nous donne un sentiment de puissance, mais impuissante, elle peut alors se transformer en haine.

On en trouve un exemple tout à fait tragique parmi ceux qui, atteints du sida, n'interrompent pas leur activité sexuelle tout en sachant bien qu'elle met en danger la vie de leurs partenaires. « Quelqu'un me l'a bien donné, déclare l'un d'eux avec rage, pourquoi est-ce que je ne le refilerais pas à d'autres ! »

La psychologie contemporaine nous a appris qu'il est important d'accepter consciemment toutes nos émotions, fussent-elles négatives, comme naturelles et inévitables. Nous devons nous exercer à accueillir avec gratitude tous nos sentiments, à les admettre et à les gérer délibérément de façon positive et constructive plutôt que de les refouler dans l'inconscient où ils peuvent déclencher assez vite la maladie physique ou mentale. Une colère qui ne trouve pas d'exutoire est une source de stress qui peut, si celui-ci se prolonge trop, provoquer hypertension, crises cardiaques, ulcères, colites, infarctus et même déficience immunitaire. Nous pouvons, d'après les médecins, ajouter plus de vingt ans à notre vie si seulement nous réussissons à gouverner efficacement notre colère. « Choisissez la vie ! »

C'est une émotion dont nous faisons tous peu ou prou l'expérience quotidienne. C'est une réaction tout à fait naturelle, voire inévitable, à la frustration ou au manque. Tout comme une blessure physique s'accompagne de douleur, le sentiment d'injustice suscite la colère. Celle-ci peut même prendre des allures de *douleur psychique*. Les spécialistes ont observé qu'il est interdit, au sein de structures familiales névrotiques, de ressentir ou d'exprimer ses griefs ; tandis que les familles psychologiquement saines intègrent bien cette réaction qu'elles jugent tout à fait positive. On y encourage les enfants à reconnaître et à manifester leur colère, et ils le font volontiers, sachant qu'on les entendra. L'on peut supposer, sans risquer de trop se tromper, que l'agressivité est un signal de détresse qu'il vaut mieux écouter pour tâcher d'y remédier. Les enfants qui ont grandi dans de telles familles se sentent évidemment libres d'éprouver et de dire leurs frustrations. Ils assimilent ce droit à une forme de puissance. Ayant pu manifester leur mécontentement avec des résultats effectifs, ils savent par la suite s'en libérer.

Une telle perception psychologique est tout à fait déterminante pour notre vie affective et spirituelle, dans la mesure où l'on ne peut construire d'intimité vraie tant que l'on n'est pas capable de gérer honnêtement et ouvertement son agressivité. Dès que nous nous rapprochons de quelqu'un et que la familiarité croît entre nous, il est difficile d'éviter des mouvements de colère fréquents, voire intenses. Il me semble, à vrai dire, que nous ne nous fâchons vraiment et avec passion qu'à l'endroit de ceux que nous aimons. Prendre conscience de son ressentiment contre l'aimé(e) et l'exprimer, c'est se rendre forcément vulnérable. Cela requiert beaucoup de courage et témoigne véritablement d'une confiance et d'un amour très grands.

Refouler et nier cette colère équivaudrait à refouler et à nier *tous* nos sentiments, y compris la tendresse et l'amour. Nous ne saurions plus vivre, ce faisant, que de l'esprit seul, considérant toute chose à la froide lueur de l'intellect plutôt qu'avec la chaleur du cœur. En l'occurrence, je comparerais volontiers les sentiments à un bol de spaghettis : on ne peut jamais en saisir un seul sans qu'il n'entraîne aussitôt tous les autres avec lui. De même, il est impossible d'isoler un seul sentiment dans le but de le refouler ou d'y faire face. Il faut soit les regarder tous bien en face, soit tous les réprimer.

Le premier signe qu'une colère réfrénée est en train de s'installer au sein d'un couple, c'est que leur vie sexuelle connaît un ralentissement, le refoulement constituant, en effet, le pire anti-aphrodisiaque qui soit. Beaucoup de couples avouent qu'une dispute ouverte où ils peuvent chacun exprimer librement leur hargne ne fait qu'améliorer la qualité de leurs rapports sexuels par la suite. Nous savons aussi, hélas, qu'après des années de vie partagée, nombre de gens n'ont plus aucune vie sexuelle à cause du mur de colère non dite qui les sépare.

Si le couple ne réussit pas à gérer sa colère de façon consciente et saine, celle-ci prendra subrepticement des formes pathologiques et destructrices. Un comportement passif-agressif qui consiste à être régulièrement en retard, à répondre de façon sarcastique, à maltraiter l'autre verbalement et à l'humilier sans cesse, provient d'habitude d'une colère rentrée. Certains déversent leur rage sur des « passants innocents », s'en libérant ainsi à moindres frais. Il n'est pas rare qu'amis, collègues, passagers de métro ou d'autobus, ou autres automobilistes, deviennent ainsi les victimes bien involontaires de tous les ressentiments que nous éprouvons envers notre partenaire et dont les autres essuient les conséquences.

Si nous n'arrivons pas à prendre conscience de notre colère, ou si nous ne nous sentons ni assez libres ni assez confiants pour le faire, elle se transformera vite en un rempart de béton qui nous coupera de toute communication avec autrui. La souffrance que nous cause à la longue la présence de notre partenaire du fait de toute cette colère non dite dépasse largement le plaisir que nous aurions pu y trouver, et la relation s'effrite. Mais si nous savons encourir le risque de manifester notre colère et si notre partenaire se montre assez réceptif pour que nous en soyons dégagés, alors les liens de confiance, d'amour et d'intimité se renforcent, et la joie que procure le partage s'en trouve accrue. Avant d'atteindre ce stade, nous devons néanmoins oser nous montrer vulnérables face à notre ami(e) en lui faisant ouvertement part de notre exaspération. Mon expérience auprès des couples homosexuels, hommes et femmes, que j'ai conseillés me permet d'affirmer que s'ils s'autorisent mutuellement à exprimer leur irritation et s'ils peuvent chacun y réagir de façon non défensive, il y a de fortes chances pour que leur rapport perdure.

L'idée sur laquelle je voudrais surtout insister ici, c'est que toute notre vie spirituelle consiste à resserrer nos liens d'intimité avec Dieu, et à le sentir présent jusqu'au plus profond de notre être. Tout comme nos colères font naturellement et inévitablement partie de notre intimité avec l'autre, elles constituent de même un élément naturel et inévitable de notre intimité avec Dieu. Lorsque nous nous tournons vers lui dans la prière avec le sentiment que nous ne sommes ni entendus ni exaucés, nous en ressentons colère et frustration. Nous sommes pourtant prêts à tout faire pour que Dieu reste bon, jusqu'à retourner, s'il le faut, notre rage contre nous-mêmes. Et nous en venons à nous demander : « Mais à quel titre Dieu répondrait-il à mes prières ? »

Un mur s'élève ainsi peu à peu dans notre inconscient jusqu'à ce que la présence même de Dieu nous devienne intolérable, parce que toute tentative de laisser affleurer notre colère nous semble lourde de menace. Nous préférons donc cesser de prier et d'aller à l'église, quitte à voir notre vie spirituelle se dessécher complètement. L'un de mes patients avait été tellement choqué par l'homophobie manifeste de l'Église baptiste de son enfance, qu'il a dû se convertir au judaïsme pour être enfin capable d'établir un rapport avec Dieu qui soit paisible et purifié de toute fureur traumatisante.

Je pense que c'est là un danger que lesbiennes et homosexuels sont susceptibles de rencontrer, surtout en cette époque où sévit le sida. Pat Norman, responsable des services médicaux pour les lesbiennes et les gays à San Francisco, aurait affirmé dans un récent rapport émanant de la première conférence internationale sur la santé des lesbiennes et des gays que : « La haine de soi a contribué à nous conforter dans le sentiment quasi permanent que nous ne valons rien et ne sommes jamais à la hauteur — sentiments qui nous jettent fréquemment dans l'alcoolisme, l'abus de la drogue ou le suicide »[1]. John E. Ryan a parlé à cette même conférence de la honte, du mépris et de la rage de l'homosexuel : « Le changement le plus important et le plus urgent que puissent effectuer les psychothérapeutes travaillant avec des homosexuels consiste à les soulager des croyances, sentiments et attitudes envers eux-mêmes qu'ils ont intériorisés à un tel point que ceux-ci font partie intégrante de leur moi »[2].

Cette haine de soi tout à fait paralysante trouve en grande partie sa source dans l'effort que font de nombreux chrétiens et homosexuels catholiques pour perpétuer l'image de leur bonne Mère l'Église. Or, il se trouve que celle-ci a une très ancienne réputation d'homophobie. Dans sa brillante étude intitulée « Christianisme, tolérance sociale et homosexualité »[3], John Boswell remet sérieusement en question l'idée très répandue selon laquelle l'attitude doctrinale et pastorale de l'Église à l'égard de l'homosexualité aurait été de tout temps aussi imprégnée de virulence homophobe qu'au cours de ces derniers siècles. L'Église s'est plu à interpréter dans un sens homophobe certains passages des Écritures qui n'en comportaient à l'origine aucune trace ; elle a fondé toute son éthique sexuelle sur une prémisse homophobe ; et sa pratique pastorale

1. *The New York Times,* 18 juin 1984.
2. Ibid.
3. John E. Boswell, *Christianisme, tolérance sociale et homosexualité,* traduit de l'anglais et du latin par Alain Tachet (Paris : Gallimard, 1985).

s'avère, de ce fait, contraire à la santé mentale et au bien-être de centaines de milliers d'êtres humains.

L'Église catholique a même jugé bon de manifester récemment une homophobie encore plus virulente. C'est ainsi que la lettre pastorale de novembre 1986 aux évêques du monde entier reprend à son compte toutes les interprétations homophobes des Écritures et de la nature humaine, et renforce une longue tradition de préjugés. Cette lettre révèle, en outre, un esprit mesquin et cruel qu'on ne s'attend d'habitude pas à rencontrer au sein d'une communauté chrétienne. Elle insinue que ceux parmi les homosexuels qui ont œuvré à la libération de leurs frères gays et de leurs sœurs lesbiennes pourraient être partiellement responsables de la crise du sida. S'armant du principe que « le péché n'a aucun droit », elle incite les évêques de par le monde à s'opposer à tout effort visant à faire reconnaître les droits civiques des homosexuels. Elle va même jusqu'à suggérer que les victimes de la violence anti-gay méritent bien leur sort, puisqu'ils ont osé revendiquer pour les leurs des « droits impensables ». La lettre demande enfin que soient expulsés de tout lieu religieux les groupes gays soucieux de réconcilier leur identité pleinement assumée et leur foi.

La rage légitime que ressent la communauté gay contre une Église humaine et faillible se comprend aisément. Je souhaite examiner ici les réactions psychologiquement saines ou pathologiques qui peuvent être les nôtres lorsque nous tentons de gérer notre colère. Une attitude de type pathologique consisterait à tout faire pour conserver l'illusion que l'Église reste bonne. Il faudrait, pour y arriver, se plier à ses enseignements homophobes, se percevoir soi-même comme « intrinsèquement sujet à une conduite désordonnée », et voir en son propre désir d'expression sexuelle « une tendance au mal ». Nous serions, dans un tel cas de figure, contraints de refouler non seulement nos pulsions sexuelles, mais tous nos sentiments, quels qu'ils soient. Ceux qui acceptent cela doivent donc détester une partie essentielle d'eux-mêmes, et cette haine de soi se transforme souvent en une aversion paranoïaque et généralisée à l'égard des homosexuels en bloc. Il n'est pas rare que ces gays pétris d'aversion de soi deviennent, au sein de la hiérarchie ecclésiastique, nos persécuteurs les plus acharnés.

L'Église catholique aimerait mieux, comme par le passé, maintenir les homosexuels isolés les uns des autres. Mais aujourd'hui que se sont créés des groupes religieux ouvertement gays, l'Église (américaine) tolère pour la première fois l'existence d'une association qui a pris pour nom *Courage*. Son but est d'aider les homosexuels à se conformer à l'enseignement de l'Église, en réprimant tout désir sexuel et en se pliant à une vie de célibat obligatoire. Ce groupe ne peut, à mon avis, être utile qu'à ceux dont l'orientation sexuelle s'avère tellement egodystonique[1] que s'ils agissaient selon leurs sentiments, leur vie émotionnelle sombrerait dans le chaos. Il reste que *Courage* s'est donné comme principe de base une haine de soi pathologique. Or, j'ai la conviction que tout individu capable de le faire sans risquer de tomber dans un mal encore plus grand est moralement tenu de se purifier de toute haine de soi.

Si d'autres Églises ont accepté en leur sein des membres gays, leur homophobie s'exprime sur un mode plus subtil, puisqu'elles refusent, par exemple, d'ordonner prêtre ou pasteur un candidat gay, à moins que celui-ci ne fasse vœu de célibat.

La relation de beaucoup d'homosexuels à l'Église est calquée sur celle qu'ils ont avec leurs parents. Même si nous nous trouvons en complet désaccord avec eux et jugeons destructeur leur comportement envers nous, nous les aimons tout de même et leur sommes reconnaissants de ce qu'ils ont fait pour nous et de ce qu'ils nous ont donné. Mais nous ne pouvons gommer par amour pour eux le fait qu'ils nous ont blessés, et notre colère dure souvent aussi longtemps que notre souffrance. Nous n'en serons libérés que lorsque, ayant su guérir les blessures infligées par la haine et le rejet de soi, nous serons enfin capables de travailler à nous accepter nous-mêmes.

De nombreux homosexuels chrétiens ont su se remettre des meurtrissures que leur avait causées l'Église ; ils ont d'abord

1. Egodystonique : qui porte atteinte à la tonicité, autrement dit, au dynamisme et à l'intégrité du moi.

appris à admettre leur homosexualité, puis à la vivre pleinement et en bonne conscience. Ils se sentent souvent assez forts pour rester dans l'Église et prendre part à sa vie sacramentelle, ainsi qu'à d'autres formes d'activité relativement peu empreintes d'homophobie, tout en priant et agissant pour qu'elle s'intéresse plus activement à la question homosexuelle. Au cours de l'année écoulée, un certain nombre de catholiques gays se sont rendus tous les premiers dimanches du mois à la cathédrale de Saint-Patrick (à New York) et sont restés debout pendant le sermon du cardinal, en signe de protestation contre l'homophobie de l'Église. (Le 6 décembre 1987, les autorités ont alerté la police qui a procédé à l'arrestation de ceux qui se tenaient debout : ces derniers ont été inculpés de délits passibles d'un an de prison).

Beaucoup d'autres homosexuels se sentent, toutefois, si heurtés par l'homophobie d'une Église trop humaine qu'ils préfèrent s'en séparer un temps et rechercher quelque autre communauté plus tolérante, telle la Metropolitan Community Church (dont les membres sont pour moitié des catholiques en exil), ou d'autres associations religieuses, telle l'Église Unitarienne Universaliste[1] où ils se savent acceptés et où sont célébrées leurs unions.

Beaucoup d'entre eux n'arrivent pourtant pas à distinguer leur appartenance à une Église humaine de leur foi en Dieu et de leur rapport spirituel personnel avec Dieu. Ils n'ont alors que deux possibilités : celle de rester au sein de leur Église, quitte à se haïr eux-mêmes et à refouler leur homosexualité comme s'il s'agissait d'un péché, ou celle de s'assumer en tant qu'homosexuels tout en reniant et réprimant leurs croyances religieuses. Ils sont, dans ce cas, fort tentés de jeter par-dessus bord toute foi religieuse et de vivre une vie spirituellement appauvrie. Je tenterai de définir dans les pages qui suivent une troisième

1. Église Unitarienne Universaliste : Église née en 1961 aux États-Unis d'une fusion entre l'Église Unitarienne et l'Église Universaliste. La première, qui date du XVIe siècle, croit en l'unité de Dieu et rejette la divinité de Jésus, tandis que la seconde, qui remonte au XVIIIe siècle, croit au salut universel. Chaque congrégation conserve, au sein de cette Église, son entière autonomie.

option qui consiste à contester les prises de position de l'Église, tout en approfondissant sa propre foi.

Par-delà le problème de la rage ressentie contre l'Église, se pose aussi pour beaucoup de gays celui de la révolte contre Dieu, puisque nous ne choisissons pas notre orientation sexuelle, mais la découvrons comme quelque chose de donné, comme une réalité objective faisant partie intégrante de la Providence divine. Tant que l'expérience que nous avons de vivre selon notre sensibilité particulière demeure négative, tant que nous ne pouvons nous percevoir autrement que comme pécheurs, malades ou malfaisants, notre rapport à Dieu reste éminemment fragile et nous éprouvons contre Lui une réelle colère. Seul un Dieu sadique aurait pu, en effet, créer des millions d'homosexuels sans leur laisser de choix en la matière ni aucun espoir que les choses puissent être différentes, et leur refuser, par la suite, le droit d'exprimer jamais leur homosexualité dans un rapport amoureux, tout en laissant peser sur eux une menace de damnation éternelle.

Le sida donne à la colère contre Dieu une nouvelle dimension. Si nous acceptons la thèse scandaleuse selon laquelle cette maladie serait la punition qu'a infligée Dieu aux homosexuels, nous sommes sûrement en droit de manifester de la rage contre un Dieu sadique qui crée les hommes gays et qui les punit, en les frappant d'une maladie mortelle, car ils sont justement tels qu'Il les a faits.

Il est vrai que la seule façon de pardonner à quelqu'un qui nous a blessés est de laisser la plaie se cicatriser. Homosexuels, nous devons nous risquer à croire que Dieu n'est pas homophobe, même si l'Église, qui est humaine, l'est. Il nous faut apprendre à voir dans notre homosexualité un don de Dieu, et la vivre joyeusement dans le respect de la loi divine. Cette démarche qui nous amène à l'acceptation de nous-mêmes et à une conscience renouvelée de l'amour que Dieu nous porte, nous libérera de la colère.

Il s'opère, au cœur de toute vie spirituelle gay, un processus de deuil et une reconnaissance de notre statut d'exilés ici-bas. Ce travail de deuil est doublement difficile pour les victimes du sida. Car toute démarche de ce type, pour être psychologiquement réussie, comprend nécessairement une période de rage intense qu'il faut savoir dominer. Beaucoup de gays sont toutefois presque incapables de s'avouer la fureur qu'ils ressentent contre Dieu. Admettre sa colère n'est pas facile quand le Dieu que l'on sert est un Dieu que l'on craint. S'il est vrai que de bons parents savent écouter et prendre en compte les griefs de leurs enfants, il est évident que Dieu, qui se fit homme comme nous en la personne de Jésus et qui fut Lui-même sujet à la colère, sera à même d'accepter et de gérer nos griefs d'hommes et de femmes. Jésus nous a d'ailleurs fourni un modèle quant à la façon d'exprimer son irritation dans la parabole de l'enfant prodigue (Lc. 15:11-32).

L'enfant prodigue rentre chez lui après avoir dilapidé son héritage et ne s'être refusé aucun plaisir. Le fils aîné, étant resté à la maison et ayant fidèlement travaillé sur les terres familiales, revient d'une journée passée dans les champs et s'aperçoit qu'une fête bat son plein. Il appelle un serviteur afin d'en savoir la raison, et se sent exaspéré par tant d'injustice. Il dit à son père : « Jamais tu ne m'as donné un chevreau, à moi, pour festoyer avec mes amis. » (Lc. 15:29). Et il refuse de prendre part à la fête. (Nous agirions de la sorte si nous décidions, dans notre colère, de ne pas aller à l'église et si nous exigions que Dieu vienne à notre rencontre selon nos propres critères). Mais le père respecte l'exaspération de son fils aîné et sort lui parler. Il reconnaît qu'il mérite d'être écouté et de recevoir une explication. Il lui promet de le traiter équitablement et le réconforte en lui assurant : « Tout ce qui est à moi est à toi. » Même si la parabole ne le dit pas explicitement, nous pouvons, me semble-t-il, supposer que le fils aîné a pu se libérer de sa colère parce qu'elle a été respectée et écoutée et qu'elle a eu quelque effet.

Si nous avons l'impression que notre vie spirituelle se dessèche, si nous ne pouvons supporter d'aller à l'église, alors il est temps de nous interroger sur notre relation avec Dieu. Si nous sommes fâchés contre Lui, apprenons à ressentir cette rage, sans la nier. Faisons suffisamment confiance à Dieu pour la laisser affleurer dans nos prières et la partager avec Lui, en nous souvenant que ce partage est un acte d'amour. Demandons à Dieu de nous faire savoir qu'Il l'a bien entendue. Si nous y parvenons, nous découvrirons avec étonnement combien notre rapport avec Dieu peut s'empreindre de chaleur et d'intimité.

Outre la découverte de ma propre homosexualité, l'événement le plus traumatisant de ma vie a été la mort de ma mère lorsque j'avais trois ans. Le seul souvenir conscient qui me reste d'elle est une scène où, allongé dans mon berceau dans la chambre de mon père, j'entendais ma mère s'inquiéter d'une voix effrayée, tandis que les ambulanciers l'emmenaient pour la dernière fois à l'hôpital : « Que deviendront mes bébés ? » Ce sont les derniers mots que je l'ai entendue prononcer. Enfant, j'ai réprimé tout mouvement de colère contre Dieu, et j'ai grandi avec le vague sentiment que j'étais en quelque sorte responsable de la mort de ma mère, du fait de ma méchanceté. Inutile de dire que j'avais fait mienne l'image d'un Dieu que je craignais. C'est grâce à un bon thérapeute que j'ai enfin pu prendre conscience de mes griefs contre Dieu lorsque j'avais déjà largement atteint l'âge adulte. Y étant parvenu, j'avais tendance à ressasser, dans ma prière, cette ancienne blessure et la révolte qui lui était liée. Aux dernières fêtes de Noël, me sentant de nouveau comme « un enfant sans mère », je suis entré dans l'église Saint-Jean-Baptiste dans le *East Side* de New York et je me suis agenouillé pour prier devant l'autel de la Vierge où se trouve une très belle statue de Marie et de Jésus.

Tandis que je priais, je sentais la fureur gronder en moi, et c'est presque en pleurant des larmes de rage que je me suis entendu dire : « Me voilà dans de beaux draps. Tu prétendais, Jésus, être en toute chose pareil à nous, sauf pour ce qui est du péché. Ce n'est pas vrai. D'abord, tu t'es choisi une mère sans péché et capable d'amour parfait. Personne d'autre n'a jamais bénéficié d'un tel avantage. Et puis, tu m'as pris ma mère alors que j'étais encore au berceau ! Tu t'es choisi pour père Joseph, un saint tout aussi parfait, un homme tranquille qui t'a appris le métier de charpentier. Mon père à moi était un homme lointain, silencieux, avec qui je ne me souviens pas avoir jamais parlé de sentiments. Et enfin, au moment de ton baptême, Dieu le Père a proclamé du haut du ciel : « Tu es mon Fils bien-aimé ; tu as toute ma faveur. » Tandis que moi, j'ai vécu la plus grande partie de mon existence avec l'impression que mon homosexualité me rendait indigne de la faveur de Dieu. Je me rappelle avoir résumé ma prière en disant : « Quand on a joui de tant de privilèges, on peut bien supporter une petite dose de crucifixion ! »

Alors que j'étais là, à genoux, mes yeux se sont remplis de larmes. Et j'ai entendu une autre voix qui me parlait doucement : « Pourquoi t'apitoies-tu ainsi sur ton sort ? Et pourquoi es-tu si ingrat ? Je t'ai envoyé, il y a vingt-deux ans, un ami qui t'a materné plus qu'il n'est donné à aucun homme de l'être. Ton dîner est prêt chaque soir, dès que ton dernier patient s'en est allé. Ton ami s'inquiète jour et nuit de toi ; il prie sans cesse pour toi, t'encourage et te regrette lorsque tu n'es pas là ; il s'assure que tes sous-vêtements sont propres et que tu t'es bien brossé les cheveux. Il te prend dans ses bras et te rassure quand tu as peur ou quand tu es malade. Il te fait l'honneur de se fâcher contre toi lorsque tu te montres insensible ou agis de façon blessante. J'ai plus que réparé la perte dont tu as souffert enfant. »

Tandis que ces pensées défilaient dans mon esprit, j'ai été saisi de honte et de remords face à une telle ingratitude. J'ai compris que j'étais resté pendant vingt-deux ans accroché à une vieille rancœur et n'avais pas su reconnaître le don que Dieu m'avait fait. Par la grâce de Dieu, j'ai pu me libérer encore un peu de mon dieu de peur et prendre conscience d'une intimité plus profonde que jamais avec mon Dieu d'amour. J'ai pu pardonner à Dieu.

Dieu tout-puissant, tu as promis de rester toujours aux côtés de ceux qui agissent avec justice et bonté. Aide-nous, lesbiennes et homosexuels, à vivre en Ta présence. Aide-nous à réagir de façon saine à la colère qui risque de nous priver de cette présence. Souviens-toi, je te prie, que si nous sommes fâchés contre toi, c'est aussi parce que nous t'aimons. Amen.

6

Se libérer de la peur

« *Rassurez-vous.* »
Luc 2:10

L'humanité tout entière vit aujourd'hui dans la peur, mais ce sentiment est à la fois si répandu et si refoulé, que nous n'en avons la plupart du temps aucune conscience. Il y a les peurs ordinaires de la vie que nous connaissons tous : celles de l'isolement et de la solitude ; de la maladie, de la douleur et de la mort ; de la pauvreté et de l'insécurité ; et celle d'être rejeté par les autres ou par Dieu. Comme l'écrit Henri Nouwen dans son livre, « Lifesigns » (Signes de vie) : « Nous sommes des êtres craintifs... Il semble souvent que la peur ait envahi chaque recoin de notre être, et ceci à un point tel que nous ne pouvons plus nous imaginer ce qu'est une vie dénuée de peur »[1].

Nous ne sommes jamais, à aucun instant de notre existence, totalement à l'abri de la peur. Elle a si profondément marqué notre psychisme qu'elle dicte la plupart de nos décisions, de nos choix et de nos actions. Ne voit-on pas, derrière notre colère et notre rage, se profiler l'ombre de cette angoisse avec laquelle nous vivons et que nous avons en grande partie

1. Henri J. Nouwen, *Lifesigns : Intimacy, Fecundity, Ecstasy in Christian Perspective* (New York : Doubleday, 1986).

refoulée dans notre inconscient ? Peur capable de nous faire sombrer dans la dépression et le désespoir.

L'image biblique de l'obscurité est devenue le symbole par excellence d'une vie saturée de frayeur. Celle-ci, telle l'obscurité, nous cerne de toutes parts, nous insufflant le sentiment d'être en danger de mort et d'anéantissement. La crainte d'un holocauste nucléaire s'est tellement insinuée dans la vie des jeunes d'aujourd'hui qu'ils n'espèrent plus en l'avenir. Beaucoup d'entre eux vont jusqu'à se demander s'il est juste de mettre au monde un enfant, alors que pèse sur nous la menace d'un conflit nucléaire. Une angoisse par trop intolérable ne fait-elle pas du suicide même une échappatoire acceptable ! Ainsi que le note Nouwen : « C'est un fait que nous, gens du XXe siècle, vivons de façon quasi permanente dans la maison de la peur »[1].

Dans un merveilleux article sur le sens de Noël et qu'il a intitulé « Rassurez-vous »[2], Jim Forrest relate une vieille histoire rabbinique ayant trait à la signification de la nuit. Le rabbin demande à l'un de ses étudiants :

« Comment sait-on que la nuit s'est achevée et que le jour s'est levé ? »

« Serait-ce, suggère l'étudiant, ce moment où les yeux perçoivent la différence entre un mouton et un chien ? »

« Non, dit le rabbin, ce n'est pas cela. »

« Serait-ce, s'aventure un autre, lorsqu'on peut distinguer un figuier d'un olivier ? »

« Non plus, répondit le rabbin. C'est plutôt, explique-t-il, le moment où, portant les yeux sur un visage inconnu, l'on reconnaît en l'étranger un frère ou une sœur. Tant que ce moment-là n'est pas encore venu, même en plein jour, ce sera toujours la nuit. »

La plupart d'entre nous, ajoute Forrest, mènent la majeure partie de leur existence dans cette nuit. Nos familles, nos écoles,

1. Ibid.
2. Jim Forrest, « Be not Afraid », *Sojourners,* décembre 1983, pp. 14-15. Jim Forrest est un militant pacifiste et fondateur du groupe « Clergy Concerned » (Un clergé concerné) ; il vit actuellement aux Pays-Bas, et a écrit plusieurs textes sur le mysticisme russe.

notre pays, et l'Église même nous apprennent à nous y adapter. On nous entraîne soigneusement à ne pas reconnaître en ceux que nous croisons des frères ou des sœurs, mais à voir en eux plutôt des amis ou des ennemis, dans un esprit d'antagonisme permanent. On nous incite à coller des étiquettes qui nous permettent de déshumaniser et de dominer les autres : des étiquettes chauvines telles que Beur ou Jaune ; des étiquettes racistes telles que Nègre ou sale Juif ; des étiquettes sexistes telles que gouine ou pédé. Notre peur, notre colère et notre méfiance se transforment en une haine paranoïaque de tout ce qui est différent, qu'il s'agisse des choses ou des êtres.

Pouquoi avons-nous si peur ? La réponse se situe sans doute, selon Nouwen, dans le rapport qui s'établit entre peur et pouvoir : « J'ai enfin commencé à comprendre ce simple fait que ceux que je craignais exerçaient sur moi un grand pouvoir. Il suffisait qu'ils me fassent peur pour m'amener à faire tout ce qu'ils souhaitaient que je fasse »[1]. Il faut, pour se libérer de l'emprise de la peur, prendre pleinement conscience du fait qu'il existe un lien inexorable entre notre angoisse et l'empire que les autres possèdent sur nous.

L'autorité a presque toujours eu recours à la crainte pour s'imposer. Alice Miller conclut, par exemple, dans son volume, « C'est pour ton bien : racines de la violence dans l'éducation de l'enfant »[2], que toute l'histoire de la pédagogie repose sur le principe qu'il faut terroriser les enfants pour les rendre obéissants. L'idée qui sous-tend ce système est évidente : nous préférons de beaucoup l'obéissance à l'amour de l'enfant. Bon nombre d'écoles érigent en mode d'éducation la hantise de la punition et de l'échec. La plupart des patrons exploitent l'appréhension qu'ont les employés d'être remerciés ou privés d'augmentation ou d'avancement, pour mieux les dominer. Et de nombreuses Églises projettent l'image d'un Dieu redoutable leur permettant de manipuler plus aisément leurs membres. Écoutez seulement les pasteurs évangélistes à la télévision et

1. Nouwen, *Lifesigns*, p. 16.

2. Alice Miller, *C'est pour ton bien : racines de la violence dans l'éducation de l'enfant*, traduit de l'allemand par Jeanne Étoré (Paris : Aubier Montaigne, 1984).

vous comprendrez avec quelle habileté ils recourent à la peur pour influencer et subjuguer leurs auditeurs. L'on fait très rapidement fortune aujourd'hui aux États-Unis pour peu qu'on sache aggraver les craintes du public et prétendre ensuite détenir le moyen d'y porter remède.

Ceux qui visent à nous soumettre et à agir sur nous prennent plaisir à entretenir en nous un nombre incalculable de peurs fondées sur le racisme et le sexisme, peurs de guerre nucléaire, ou de conquête communiste [1]. Ceux qui concoctent ces terreurs exercent sur nous un contrôle en nous faisant croire qu'elles se réaliseront sûrement si nous ne nous montrons pas plus soumis. Mais si nous abdiquons face à une telle emprise, nous nous rendons complices de ces agents de la peur, devenant par là même les « gardiens résolus de la nuit ».

Lesbiennes et homosexuels doivent prendre conscience du rôle destructeur que joue la peur au sein de leur communauté. Notre plus grand ennemi ne nous est pas extérieur : c'est la frayeur qui est en nous. Il y a tout d'abord les craintes que partage toute l'humanité. Mais il existe aussi celles qui nous sont propres, à nous, homosexuels. Nous pouvons, en raison de notre homosexualité, être sujets à des angoisses qui nous incitent à rester dans le placard, à nous nier nous-mêmes, à nous rejeter, à nous haïr, et enfin à fuir la présence même de Dieu. Nous cédons souvent à notre propre type d'aversion homophobe qui anéantit en nous l'amour que nous pourrions manifester à nos sœurs lesbiennes et à nos frères gays. Au lieu de comprendre que nous rendons gloire à Dieu en étant pleinement vivants en tant que lesbiennes et homosexuels, nous sommes parfois tentés de croire que nous glorifions Dieu en nous refusant et nous persécutant nous-mêmes et en agissant de même envers nos frères et nos sœurs. Aussi terrifiantes que soient toutes ces craintes, il en est une qui traverse aujourd'hui la société américaine — et surtout la communauté gay — de part en part et dont la puissance dévastatrice dépasse toutes les

1. N.d.T. : La peur du communisme ne s'était pas encore évanouie à l'époque où parut l'édition originale de ce livre en 1988.

autres : c'est cette maladie de l'âme qu'engendre la peur du sida. Après des siècles d'oppression et d'aliénation, lesbiennes et homosexuels avaient enfin atteint, au cours des vingt dernières années, un remarquable niveau d'acceptation de soi et de liberté politique. L'apparition du sida risque aujourd'hui de balayer ces acquis en créant une telle atmosphère d'hystérie et de terreur qu'elle pourrait inciter les gays à opter de nouveau pour la clandestinité.

La panique qu'a provoquée le sida au sein de la population homosexuelle est si profonde qu'il est presque impossible d'en évaluer exactement les effets. Dans son article intitulé « AIDS and the A-Bomb Disease : Facing a Special Death » [1] (Le sida et la maladie de la bombe atomique : une mort pas comme les autres), Chris Glaser se réfère à l'analyse qu'a faite Robert Jay Lifton [2] de l'expérience des survivants d'Hiroshima, pour la comparer à la façon dont les homosexuels vivent le sida.

Les homosexuels malades du sida et les survivants d'Hiroshima ont, d'après Lifton, ceci en commun qu'ils font l'expérience permanente d'une rencontre avec la mort. Ceux qui périssent du sida ont en moyenne trente-six ans. Les gays n'ont pas seulement vu partir leurs amis, leurs connaissances, et un nombre croissant d'étrangers ; ils peuvent aussi avoir l'impression que leur monde tout entier est en train de s'écrouler. La communauté gay, qui s'était édifiée à force de sang, de sueur et de larmes au cours de ces dix-huit dernières années, à dater de la révolte de Stonewall [3], semble menacée de disparition.

L'un de mes patients a rédigé une nouvelle concernant trois vieillards qui prennent part à leur dernière marche le long de la

1. Chris Glaser, « AIDS and the A-Bomb Disease : Facing a Special Death », *Christianity and Crisis* 47, n° 13 (sept. 87) : pp. 311-314.

2. Robert Jay Lifton, *Death in Life : Survivors of Hiroshima* (New York : Basic Books, 1982).

3. Stonewall : nom d'un bar de Greenwich Village fréquenté par les homosexuels et les travestis. Une nuit de juin 1969, ceux-ci décidèrent de résister par la force à un raid policier, et des confrontations entre homosexuels et forces de l'ordre durèrent plusieurs jours. C'est à cet incident qu'on rattache traditionnellement la naissance du mouvement de libération homosexuelle aux États-Unis.

5e Avenue, le jour de la Gay Pride[1], en l'an 2000. Seuls survivants du mouvement de libération gay des années soixante-dix, ils se remémorent avec nostalgie les centaines de milliers de personnes qui défilaient vingt ans plus tôt, mais qui sont toutes mortes du sida ou que la peur a renvoyées dans le placard.

La menace d'une contamination invisible constitue un deuxième point de ressemblance entre les survivants d'Hiroshima et les gays. Ceux qui ont survécu à la bombe atomique ont subi une radiation si intense qu'ils peuvent à tout moment être frappés de mort. De même, la période d'incubation du sida pouvant atteindre dix années ou plus, nous vivons, en tant que membres de la communauté gay, dans la crainte d'une éventuelle contamination qui peut à tout moment s'abattre sur nous.

Le troisième parallèle tient au fait que pour les survivants d'Hiroshima, le moindre symptôme d'affection — un refroidissement, une fatigue, une grippe ou une fièvre — fait surgir des images de bombe et de mort. De même, le plus petit signe d'épuisement ou le moindre bobo, aussi léger soit-il, réveille en nous l'angoisse liée au sida et l'appréhension de la mort. Le stress qui en résulte nous rend encore plus vulnérables à la maladie.

L'inquiétude de ceux qui nous aiment peut aussi être source de stress. Les parents craignent pour leurs fils ; le virus leur fait l'effet d'une menace permanente. De mauvaises nouvelles peuvent, en effet, leur parvenir n'importe quand. Le père de l'un de mes patients m'a dit que le fait d'avoir un fils gay vivant à New York provoquait plus de peur et d'angoisse chez lui qu'il n'en avait ressenti lorsque son fils aîné se battait au Viêt-nam.

Il faudrait mentionner aussi deux autres frayeurs liées à la terreur que génère le sida. La première est celle que suscitent toutes les difficultés occasionnées par une maladie prolongée et débilitante : perte de revenus ; séjours fréquents et pénibles à l'hôpital et privation de tout appui affectif, lorsque les amis

1. Gay Pride : Journée de la fierté gay, commémorative de la résistance homosexuelle, qui a vu le jour en 1969. La *Gay Pride March* réunissant des centaines de gays et de lesbiennes a désormais lieu chaque année dans toutes les grandes villes américaines et européennes.

affolés hésitent à venir nous voir, nous toucher et nous embrasser. La seconde est une appréhension croissante de toute forme de sexualité, puisque les rapports favorisent la transmission du virus VIH. Les homosexuels auxquels la société a déjà appris à éviter toute intimité sont d'autant plus inhibés depuis que celle-ci peut être porteuse de mort.

Avant de revenir plus longuement, dans les chapitres 17, 18 et 19, à la question de la mort, je voudrais examiner ici ce que Jésus a pu dire de la peur, ainsi que les ressources spirituelles susceptibles de nous aider lorsque nous cherchons à nous soustraire à son emprise.

Vie spirituelle et libération de toute peur

« Rassurez-vous ». Se libérer de toute inquiétude est un élément clé de notre salut. C'est aussi un message capital du Nouveau Testament. Dieu envoya son Fils, Jésus, pour conjurer en nous la peur qui n'est autre que l'influence et le pouvoir qu'exerce sur nous le Malin. Nous avons souvent tendance à noyer Noël sous des flots de sentimentalisme. Nous oublions que Jésus est né dans une société militarisée, sous l'occupation romaine, où quiconque se dressait pour défendre ses droits était rapidement livré aux tortionnaires, avant de mourir sur une croix. Nous célébrons, le lendemain de Noël, la fête d'Étienne, premier martyr chrétien, lapidé à mort. Puis, deux jours après, nous nous rappelons les Saints Innocents — tous ces enfants sacrifiés à la frayeur paranoïaque d'Hérode qui craignait qu'un jeune être nommé Jésus ne fasse vaciller son omnipotence.

Hérode est vivant et se porte bien dans notre monde. Il vit à travers les responsables de violences légalisées. Hérode a donné des ordres et ses soldats les ont exécutés. Nouwen évoque l'histoire d'un Indien guatémaltèque que l'on avait emmené de force afin de l'obliger à servir dans l'armée. Ses chefs l'ont contraint à torturer et à tuer ses frères indiens, le menaçant du même sort en cas de refus. Lorsqu'ils lui accordèrent enfin la permission de revoir sa famille, son père lui interdit l'accès de la maison. On lui dit qu'il pourrait saluer sa mère, mais qu'il devrait ensuite reprendre la route, parce que « Tu portes la mort avec toi » [1].

Bien qu'il existe des formes innombrables de craintes délétères, souvenons-nous que toute peur n'est pas forcément malsaine. La « crainte de Dieu » à laquelle la Bible nous invite fréquemment est l'exemple même d'une appréhension salutaire. C'est une terreur émerveillée que nous éprouvons face à la puissance et à la majesté du Dieu qui règne sur l'univers. C'est en évoquant cette sorte d'émoi que le poète, Rainer Maria Rilke, écrivait : « La Beauté ne peut qu'engendrer une crainte révérentielle ». C'est à cette même sorte de révérence que font allusion les paroles de Dieu à Moïse sur le mont Sinaï : « Tu ne peux pas voir ma face, car l'homme ne peut me voir et demeurer en vie. » (Ex. 33:20).

Il existe une autre forme d'angoisse bienfaisante : c'est celle de faire souffrir la personne qu'on aime. Celle-ci n'est qu'un corollaire en quelque sorte de l'expérience que nous avons nous-mêmes d'être aimés. Il se développe chez les enfants une appréhension très normale de blesser des parents qui les aiment. De même, tout adulte étant parvenu à établir des rapports d'intimité avec Dieu, redoute de la mettre en péril.

L'inquiétude dont il nous faut nous défaire est cette sorte de peur paranoïaque qui appauvrit notre conscience et paralyse notre relation à autrui, nous rendant insensibles à ses besoins, en raison de l'affolement où nous jettent les nôtres. Nous devenons aveugles à un point tel que nous ne savons plus reconnaître les liens de fraternité qui nous unissent aux autres. Nous avons récemment pu voir de nombreux exemples de cette terreur paranoïaque qui a inspiré des comportements cruels et destructeurs à l'égard de malades du sida. Citons pour exemple le renvoi de leurs écoles d'enfants atteints du virus, ou le refus qu'a opposé tout un quartier à l'ouverture d'une résidence pour les sans-abri qui souffraient de cette maladie. Cette sorte d'épouvante émousse l'âme et diminue notre faculté d'éprouver

1. Nouwen, p. 108.

terreur ou émerveillement, pour nous rejeter dans le secret et le silence du placard. L'angoisse pathologique est l'arme majeure dont dispose Satan ; elle est à la source même de la course aux armements nucléaires et de la menace de destruction totale qui pèse sur l'humanité et sur notre planète. C'est de cette peur que Jésus souhaitait nous libérer.

Avant la venue sur terre de notre Sauveur, le monde entier vivait sous l'empire de la frayeur. Les dieux païens maintenaient leurs sujets superstitieux sous le joug de la terreur. Les adorateurs de Baal[1] sacrifiaient par effroi leurs premiers-nés qu'ils jetaient dans le brasier aux pieds de l'idole, de crainte que sans ces offrandes, leur dieu ne fasse pleuvoir sur eux famine, stérilité, guerre et pestilence. Les archéologues ont récemment mis à jour dans la ville de Carthage un cimetière collectif où des milliers d'urnes contiennent les cendres des enfants offerts au dieu de cette ville.

La nuit de Noël, les bergers gardaient, nous dit-on, leurs moutons dans les champs. Un ange leur apparut qui les remplit de crainte. L'ange leur dit : « Rassurez-vous ». Ces mots que d'habitude l'on oublie sont de ceux qui ont, dans la Bible, une importance capitale et qui reviennent souvent. Loin d'y voir un simple vœu pieux, donnons plutôt à ces messages que Dieu nous adresse leur caractère sacramentel et pleinement efficace. « Mais l'ange leur dit : " Rassurez-vous, car voici que je vous annonce une grande joie, qui sera celle de tout le peuple : aujourd'hui, dans la cité de David, un Sauveur vous est né, qui est le Christ Seigneur ". » (Lc. 2:10-11). Il est dit que les bergers se rendirent en toute hâte à Bethléem, et qu'après avoir vu Jésus avec sa mère, ils s'en retournèrent, « glorifiant et louant Dieu pour tout ce qu'ils avaient vu et entendu. » (Lc. 2:20).

Ce message de libération de toute peur ne s'adressait pas aux seuls bergers. L'ange avait parlé de même à Marie au début de sa grossesse : « Rassure-toi, Marie, car tu as trouvé grâce

1. Baal : divinité du Moyen-Orient, vénérée surtout au Chanaan (Palestine) comme dieu de la fécondité. Le nom de Baal fut frappé d'anathème par les Hébreux au IXe siècle avant Jésus-Christ, lorsque la reine Jézébel tenta de remplacer l'adoration de Yahvé par le culte phénicien de Baal.

auprès de Dieu. » (Lc. 1:30). A la courageuse réponse de Marie, « qu'il m'advienne selon ta parole » (Lc. 1:38) fait suite sa non moins valeureuse prière, le Magnificat : « Mon âme exalte le Seigneur, et mon esprit tressaille de joie en Dieu mon Sauveur. » (Lc. 1:46-47).

C'est en des termes très semblables que l'ange encouragea Joseph au moment où celui-ci hésitait à épouser une femme enceinte avant le mariage : « Joseph... ne crains point de prendre chez toi Marie, ton épouse : car ce qui a été engendré en elle vient de l'Esprit-Saint. » (Mt. 1:20). A Zacharie aussi l'ange dit : « Rassure-toi, Zacharie ; ta supplication a été exaucée ; ta femme Élisabeth t'enfantera un fils, et tu lui donneras le nom de Jean. » (Lc. 1:13). De même, la prophétie de Zacharie à la naissance de Jean contient ces mots : « Béni soit le Seigneur, le Dieu d'Israël, de ce qu'il a visité son peuple... ainsi se souvient-il de son alliance sainte,... de nous accorder que, sans crainte, délivrés de la main de nos ennemis, nous le servions en sainteté et justice... tu précéderas le Seigneur afin d'illuminer ceux qui se tiennent dans les ténèbres et l'ombre de la mort, afin de guider nos pas dans les chemins de la paix. » (Lc. 1:68-79).

L'incitation à nous libérer de toute inquiétude traverse les Évangiles de part en part. Je voudrais insister sur l'importance qu'attachait Jésus à ce thème, en évoquant ici les moments les plus importants où il a cherché à libérer ses disciples de l'empire de la peur. Il leur annonce au chapitre 10 de Matthieu : « Mais quand on vous livrera, ne cherchez pas avec inquiétude comment parler ou que dire : ce que vous aurez à dire vous sera donné sur le moment, car ce n'est pas vous qui parlerez, c'est l'Esprit de votre Père qui parlera en vous. » (v. 19). Et il leur dit encore : « N'allez donc pas les craindre ! » (v. 26). Jésus engage à plusieurs reprises ses disciples à ne pas céder à l'angoisse, mais à mettre plutôt leur confiance en Dieu. Il leur déclare, par exemple, dans le chapitre 12 de Luc : « Voilà pourquoi je vous dis : Ne vous inquiétez pas pour votre vie de ce que vous mangerez, ni pour votre corps de quoi vous le vêtirez ». Et encore : « Gens de peu de foi ! Ne cherchez donc pas, vous non plus, ce que vous mangerez et boirez ; ne vous tourmentez pas... Aussi bien, cherchez son Royaume, et cela vous sera donné par surcroît. Sois sans crainte, petit troupeau, car il a plu à votre Père de vous donner le Royaume. » (vv. 22-32).

Un autre épisode méritant d'être rappelé est la célèbre scène où Jésus marcha sur les flots pour rejoindre ses disciples, alors que leur barque était ballottée par la tempête. Le voyant ainsi, ces derniers furent saisis d'effroi, pensant voir un fantôme : « Mais aussitôt Jésus leur adressa ces mots : “ Rassurez-vous, c'est moi, n'ayez pas peur ”. Sur ce, Pierre descendit de la barque et se mit à marcher sur la mer en venant vers Jésus. Tant que Pierre gardait les yeux rivés sur Jésus, il n'avait rien à craindre. Mais aussitôt qu'un vent violent détourna son attention, il prit peur et commença à couler. Sur quoi, il s'écria . “ Seigneur, sauve-moi ! ” Jésus lui tendit la main, le sauva, mais lui dit : “ Homme de peu de foi, pourquoi as-tu douté ? ” » (Mt. 14:22-33).

On peut lire dans Marc 4 :35-41, un autre exemple de tempête en mer. Se trouvant dans une barque malmenée par d'énormes vagues, tandis que Jésus dormait paisiblement à la poupe sur un coussin, les disciples le réveillèrent avec, dans la voix, un ton de reproche : « Maître, tu ne te soucies pas de ce que nous périssons ? » Jésus apaisa la mer et leur dit, « Pourquoi avez-vous peur ainsi ? Comment n'avez-vous pas de foi ? »

C'est par crainte que Pierre renia trois fois Jésus dans la cour du grand prêtre. Mais ayant, par la suite, publiquement déclaré à trois reprises son amour pour Jésus, il répara ainsi ses échecs et put reprendre sa place à la tête de la communauté d'amour. (Jn. 21:15-19).

La Transfiguration (Mt. 17:1-8) fournit une nouvelle occasion à Jésus de tenter d'apprendre à ses disciples à vivre sans angoisse. (Il est intéressant de noter que les trois apôtres que Jésus emmena avec lui afin qu'ils puissent témoigner de sa gloire — Pierre, Jacques et Jean — étaient aussi ceux à qui il allait demander de l'accompagner lors de son agonie dans le jardin de Gethsémani. Ainsi, Dieu ne nous demande jamais rien sans nous accorder la grâce d'y faire face). Là encore, lorsque la peur jeta les disciples au sol, Jésus vint à eux, les toucha d'une main rassurante et leur dit : « Relevez-vous, et n'ayez pas peur. » (Mt. 17:8).

Le comble des efforts qu'entreprit Jésus pour libérer ses disciples de la frayeur se situe sans aucun doute après la Résurrection. Jésus leur promet, au Dernier Repas, de leur faire don de la paix : « Je vous laisse la paix ; je vous donne ma paix ;... Que votre cœur cesse de se troubler et de craindre. » (Jn. 14:27). Après la Passion et la mort de Jésus, les disciples, encore saisis de terreur, se tenaient cachés dans la chambre haute. Jésus leur apparut et leur adressa des paroles de paix et de réconfort : « Pourquoi tout ce trouble et pourquoi des doutes s'élèvent-ils en vos cœurs ? Voyez mes mains et mes pieds : c'est bien moi ! Touchez-moi et rendez-vous compte qu'un esprit n'a ni chair ni os, comme vous voyez que j'en ai. » (Lc. 24:38-39).

L'événement décisif qui semble avoir permis aux disciples de surmonter leurs appréhensions fut la venue sur eux de l'Esprit-Saint. Après quoi, ils quittèrent la chambre haute et proclamèrent sans crainte le message de salut que le Christ leur avait confié. Bien qu'on les ait emprisonnés et battus, « ils s'en allèrent du Sanhédrin [1], tout joyeux d'avoir été jugés dignes de subir des outrages pour le Nom. » (Ac. 5:41).

La vraie question qui se pose dans le contexte de notre relation à Dieu ne concerne pas que la peur qui est, comme la colère, une réaction humaine naturelle et inévitable face au danger. Jésus a partagé notre angoisse de la souffrance et de la mort dans son agonie au mont des Oliviers : « En proie à la détresse, il priait de façon plus intense, et sa sueur devint comme de grosses gouttes de sang qui tombaient à terre. » (Lc. 22:44). Sujet à cette émotion que nous connaissons tous, il ne se laissa pas dominer par elle : « Père, disait-il, si tu le veux, éloigne de moi cette coupe ! Cependant que ce ne soit pas ma volonté qui se fasse, mais la tienne ! » (Lc. 22:43). Ainsi que l'observe Jim Forrest, nous devons prendre conscience du fait

1. Sanhédrin : Tribunal des anciens Juifs, à Jérusalem, composé des prêtres, des anciens et des scribes, et qui jugeait les affaires criminelles et administratives.

que, bien avant de toucher le corps, la violence passe d'abord par la terreur pour mieux saper la vie spirituelle de ses victimes. Pas plus que la colère, nous ne devons réprimer ou tenter de nier notre angoisse ; efforçons-nous, par un acte de prière consciente, de placer nos craintes sous le regard de Dieu. Tâchons de les percevoir d'une façon nouvelle et de trouver le moyen de nous libérer de leur emprise.

Deux prières m'ont semblé utiles dans le combat que j'ai personnellement mené pour les conjurer. La première est une collecte de l'Avent où l'on peut lire : « Enlevez cet aveuglement qui fait qu'on ne peut Vous connaître. Soulagez la peur qui me cache à Votre vue ». L'angoisse peut nous masquer la vraie nature de Dieu et nous empêcher d'entrer en Sa présence par la prière. Cette prière de l'Avent nous apporte la preuve que Dieu peut nous faire la grâce de nous en délivrer. Mais Jésus nous a très clairement signifié que nous ne recevrons cette grâce que si nous la demandons.

Une seconde prière qui m'a été précieuse s'inspire de l'exhortation de Paul aux Romains : « Aussi bien n'avez-vous pas reçu un esprit d'esclaves pour retomber dans la crainte ; vous avez reçu un esprit de fils adoptifs qui nous fait nous écrier : " Abba, Père ! " » (Rm. 8:15). *Abba* est un mot qui a pour sens papa ou maman : c'est là toute la différence entre notre Dieu d'amour et notre dieu de peur.

Ma propre expérience de prisonnier en Allemagne durant la Deuxième Guerre mondiale m'a fait comprendre que la terreur est l'arme principale qu'utilisent les méchants pour paralyser les bons et les priver de toute liberté. Dès que nous cédons à l'angoisse, nous sommes esclaves de la nuit : nous ne nous rangeons pas du côté des bergers, mais de celui des soldats d'Hérode. Volontaire à dix-sept ans, je me souviens d'avoir assisté à une séance d'endoctrinement de soldats d'infanterie où l'on nous expliquait que toute bonne recrue se devait de haïr l'ennemi. L'enthousiasme naïf de ma jeunesse a fait que j'ai contesté ce principe, affirmant à l'inverse qu'un chrétien devait aimer son ennemi ; que je servais dans cette guerre parce que je la considérais juste, mais que j'avais l'obligation morale de prier pour l'âme de celui à qui je donnerais la mort au cours du combat. On a fini par m'envoyer au front, en pays étranger, comme simple soldat, pas même comme 1re classe. Une loi du Congrès américain ne m'a conféré ce grade qu'après ma libération du camp de prisonniers de guerre. Mais je remercie Dieu jusqu'à ce jour d'avoir eu le courage de parler.

C'est dans ce camp qu'un incident m'a un jour éclairé sur le rôle déterminant que joue la foi dans la vie de ceux qui cherchent à se libérer de la peur. Celle-ci régnait toute-puissante dans l'enceinte où nous étions reclus. Les gardes nazis qui nous craignaient nous affamaient délibérément pour nous affaiblir et nous dominer. On nous donnait chaque jour une soupe claire et une petite pomme de terre, et nous n'avions parfois rien à manger ou à boire durant des jours, surtout lorsque nos déplacements s'effectuaient par train de marchandises. Il m'est arrivé de ne plus peser que quarante kilos.

Un jour, un officier SS a amené un groupe d'entre nous dans une ferme où il élevait des visons. Tandis que nous coupions du bois, un forçat, originaire de l'Europe de l'Est, mélangeait une pâtée pour les animaux où il y avait des carottes et des pommes de terre. Voyant nos corps émaciés, il a profité d'un moment où le garde avait le dos tourné pour plonger la main dans la pâtée, et me lancer une pomme de terre. Ce prisonnier risquait sa vie pour me donner à manger. Comme j'avais déjà vu un SS exécuter quelqu'un pour le punir d'une action semblable, je cherchai à lui exprimer secrètement ma gratitude. Il m'a souri, faisant volontairement le signe de la croix. Ce signe de croix a été pour moi comme un éclair dans la nuit ! C'était la foi de cet homme en Jésus qui lui avait donné l'audace de braver la mort pour nourrir un étranger. Et c'est de ce moment-là que remonte ma vocation à la prêtrise. J'ai envié la foi de cet homme et le fait que l'épouvante n'avait plus prise sur lui. Depuis ce jour, ma prière la plus fervente a été : Seigneur, accorde-moi la grâce de connaître Ta volonté et le courage de l'accomplir ! Libère-moi de l'esprit de la peur !

Que pouvons-nous faire, nous lesbiennes et gays, pour échapper à l'emprise de la crainte ? Tout d'abord, constituer des communautés où prédominent l'amour et l'intimité ; des communautés d'amis capables de partager les moments de tristesse et de douleur, de colère et de frustration, comme ceux de joie et de jeu.

Me revient à l'esprit une chanson de Pete Seeger[1] intitulée « Old Devil Time »[2] (Vieux coquin de temps), chanson très appréciée des homosexuels puisqu'elle évoque avec beaucoup d'acuité un aspect de notre propre expérience :

« Vieux coquin de temps, je vais bien t'attraper !
Vieux coquin de temps, tu voudrais bien me terrasser !
Mais quand j'ai le cafard, mes amant(e)s se rassemblent
Et me relèvent pour que je te défie encore une fois !

Vieille coquine de peur, toi qui as les mains glacées,
Vieille coquine de peur, tu voudrais me geler tout entier !
Mais quand j'ai peur, mes amant(e)s se rassemblent
Et me relèvent pour que je te défie encore une fois !

Vieille coquine de Douleur, tu m'as souvent tenaillé(e),
Tu pensais que je pleurerais, te suppliant de m'emporter.
Mais c'est à ce moment-là que mes amant(e)s se rassemblent
Et me relèvent pour que je te défie encore une fois !

Je te connaissais depuis longtemps, vieille coquine de Haine,
Avant de découvrir tout le poison de ton haleine.
Devant tes mensonges, mes amant(e)s se rassemblent
Et me relèvent pour que je te défie encore une fois !

1. Pete Seeger : (1919-) chanteur s'inspirant de la tradition de la musique folk qui fut à l'origine de la renaissance de ce style dans les années soixante. Ses engagements politiques (pacifistes et pro-syndicalistes) lui valurent, dans les années cinquante et soixante, d'être condamné par la Commission sur les activités antiaméricaines et boycotté par les principales chaînes de télévision américaines. Il est l'auteur, entre autres, de « Where Have All the Flowers Gone ? » et de « Kisses Sweeter than Wine ».

2. Old Devil Time : de Pete Seeger, © 1969 Fall River Music, Inc. et Sigma Productions. Tous droits réservés.

Ni tempête, ni feu ne nous mettront à mal,
Le vent qui souffle toujours plus loin nous emmènera.
Vous qui craignez, ô mes amant(e)s, venez à moi,
Nous nous lèverons et chanterons encore une fois ! »

Ne laissons jamais rien ni personne nous forcer à retourner dans le placard ou nous éloigner les uns des autres. Puisse l'appel que nous nous lançons nous « rassembler ».

Cherchons aussi à prendre personnellement et profondément conscience de l'amour que Dieu nous porte, sachant que nous n'atteindrons cette conscience qu'à travers une rencontre quotidienne avec Dieu dans la prière.

Le symbolisme du terrain de base-ball m'a toujours plu : nous nous risquons craintivement jusqu'à la première, la deuxième, et la troisième base d'où nous pouvons être mis hors-jeu, mais lorsque nous arrivons enfin à la dernière, nous sommes « chez nous », « à l'abri ». Jésus nous attend dans un lieu dénué de peur : « Demeurez en moi comme moi en vous. » (Jn. 15:4). C'est en répondant à cet appel que nous nous libérerons de l'empire de la peur et que nous cheminerons vers notre maison d'amour. C'est chez nous que se tisse toute réelle intimité, c'est là que nous pouvons vivre le parfait amour abolissant toute angoisse, l'amour divin auquel nous sommes tous invités à participer.

Comme le fait observer Nouwen, ce qu'il y a de plus tragique c'est que la crainte nous domine tellement que notre moi le plus profond ne nous apparaît plus comme ce lieu d'intimité où nous avons tout loisir de retourner pour nous y sentir à l'abri. « Ce lieu intime, nous le cherchons plutôt dans la connaissance, la compétence, la célébrité, le succès, les amis, les sensations, les plaisirs, les rêves, ou des états de conscience artificiellement induits. Ce faisant, nous devenons étrangers à nous-mêmes, des gens qui ont une adresse, mais qui ne sont jamais chez eux, et ne peuvent donc jamais entendre la vraie voix de l'amour »[1]. Tout comme les enfants oublient leurs cauchemars quand des parents

1. Nouwen, op. cit., pp. 38-40.

aimants les prennent dans leurs bras, nous pouvons de même effacer toutes nos peurs si nous sentons autour de nous les bras d'un Dieu qui nous aime. La pratique de la prière quotidienne nous aidera à construire notre maison là où Jésus nous attend, c'est-à-dire, dans nos propres cœurs.

Dieu tout-puissant, toi qui es notre Mère et notre Père, l'un des plus précieux dons que tu nous aies faits a été de nous libérer de toute crainte. Assiste-nous, homosexuels et lesbiennes, afin que nous surmontions toutes ces terreurs qui nous empêchent de nous accepter, de sortir du placard, et de nous mettre courageusement au service les uns des autres en cette période de crise. Apprends-nous à célébrer sans crainte notre existence et à nous tourner vers les autres pour les inviter à prendre part à cette fête ! Amen.

7

Se défaire du fardeau de la culpabilité, de la honte et de la haine de soi

« Mais la preuve que Dieu nous aime, c'est que le Christ, alors que nous étions encore pécheurs, est mort pour nous. »

Romains 5:8

Les vingt années durant lesquelles j'ai rempli mes fonctions de conseiller pastoral et de psychothérapeute auprès de lesbiennes et d'homosexuels m'ont appris que la santé mentale et spirituelle de la plupart d'entre eux, a fortiori s'ils viennent d'un milieu chrétien, se grève d'un lourd fardeau de culpabilité, de honte et de mauvaise image de soi susceptibles, à leur tour, d'engendrer une haine de soi. Ces sentiments débilitants fragilisent chaque étape du développement psychologique de l'homosexuel. Nombreux sont ceux pour qui la crise du sida a actuellement ravivé les anciens schémas de culpabilité et de honte que le mouvement de libération gay s'était efforcé de dissiper. Chacune des déclarations homophobes faites par les évangélistes à la télévision américaine, par la hiérarchie de l'Église catholique et par les porte-parole d'autres Églises contribue à démolir un peu plus les efforts que font lesbiennes et homosexuels chrétiens pour s'accepter tels qu'ils sont et préserver leur équilibre psychique. Le cardinal John O'Connor de New York aurait affirmé, dans un entretien cité par le « National Catholic Reporter » du 4 avril 1988, qu'il n'avait pas encouragé les malades à qui il avait rendu visite à l'hôpital Sainte-Claire à nier leur culpabilité en vue de soulager leur souffrance morale. Il a déclaré, au contraire, avoir consacré le temps passé avec eux à « les inciter à se sentir fautifs d'avoir détruit leur propre vie et parfois aussi celle de leur famille, dans le but de les aider à mieux gérer leur culpabilité ». Il n'est donc pas surprenant de voir que de nombreuses victimes du sida, tout comme ceux qui sont obsédés par la peur de la maladie, sont revenus à la religion infantile de leur jeunesse, adorant un Dieu de colère et de vengeance qui sanctionne une image négative de soi. Ils espèrent inconsciemment qu'en s'autopunissant, ils arriveront à conjurer la maladie ou même la mort.

La crise du sida a engendré chez les homosexuels une nouvelle sorte de culpabilité et de honte, notamment, celle qu'ils éprouvent du fait de ne pas y succomber. Ceux que la maladie n'a pas frappés se demandent pourquoi elle les a épargnés, alors que des hommes plus purs et plus aimants souffrent. Cet opprobre qu'ils s'infligent repose, semble-t-il, sur la crainte inconsciente que la survie de l'un dépende de la maladie ou de la mort de l'autre. Et cela, au point où tout désir de jouir de la vie en devient suspect, comme si le bonheur de l'un ne pouvait se vivre qu'au prix de la douleur de l'autre.

Porter quotidiennement le fardeau inconscient de la culpablité, de la honte et de la haine de soi équivaut à vivre sous une pression permanente. Ainsi que je l'ai déjà rappelé, une existence stressée en permanence risque de se terminer prématurément, provoquant hypertension, ulcères, infarctus, crises cardiaques, colites, asthme, réactions allergiques et déficience immunitaire. Certains experts ont même émis l'hypothèse que la présence d'un facteur autre que celui du virus VIH pourrait expliquer pourquoi certaines personnes séropositives contractent le sida et d'autres non. Je me suis personnellement demandé si cet autre élément ne serait pas lié au stress quotidien causé, entre autres, par une culpablitié inconsciente qui minerait durant toute une vie le système immunitaire et, par conséquent, la vie elle-même. Ceux qui prennent trop au sérieux les déclarations homophobes de leur Église peuvent bien sûr souffrir de ce type de tension. Mais il faut, ne serait-ce que pour des raisons de santé, résister à cette forme d'autorité. Car nous avons le devoir absolu de nous protéger par tous les moyens dès lors qu'il s'agit de notre santé mentale et physique.

La théorie psychologique de l'origine de la culpabilité et de la honte me permettra de rendre compte ici des problèmes spécifiques que rencontrent lesbiennes et homosexuels dans ce domaine.

Les origines de la culpabilité et de la honte

Le dictionnaire américain de la langue anglaise, « The American Heritage Dictionary of the English Language », offre deux définitions du terme « culpabilité ». La première en réfère au « fait d'être responsable d'un délit ou de quelque mauvaise action », et s'applique ainsi à quelque chose d'objectif susceptible d'être prouvé et vérifié. La seconde définition, plus subjective, se rapporte non pas à un acte mais à un sentiment, notamment, à la « conscience sans remords d'avoir mal agi ». Nous tenterons d'examiner ici ce phénomène psychique, ainsi que la nature des sentiments subjectifs en général. Notez qu'on retrouve un élément névrotique au cœur même de cette deuxième définition, puisqu'elle met l'accent sur l'absence de remords liée à une impression de faute qui s'avère impitoyable, implacable, sans merci, et incapable de pardon.

La honte se définit, par ailleurs, comme « une situation pénible exacerbée par un sentiment de culpabilité, de déshonneur, etc. » C'est une « émotion maîtresse » qui régule et inhibe l'expression de tous les autres sentiments. La conscience de transgresser les valeurs essentielles auxquelles nous adhérons est une source de grande humiliation. Remettant en cause de façon fondamentale notre identité et notre dignité personnelles, elle est psychologiquement dangereuse puisqu'elle peut nous amener à nous détester et même à nous haïr.

Il est normal d'éprouver de la honte lorsqu'un secret que l'on juge gênant et blessant est dévoilé au grand jour. Mais ce sentiment prend une dimension pathologique lorsqu'il nous envahit au moindre reproche ou au moindre échec, ou encore lorsque, profondément ancré en nous, il affecte tous nos rapports parce que nous croyons souffrir d'une faille incurable. Il arrive, par exemple, qu'on se sente avili d'avoir besoin d'amour et d'affection, y voyant même un signe de faiblesse.

Freud faisait de la culpabilité la pierre angulaire de la civilisation ; il pensait qu'une société ne peut y prétendre sans renoncer au bonheur et sans se fonder sur un sentiment de culpabilité extrême. Il assimilait, à ce stade de sa réflexion, le bonheur à la satisfaction des pulsions irrationnelles et potentiellement destructrices qui poussent l'être vers le plaisir ; il estimait que la civilisation s'élabore à partir des restrictions que le surmoi impose au « ça ». Cette vision des choses a pu étayer l'idée conservatrice selon laquelle l'assouvissement des pulsions sexuelles ouvrirait la porte à la barbarie, tandis que la droiture morale relèverait directement de la frustration sexuelle de l'individu. Une telle conception s'oppose diamétralement à la prémisse que j'ai posée dès le départ, en affirmant que la gloire de Dieu, c'est l'homme pleinement vivant, y compris sur le plan sexuel. La base véritable de toute civilisation ne peut être qu'un psychisme sain dont les énergies ne sont pas paralysées par le refoulement et la haine de soi, mais restent libres de célébrer la vie.

Freud a surtout contribué à notre compréhension de la psychologie en nous révélant le rôle inconscient que jouent dans notre vie la culpabilité et la honte. Tant que celles-ci n'affleurent pas au niveau conscient, elles se manifestent inévitablement de façon autodestructrice. Elles créent chez l'individu le besoin constant de s'excuser et de rétablir la paix en se punissant de façon masochiste, dans le seul but de conjurer la vague menace d'une sanction qui pourrait s'abattre sur lui de l'extérieur.

Rappelons toutefois que la culpabilité et la honte, comme la colère, sont des expériences normales de la vie quotidienne, dont il importe d'abord de distinguer les aspects pathologiques et les aspects fonctionnels. Elles peuvent, lorsqu'elles sont saines, constituer un principe moteur, aussi puissant que nécessaire, de la maturation et du développement. L'inquiétude qu'elles génèrent alors est utile dans la mesure où elle vient nous rappeler notre rapport essentiel à autrui. Tandis que leur absence totale apporte la preuve d'un état psychopathe, c'est-à-dire de la maladie mentale la plus déshumanisante qui soit. En acceptant et en assumant notre honte et notre culpabilité, nous en faisons les catalyseurs de décisions et d'actions positives.

Prenons toutefois pleinement conscience de tous ces sentiments pour mieux résister à leur mainmise sur notre vie affective et sur nos actions ; car ils ne peuvent qu'entraver notre aptitude à nous réaliser sur le plan spirituel comme sur le plan psychologique.

Toute distinction entre culpabilité pathologique et culpabilité saine révèle que cette dernière peut se définir comme suit : elle est consciente ; le délit qui l'a suscitée — c'est-à-dire une action contraire aux valeurs que nous défendons — est flagrant ; nous savons comment y remédier ; ensuite nous sommes en mesure de nous libérer de notre honte et de notre culpabilité et de nous pardonner.

La culpabilité maladive prend, en revanche, généralement sa source dans l'inconscient. Nous n'arrivons pas toujours à cerner ce dont nous nous sentons fautifs, pas plus que la véritable cause de notre malaise, mais cette culpabilité pathologique nous pousse à agir de manière autodestructrice. Nous aimons mieux nous autopunir pour échapper au jugement et au châtiment dont nous craignons inconsciemment qu'ils ne nous soient imposés de l'extérieur. Mais nous ne parvenons jamais, au prix de quelque effort que ce soit, à nous débarrasser de ces sentiments. En effet, même si la personne que nous croyons avoir offensée nous a pardonnés, nous n'arrivons pas à nous absoudre nous-mêmes.

Cette culpabilité latente entraîne, par exemple, des conduites extrêmes chez certains homosexuels qui ne sont capables de jouir que dans un lieu public, tels les W.-C. du métro, où leur activité sexuelle engendre, d'une part, une honte et une culpabilité intenses et où ils courent, d'autre part, un danger bien réel d'être agressés ou arrêtés, autrement dit, d'être punis.

Si une occasion se présentait de faire l'amour dans un endroit sûr et privé, leur désir sexuel s'éteindrait aussitôt. Ils redoutent inconsciemment que s'ils n'encourent pas le risque d'être punis par la société d'une activité sexuelle humiliante, ils le seront bien plus terriblement encore par Dieu.

Je me souviens d'une patiente qui souffrait d'une culpabilité horriblement refoulée à cause de la rage meurtrière qu'elle éprouvait à l'égard de sa mère. Ayant eu une fois l'intention de rejoindre celle-ci pour les fêtes de Noël, elle est partie à trois reprises pour l'aéroport, mais son ambivalence était telle qu'elle a manqué à chaque fois son avion. Je me préparais, dans un tout autre contexte, à aller faire une conférence dont je n'étais pas sûr qu'elle soit approuvée par mes supérieurs à Rome. La veille du jour où j'allais parler, j'ai sorti quelques livres de ma voiture pour préparer cette causerie, j'ai glissé, suis tombé et me suis cassé la cheville — et cet accident m'a permis d'échapper à mon ambivalence. Les problèmes que nous ne parvenons pas à résoudre consciemment se règlent souvent inconsciemment et, je le répète, de façon autodestructrice.

Les psychologues qui axent leur analyse sur la relation à l'objet situent l'origine de la culpabilité refoulée dans l'effort que fait le jeune enfant pour s'assurer l'approbation de ses parents. Le bambin incorpore en lui la volonté de sa mère à laquelle il s'identifie. S'il voit, par exemple, briller la lame d'un couteau, il cherche à s'en emparer. Sa mère lui ayant donné une tape sur la main, il s'en écarte. Elle quitte plus tard la pièce, et l'enfant se sent de nouveau attiré par le couteau. Mais une voix intérieure le lui interdisant, il résiste à son désir. Lentement mais sûrement, à travers des milliers de telles interactions entre parent et enfant, ce dernier finit par intérioriser les valeurs et la volonté du père ou de la mère. Cet échange ne se réalise pas toujours à un niveau conscient. En fait, l'enfant est hypersensible au sur-moi inconscient de ses parents. Si ceux-ci ont, par exemple, un rapport honteux à leur corps, il le percevra et aura également honte du sien. Car un sur-moi tout imprégné de culpabilité se transmet inconsciemment des parents à leurs enfants. Des pans entiers de sentiments humains tout à fait naturels, tels que la faculté de s'affirmer, la colère et les désirs sexuels, peuvent ainsi se charger de culpabilité pathologique. La voix du sur-moi qui affleure à la conscience est immanquablement celle de la figure parentale : mon sur-moi a l'accent irlandais.

Cette forme originelle de culpabilité et de honte prend sa source dans le besoin qu'a l'enfant de l'affection, de l'acceptation et de l'amour de ses parents, ainsi que dans le rapport de dépendance absolue qui le lie à eux. Une telle culpabilité inconsciente peut, par ailleurs, comporter un certain nombre d'éléments sains. Il est dangereux, par exemple, de se saisir d'un couteau tranchant, ou de traverser la rue sans avoir d'abord regardé des deux côtés. Je comparerai volontiers ce sentiment que nous héritons de nos parents à une vieille armoire dans un grenier. On se débarrasse aisément des vieux journaux, des mèches de cheveux ou de chaussures d'enfants, mais pas du lingot d'or que l'on y découvre ! Laissons remonter à la conscience notre culpabilité et notre honte, et que notre moi conscient, éclairé par un système de valeurs tout à fait limpide, trie ces sentiments et décide lesquels garder et lesquels remettre en question ou éliminer, pour maintenir intacte la qualité de notre vie.

J'ai qualifié plus haut de syndrome du « tout faire pour que maman soit bonne » cette source primitive de culpabilité malsaine qui resurgit de l'enfance. La célèbre remarque de W. Ronald Fairbairn dans son livre, « Psychoanalytic Studies of the Personality »[1], rappelle que tout enfant sait au fond « qu'il vaut mieux être pécheur dans un monde gouverné par un Dieu bon que d'être saint dans un monde gouverné par le Diable ». Fairbairn fait remarquer qu'être pécheur dans un monde gouverné par Dieu n'est peut-être pas l'idéal, mais qu'on éprouve malgré tout un certain sentiment de sécurité car on sait qu'on vit dans un monde bienfaisant ; de plus, la rédemption n'est jamais tout à fait exclue. Tandis que dans un monde

1. W. Ronald Fairbairn, *Psychoanalytic Studies of the Personality* (New York : Methuen, 1966).

gouverné par le Diable, le saint échappe peut-être au péché, mais il se sentira toujours angoissé puisque forcé d'exister dans un univers malfaisant. Il ne s'y sent, de surcroît, nullement à l'abri du danger et n'y trouve aucun espoir de rédemption, la seule perspective étant celle de la mort et de la destruction.

Tout comme certains feront le maximum pour sauvegarder leur image d'un Dieu bon, allant jusqu'à prendre sur eux la responsabilité de tout le mal, de même un enfant tentera tout pour que sa mère soit bonne, quitte à assumer toutes les fautes. Si sa mère est méchante et le maltraite, il se dira : « Je dois être bien méchant pour que maman agisse ainsi ! » Cette tactique a quelque chose de positif puisqu'elle donne à l'enfant le sentiment d'avoir la situation en main : « Si j'arrêtais d'être si méchant, maman cesserait de me maltraiter. » En effet, si l'enfant appréhendait vraiment la méchanceté de sa mère, il ne lui resterait d'autre option que celle de se couper totalement de la réalité pour sombrer dans la psychose. Croire que la mère est bonne est donc son seul recours.

Si le syndrome qui veut que la mère soit bonne permet à l'enfant malmené par ses parents de s'adapter, il risque, en revanche, de se traduire plus tard par un masochisme pernicieux qui déterminera durant toute une vie les réactions systématiques aux mauvais traitements. Lorsque les homosexuels ou les lesbiennes souffrant de ce syndrome atteignent le stade de développement où ils prennent conscience de leur orientation sexuelle, ils lient fréquemment leur culpabilité, leur honte et la piètre opinion qu'ils ont d'eux-mêmes à leur homosexualité. Ce type de réaction défensive se retrouve fréquemment chez les lesbiennes ou les homosexuels qui s'accrochent à un rapport destructeur avec un partenaire alcoolique ou violent, ou qui restent dans une situation où ils sont injustement brutalisés. Ceux qui en pâtissent estiment que, n'ayant pas d'autre choix, ils doivent s'en satisfaire et ils détournent par conséquent toute leur colère sur eux-mêmes. Il se peut que nous devions, enfants, « faire avec » les parents qui sont les nôtres, mais nous pouvons toujours changer de partenaire ou de condition lorsque cela s'avère nécessaire.

Un tel comportement est apparu chez l'un de mes patients dont la bicyclette avait été volée par un voyou du quartier. Connaissant le coupable et se sentant incapable de récupérer l'objet dérobé, il en avait ressenti une rage meurtrière. Culpabilisé par sa colère et prenant un peu trop au sérieux le précepte selon lequel nous devons « tendre l'autre joue », il avait invité le voleur chez lui pour lui offrir son poste de télévision. Pour gérer sa fureur, il l'avait retournée contre lui-même, s'en était accusé et puni lui-même. Le précepte religieux du pardon n'avait fait, dans ce cas, que masquer une haine de soi masochiste.

Cet incident s'est d'ailleurs terminé de façon amusante. Revenu dans son quartier après une absence de plusieurs années, mon patient a revu l'individu à qui il avait eu affaire ; celui-ci l'a arrêté dans la rue pour lui demander : « C'est bien toi qui m'avais donné ta télé ? » Mon patient ayant répondu par l'affirmative, le voyou a sorti son portefeuille et lui a donné cinquante dollars en disant : « Eh bien ! prends ça ! je ne suis pas un minable ! Moi aussi j'ai des principes ! »

Le don de la compassion

D. W. Winnicott a décrit dans son essai intitulé « Le développement de la faculté de compassion »[1] une autre sorte de culpabilité qui, loin d'être destructrice, s'avère plutôt saine et tout à fait consciente. Il en discerne une face positive qu'il nomme sollicitude ou compassion. C'est grâce à cette faculté que l'individu « se soucie » ou « s'occupe » des autres, assume ses responsabilités et accepte les conséquences de ses actions. Une telle sollicitude qui s'exprimerait dans le travail et les loisirs constituerait, contrairement à ce que pensait Freud, le véritable fondement de la civilisation.

Le sens de la compassion ne se développera chez l'enfant que si celui-ci a fait l'objet de toute l'attention parentale nécessaire.

1. D. W. Winnicott : Voir son livre *Processus de maturation chez l'enfant : développement affectif et environnement,* traduit par J. Kalmanovitch (Paris : Payot, 1983).

Winnicott voit en tout être, et ceci dès la plus tendre enfance, « un thérapeute en symbiose ». (Ce thérapeute cherche à guérir autrui en absorbant en lui sa douleur). Mais lorsque le très jeune enfant ne perçoit en sa mère qu'un moyen d'apaiser sa faim, cette dernière se transforme pour lui, selon Winnicott, en une « mère-objet ». Il nomme, par ailleurs, « mère-environnement » celle qui non seulement satisfait la faim du bébé mais lui accorde en outre son égard et son affection. Le désir de calmer sa faim conduit l'enfant à une exploitation sans merci de la « mère-objet », mais cela crée chez lui un sentiment de culpabilité qu'il tâche de compenser en apportant autre chose à la « mère-environnement ». Si la mère se sent abattue, l'enfant pourra, par exemple, lui sourire pour tenter de la sortir de sa dépression. Mais si, pour une raison ou une autre, la mère n'est pas physiquement et affectivement présente à son bébé, ce dernier, alors privé de la possibilité de réparer son tort, reportera sur son propre corps et sur ses pulsions le sentiment de honte dont il n'a pu se débarrasser.

Les partenaires adultes s'éprouvent aussi comme des objets sexuels qui s'attaquent et se consomment réciproquement et comme des « objets-environnements » qui survivent à cette offensive et continuent à se montrer aimants, tendres et anxieux de réparer le mal qu'ils ont pu se faire. J'ai toujours admiré la sagesse de mon professeur de théologie morale à qui l'on avait demandé quelles sortes de caresses préliminaires étaient moralement permises entre partenaires sexuels et qui a répondu : « Tout ce qui est mutuellement agréable et agréablement mutuel ».

Éducation morale et culpabilité

La principale question que pose, du point de vue thérapeutique, le développement moral de l'individu est de savoir comment éviter d'inculquer à quiconque une éthique génératrice de honte et de culpabilité accablantes. Certaines formes d'éducation morale sont fondamentalement contraires à la maturation de la personne puisqu'elles détruisent le sens de l'autonomie — la possibilité de faire son propre choix — éliminant de ce fait toute responsabilité personnelle. L'enfant soumis à un tel régime se transforme alors en un conformiste obéissant et irresponsable.

Les homosexuels ont désespérément besoin, sur le plan moral, de gens capables de leur servir de modèles au niveau des décisions personnelles qu'entraîne leur mode de vie — décisions exemptes de honte et de culpabilité non fondées et dont ils assument l'entière imputabilité en tant qu'adultes. Un de mes patients m'a dit éprouver un trouble intense à chaque fois qu'il donnait de l'argent à un mendiant dans la rue. Il n'a réussi à s'en défaire que lorsqu'il s'est souvenu que son père l'avait traité d'idiot un jour où il avait généreusement offert un de ses jouets à un camarade de jeu.

Nous tendons tous vers l'autonomie, la spontanéité et l'indépendance. Mais nombreux sont les facteurs qui exercent sur nous une pression pour que nous adaptions notre vie à des exigences extérieures plutôt qu'à une conviction intérieure. Celles-ci s'imposent à nous, homosexuels, pour nous inciter à cacher et à refouler notre différence et à nous conformer à des rôles et à un comportement hétérosexistes. Dieu merci nous avons tous des parents faillibles ! Leurs erreurs nous obligent à faire le point sur notre existence, à mûrir, à prendre personnellement nos décisions et à les assumer. Remercions aussi Dieu de la faillibilité de l'Église humaine car, sans elle, nous ne pourrions nous en distancer et devenir spirituellement matures.

La personne sur qui ont pesé, au cours de son enfance, des exigences et des attentes excessives ne peut accéder à l'autonomie ; elle ne fera jamais que réagir à ce que les autres attendent d'elle. Elle n'a, en fait, que deux options : se conformer ou se rebeller ; mais dans tous les cas, elle répond à une réalité extérieure et non intérieure, ce qui accroît ses sentiments de honte et de culpabilité.

La moralité la plus féroce est celle de la première enfance. Pour le nourrisson, l'immoralité c'est « obéir aux dépens de son bien-être personnel ». Sa soumission est immédiatement récompensée et les adultes y voient trop facilement un effet de la maturation. L'enfant fait ainsi l'économie de ce processus grâce à une série d'identifications qui lui fabriquent un faux moi, un moi qui risque de n'être que la copie de quelqu'un d'autre, si bien que le moi essentiel ne peut plus se construire, étant privé de tout vécu. Winnicott fait remarquer que : « Tout au fond de lui, l'enfant sait que c'est l'*espoir* qui est enfermé dans un mauvais comportement, et que le *désespoir* est lié à l'obéissance et à une fausse socialisation »[1]. Si les enfants ont le sentiment d'être libres d'agir en accord avec leur vrai moi, même lorsqu'ils sont en colère ou que leur désir va à l'encontre de la volonté de leurs parents, et s'ils savent que ceux-ci les aimeront quand même, ils sont alors capables de croire que d'autres les aimeront aussi tels qu'ils sont.

L'arbitre familial

W. Robert Beavers a étudié dans « Psychotherapy and Growth : A Family Systems Perspective »[2], l'exploitation néfaste que fait la famille des sentiments de honte et de culpabilité. La « famille-limite » (qui souffre de quelques graves problèmes névrotiques et se situe à mi-chemin entre la famille fonctionnelle où prévaut une bonne santé mentale et la dysfonctionnelle) se conduit souvent comme si elle s'en référait à un arbitre invisible, à une autorité extérieure admise par tous. L'arbitre peut être soit abstrait, soit personnifié. Pour bon nombre de familles c'est un « ils », à savoir cet ordre anonyme de « gens bien » qui se sont maîtrisés comme il fallait et qui jouissent par là même d'un pouvoir social. Pour d'autres, c'est un code religieux formel auquel ils adhèrent avec un souci de perfectionnisme inhumain. L'arbitre tyrannise tous les membres de la cellule familiale par le biais de principes portant sur la pensée, le comportement et les sentiments — principes qui

1. Ibid., p. 69.
2. W. Robert Beavers, *Psychotherapy and Growth : A Family Systems Perspective* (New York : Brunner/Mazel, 1977).

bafouent les besoins de l'individu, surtout lorsque ceux-ci mettent en jeu la sexualité et l'agressivité.

Un tel système exige que la vie intérieure de chacun se plie aux règles. Nombre d'aspects du moi ne peuvent donc plus s'exprimer autrement qu'à travers des fantasmes interdits ou par le biais d'une conduite illicite telle la masturbation qui génère une honte et une culpabilité intenses. L'arbitre familial diffère du sur-moi dans la mesure où tous les membres de la famille croient aux mêmes diktats : le « moi » n'existe pas, il n'y a plus que le « nous ».

Il limite aussi l'autonomie de chacun. Toute réflexion, toute pensée et tout sentiment individuels éveillent la suspicion. Qu'un individu se distingue un tant soit peu des autres, et cela provoque une grande anxiété et une concertation collective pour nier et réprimer la différence. Ceux qui dérogent aux attentes familiales sont pleins de ressentiment si on les oblige à s'y soumettre et de culpabilité s'ils y résistent ; il ne leur reste guère de plaisir ou de satisfaction dans la vie. L'enfant homosexuel au sein d'une « famille-limite » devra se conformer au modèle de rigueur, sous peine d'être rejeté émotionnellement ou astreint à quelque punition d'ordre physique.

Nous projetons souvent notre image de l'arbitre familial sur celle que nous nous faisons de Dieu ; celui-ci se transforme dès lors en un sur-moi transcendant face auquel nous sommes totalement démunis et devant lequel nous ne pouvons qu'éprouver honte et culpabilité. C'est une telle vision de Dieu qui a amené Sartre à assimiler la foi en Dieu à la forme la plus excessive de ces sentiments. L'idée même de vivre en permanence sous l'œil d'un Dieu qui scruterait notre moi le plus profond est, selon Sartre, une source d'avilissement intolérable : « L'Enfer, c'est les autres »[1] (c'est-à-dire Dieu). Cet énoncé ne peut pourtant s'appliquer qu'au regard réifiant[2] d'un Dieu de peur trop enclin à nous juger à l'aune de quelque principe moral impossible à respecter. Il ne peut y avoir

1. Jean-Paul Sartre, *Huis-clos* (Paris : Gallimard, 1976).

2. Réifier : considérer une personne en tant qu'objet dénué d'autonomie et de liberté.

d'intimité vraie dans un rapport où persistent des sentiments de honte et de culpabilité intenses. Mais Sartre fait abstraction du fait que le regard d'un père ou d'une mère, comme celui de Dieu, est capable d'exprimer un amour inconditionnel.

Au sein de la « famille-limite », la définition de ce qui est bien et acceptable exclut souvent ce qui est tout simplement humain. On juge inadmissibles la colère ou le désir sexuel, que ce dernier soit homosexuel ou hétérosexuel ; et l'on réprouve vivement toute sensation d'ambivalence entremêlée d'amour et de colère à l'égard de parents qui nous sembleraient à la fois bons et méchants. Cette attitude rend quasiment impossibles des rapports familiaux agréables et une vraie paix de l'esprit. Au lieu de considérer l'ambivalence comme une réaction naturelle chez tout être humain, la « famille-limite » y voit le symptôme d'une nature mauvaise et obstinée qu'elle doit à tout prix réprimer.

Un de mes patients m'a rapporté l'expérience la plus extrême de la honte qu'il ait faite au cours de son enfance. Lors d'une réunion familiale alors qu'il avait dix ans, il avait décidé de surprendre tous ses parents en organisant un divertissement. Il s'était confectionné un tutu avec les vêtements de sa mère, et passant sur son électrophone la musique de son ballet préféré, il était entré en dansant dans le salon devant tous les invités. Ce qui était pour lui la manifestation joyeuse du côté féminin de sa nature avait de toute évidence profondément gêné l'assemblée. Il n'a cessé de craindre, depuis, toute expression spontanée, de peur qu'un seul geste ne dévoile sa féminité et ne génère ainsi en lui d'intenses sentiments de culpabilité, de honte et de haine de soi.

Une famille humiliée par un suicide ou par une faillite, ou encore par le fait d'avoir une fille lesbienne ou un fils homosexuel, se donne comme règle absolue de taire toute expérience pénible, quelle qu'elle soit. La honte l'incite à exercer un contrôle des plus stricts sur les émotions de chacun et à imposer à tous des principes si rigides qu'ils en deviennent inhumains. Les membres d'une telle famille ne manifestent ni ne partagent par conséquent rien de profond.

Nous avons tous des aspirations et des mouvements de

rébellion pour avoir réprimé certains aspects de nous-mêmes que nos proches ou la société réprouvent. Au sein d'une « famille-limite », l'arbitre entrave encore un peu plus l'enfant en pleine maturation, surtout s'il est homosexuel, en le condamnant à une définition étroite de son moi et à une dose inouïe de refoulement.

Il arrive souvent qu'une définition étroite de la personnalité s'exprime à travers des rôles masculins et féminins stéréotypés auxquels la famille attache une valeur morale et dont elle estime qu'ils sont approuvés par Dieu. L'enfant aux tendances homosexuelles au sein d'une telle famille éprouve alors forcément une honte et une culpabilité extrêmes s'il manifeste le moindre désir d'échapper à ces stéréotypes. Obligés de cacher leur vrai moi, le garçon efféminé ou la fille « garçon manqué » devront jouer un rôle essentiellement faux et conformiste pour se faire accepter par leur famille. Ainsi, un garçon qui rêverait de développer son talent musical est obligé de faire du base-ball, tandis que la fille qui, elle, adorerait s'adonner au base-ball est forcée de rester à la maison pour jouer à la poupée.

La « famille-limite » ridiculise et se moque de la soif de soutien et de réconfort que peut ressentir un garçon, en le traitant de « fils à sa maman » ou de « lavette ». Lorsque cet enfant parvient à l'âge adulte, le besoin d'aide, d'attention et de contact physique qu'il éprouve, ou encore le sentiment qu'il a d'être faible, dépendant ou déficient lui est source de grande humiliation.

Un de mes patients adressé par le curé de sa paroisse était un homme dans la cinquantaine qui, quoique « masculin » du point de vue biologique, s'éprouvait psychologiquement comme femme. Il avait tenté durant cinquante années de nier et de refouler ce qui lui apparaissait être sa vraie personnalité féminine. C'était le meilleur des pères pour ses enfants, puisque ainsi qu'il le disait lui-même, ils avaient en fait deux mères, même s'ils n'en savaient rien. Il pensait n'avoir d'autre choix que de devenir la femme qu'il avait toujours été ou d'être contraint au suicide. Ayant fait part à sa femme et à ses enfants de sa décision, il s'est enfin habillé et comporté en femme. A sa grande surprise, au lieu de le rejeter comme il s'y attendait, sa famille a partagé avec lui la joie que lui procurait cette libération. Qui plus est, nombre de ses collègues qui admiraient son courage ont pu aussi, grâce à lui, explorer certains aspects refoulés de leur propre vie. (L'ironie de cette situation c'est que mon patient et sa femme sont devenus un couple lesbien uni par le sacrement du mariage).

Le rôle de la thérapie

Le principal moyen autrefois utilisé pour tenter de transformer les homosexuels en hétérosexuels consistait à intensifier leur sentiment de culpabilité, de honte et de haine de soi. En tâchant de « convertir » leurs patients homosexuels, des thérapeutes homophobes ont consciemment employé les mêmes procédés que ceux auxquels a recours la « famille-limite ». Leur effort repose sur une série d'hypothèses erronées — la première étant que tout être humain est naturellement hétérosexuel. Ils en concluent que l'homosexualité est une entorse au développement hétérosexuel et ils l'assimilent de ce fait à une forme d'« immaturité ». La maturité se définit, en revanche, comme une attirance génitale pour le sexe opposé. En adoptant ce point de vue, on en vient à affirmer qu'un violeur hétérosexuel fait preuve de plus grande maturité qu'un homosexuel ou qu'une lesbienne exprimant un amour véritable dans une relation sexuelle !

La deuxième hypothèse suppose que l'orientation sexuelle est affaire de choix et qu'il n'y a qu'à être motivé pour en changer. Il suffit alors, d'après ce qu'affirme Edmund Bergler dans sa célèbre étude, « Homosexuality : Disease or Way of Life ? » (L'homosexualité : maladie ou mode de vie ?) de « mobiliser tous les sentiments de culpabilité latents » [1]. Et s'il ne se produit aucun changement, le thérapeute pourra imputer ce fait au

1. Edmund Bergler, *Homosexuality : Disease or Way of Life ?* (New York : Macmillan, 1962).

manque de volonté de son patient, décuplant ainsi chez celui-ci la culpabilité, la honte et la haine de soi.

De même, les groupes religieux qui prétendent pouvoir « guérir » les homosexuels tentent d'y parvenir en intensifiant le sentiment qu'ont ceux-ci de vivre en état de péché du seul fait de leurs penchants. Comme l'orientation sexuelle ne se modifie pas, tout ce qu'on peut espérer d'un tel procédé, c'est que l'homosexuel ou la lesbienne refoulera son identité et adoptera un comportement contraire à son être propre, ce qui équivaut à une forme de mutilation ou de suicide. Le jugement implicite que reflète une telle attitude est qu'il vaut mieux être un hétérosexuel malade qu'un homosexuel en bonne santé.

Toutes les théories qui sous-tendent ce type de traitement sont fausses. L'homosexualité est en réalité une variante naturelle de la sexualité. Et les homosexuels sont capables de vivre des rapports intrinsèquement matures, aimants et sains. La preuve empirique a déjà été largement faite qu'il est impossible d'infléchir son orientation sexuelle profonde. On peut la nier et la refouler ; on peut décider d'agir d'une façon qui la contredise ; mais l'orientation fondamentale, elle, ne s'altérera pas. Comme il n'existe aucune preuve connue de changement réussi, toute tentative de ce genre ne peut aboutir qu'à la création de pseudo-hétérosexuels. La majorité de ceux qui sont soumis à une telle thérapie finissent d'ailleurs par en être victimes en raison d'une dysphorie[1] accrue. L'American Psychological Association reconnaît aujourd'hui que les conflits liés à l'orientation sexuelle peuvent engendrer la maladie mentale. On en conclut aisément que pour s'en préserver, il est important d'apprendre à accepter et à vivre cette orientation de façon positive.

Sortir du placard

Le processus permettant de se défaire du fardeau de la culpabilité, de la honte et d'une mauvaise image de soi est le

1. Dysphorie : sensation de malaise généralisé ; antonyme d'euphorie.

même que celui qui entre en jeu lorsqu'on se prépare à accepter ouvertement son homosexualité. Dans son article « Developmental Stages of the Coming Out Process »[1] (Stades du processus qui régit la « sortie du placard »), Eli Coleman identifie cinq stades dans le développement d'une identité gay bien assumée. Le premier correspond à celui qui précède la sortie du placard. S'il est vrai que l'identité gay est fermement établie dès l'âge de trois ans, comme le pensent la plupart des experts, la famille est dès ce moment-là consciente de l'orientation sexuelle de l'enfant. Elle lui apprend d'habitude que l'homosexualité est répréhensible et qu'il devra plus tard se marier. L'enfant se sent donc différent — étranger et seul. S'il admet que ses pulsions le portent vers une personne de son sexe, il court le risque d'être ridiculisé et rejeté ; il se fait donc une image négative de lui-même dont il cherche à se protéger en pratiquant la dénégation et le refoulement. Dissimulation dont les conséquences peuvent évidemment s'avérer terriblement destructrices. Chaque fois qu'un enfant homosexuel réprime ses vrais sentiments, il s'en trouve psychologiquement meurtri ; et la dépression qui s'ensuit sape sa vitalité et sa joie de vivre[2].

Le conflit intérieur qui oppose les désirs de l'enfant encore inconscient de ses tendances homosexuelles à ce que sa famille attend de lui se traduit souvent par des maladies psychosomatiques et des tentatives de suicide. La seule façon de résoudre ces problèmes est d'assumer courageusement sa différence, de renoncer à son système de défense et de reconnaître son orientation lesbienne ou gay.

La plupart des lesbiennes et des homosexuels prennent conscience de leur orientation sexuelle au moment de la puberté, c'est-à-dire entre treize et dix-huit ans. Mais il s'écoule un certain temps avant que les adolescents n'arrivent à donner

1. Eli Coleman, « Developmental Stages of the Coming Out Process », in *Homosexuality and Psychotherapy : A Practitioner's Handbook of Affirmative Models,* n° 4 dans la série « Research on Homosexuality », dirigée par John C. Gonsiorek (Falls Church, Va. : Howarth Press, 1982), pp. 31-44.

2. P. Fischer, *The Gay Mystique : The Myth and Reality of Male Homosexuality* (New York : Stein and Day, 1972), p. 249.

un nom à leur attirance pour une personne de leur sexe. Ils peuvent, de ce fait, éprouver quelque difficulté à déterminer l'existence de ces sentiments. Leur orientation est toutefois d'ores et déjà déterminée.

Le processus grâce auquel on arrive à dire aux autres qu'on est homosexuel est le même que celui qui permet de s'accepter soi-même. Chacun mesure le risque que cette révélation pourrait entraîner en fonction du besoin qu'il ressent d'être reconnu par autrui. Si la réaction de la personne à qui nous nous confions est négative, la honte et la culpabilité se renforcent alors. Si, en revanche, son écoute est positive, nous sommes sur la voie de la guérison : en admettant nos désirs sexuels, nous apprenons à nous respecter en tant qu'êtres à part entière.

Il est prouvé par expérience qu'une identité lesbienne ou homosexuelle qui se vit harmonieusement est essentielle à une adaptation psychologique saine[1]. Une des fonctions primordiales des groupes gays, qu'ils soient religieux ou sociaux, est d'assurer un « environnement bénéfique » où les homosexuels apprennent à s'aimer et à s'assumer tels qu'ils sont. Cette acceptation qui nous a été originellement refusée par notre milieu familial n'est pas un don de soi à soi ; c'est plutôt un don que nous pouvons nous faire les uns aux autres.

J'ai eu comme patient un jeune homme qui avait fait plusieurs tentatives de suicide. Ayant souhaité à trois reprises assister à une célébration liturgique de *Dignity*, il était passé et repassé à chaque fois devant l'église sans oser y pénétrer, tant sa crainte et son anxiété étaient grandes. Il n'a réussi à y entrer qu'à la quatrième fois. Cet acte courageux lui ayant permis de maîtriser ses peurs défensives, il a rapidement repris confiance en lui et appris à se reconnaître en tant qu'homosexuel au cours de la thérapie.

Se faire accepter par les autres et s'accepter soi-même supposent qu'on soit prêt à encourir beaucoup de risques. C'est en effet parce qu'ils savent que la révélation de leur homosexualité est susceptible de faire une peine immense à leur

1. Coleman, *Developmental Stages*, p. 34.

famille que beaucoup d'homosexuels hésitent à s'engager dans ce processus. Ils préfèrent subir seuls toute leur souffrance et garder secrètes les pulsions qui les portent vers une personne de leur sexe. C'est par angoisse de blesser ses parents que le jeune homme dont j'ai parlé avait tenté de se suicider. La famille devrait se rendre compte que son fils gay ou sa fille lesbienne assume le péril terrible d'être rejeté(e) lorsqu'il ou elle décide de sortir du placard. Car il faut du cran et une réelle confiance en l'autre pour dire son homosexualité.

Compte tenu de leur vulnérabilité, il est extrêmement important que les jeunes choisissent avec soin ceux à qui ils oseront se raconter. Il vaut mieux avoir de bonnes raisons de croire que la personne en question acceptera positivement cette confidence. Il est à cet égard fréquent que le thérapeute judicieusement sélectionné soit le plus apte à accueillir une telle démarche.

Une psychothérapie efficace pour les homosexuels dénoncera tous les systèmes où règne « l'arbitre » familial, ainsi que la prémisse selon laquelle l'humanité serait dépravée, pour privilégier plutôt une expérience d'intimité sans condition. La tâche du thérapeute consiste à aider ses patients homosexuels, fréquemment confrontés à une société hétérosexuelle hostile, à reconnaître et à accepter leur identité gay, à améliorer leur fonctionnement social et interpersonnel, ainsi qu'à valoriser et à intégrer l'identité qui leur est propre.

Il se peut que le processus de guérison fasse naturellement resurgir des sentiments de honte et de culpabilité intenses au cours de la thérapie. Mon travail vise en grande partie à créer pour mes patients un environnement thérapeutique et une sûreté tels qu'ils peuvent enfin prendre conscience de leurs émotions et de leur haine de soi et les partager dans une atmosphère chaleureuse où n'affleure aucune trace de réprobation. Ils réussissent souvent, grâce à ce mécanisme, à exorciser les démons d'une culpabilité et d'une haine de soi pathologiques ; et ils arrivent graduellement à recouvrer l'énergie, la paix et la joie que l'on trouve dans l'acceptation de soi.

La faculté de rire de soi est certainement l'antidote le plus efficace contre la honte. Pouvoir raconter leur humiliation et en rire apporte à mes patients un sentiment de soulagement quasi immédiat. L'humour a toujours été l'un des aspects les plus sains de la communauté gay.

Lorsque l'homosexuel s'est intégré à un groupe d'amis accueillants avec qui il peut partager ses joies et ses tristesses, il lui est infiniment plus facile de supporter d'être rejeté par d'autres, par des membres de la famille et par la société, sans en éprouver une dévalorisation et une culpabilité excessives. Les chances d'être immédiatement et pleinement accepté par des parents ou diverses personnes du clan familial étant faibles, il est d'habitude préférable de s'assurer qu'on a un solide appui au sein d'une communauté tolérante avant de se risquer à sortir du placard.

La plupart des familles traversent une période de deuil avant d'admettre un fils ou une fille homosexuel(le). Elles passent presque inévitablement par divers stades de dénégation, de compromis, de dépression, d'auto-accusation et de colère, avant d'arriver à reconnaître que leur fils est gay ou leur fille lesbienne. Les parents doivent d'abord renoncer à l'image qu'ils avaient de l'enfant marié(e) capable d'avoir à son tour des enfants. Et il est bon que les homosexuels se montrent patients envers leurs proches durant ce stade, en se souvenant du temps qu'ils ont eux-mêmes mis à s'assumer. Les familles engagées dans ce processus trouvent un certain réconfort à partager leurs sentiments de colère, de culpabilité, de souffrance et de peur avec d'autres parents d'enfants homosexuels grâce à des associations telles que PFLAG (« Parents and Friends of Lesbians and Gays »)[1]. La grande majorité des patients avec lesquels j'ai travaillé m'ont d'ailleurs dit que leur famille avait fini par les accepter après cette période de deuil.

Les parents de fils homosexuels et de filles lesbiennes ne sont pas responsables de l'orientation sexuelle de leurs enfants. Mais leur attitude peut, en revanche, contribuer à leur assurer soit une bonne santé psychologique suivie d'une reconnaissance de

1. Parents and Friends of Lesbians and Gays : association de parents et d'amis de lesbiennes et d'homosexuels.

leur différence, soit une réclusion dans une vie de culpabilité, de honte et de haine de soi.

Suite à la révélation de son identité, l'homosexuel passe souvent par un stade d'expérimentation, centré sur une sexualité nouvellement assumée, qui rappelle le temps de l'adolescence. Cela peut se produire assez tardivement chez les homosexuels. J'ai vu des patients qui ont attendu la trentaine ou la quarantaine pour vivre leur première expérience sexuelle. Il ne fait aucun doute que les possibilités d'échange avec des individus semblables à soi et qui sont ouverts et sincères quant à leur orientation, aident à améliorer l'image qu'on a de soi. Une tâche importante du point de vue du développement personnel est d'apprendre, à ce niveau, à rencontrer et à fréquenter d'autres gays et lesbiennes et à avoir une vision positive de l'attirance sexuelle qu'ils peuvent éprouver à notre égard. Il arrive souvent que l'on doive d'abord résoudre de sérieux problèmes liés à la perception qu'on a de son propre corps. Il se peut qu'on se juge trop gros(se) ou trop maigre, trop féminin(e) ou trop masculin(e). Des organisations comme la « Girth and Mirth Society »[1], se sont créées pour que leurs membres s'aident mutuellement à mieux accepter l'image qu'ils ont d'eux-mêmes. Les homosexuels redoutent souvent toute forme d'intimité, dans la crainte que personne n'aimera jamais le vrai moi qui leur fait honte et qu'ils ont si soigneusement caché.

Des adolescents qui ne se respectent pas eux-mêmes auront tendance à agir de façon autodestructrice. Ils risquent de rejeter toute responsabilité quant à leur propre vie, préférant pleurer sur leur sort et en blâmer les autres. Il faut leur apprendre qu'ils sont les premiers à faire obstacle à une reconnaissance de soi réussie.

A ce stade, il existe un grand danger : c'est celui de s'accrocher à l'alcool et à la drogue dans le but de soulager une souffrance psychologique chronique et de renforcer une image de soi encore trop fragile. Trois homosexuels sur dix ont de sérieux problèmes d'alcoolisme. Ils peuvent, lorsqu'ils sont ivres

1. Girth and Mirth Society : société des joyeux obèses.

ou sous l'effet de la drogue, se lancer dans une activité sexuelle compulsive pour renflouer leur propre vision d'eux-mêmes. Ce comportement induit d'habitude une recrudescence de culpabilité, de honte et de haine de soi et ils éprouvent alors un besoin tout aussi impératif de fuir à nouveau dans la boisson, la drogue et une sexualité effrénée. Activité sexuelle aujourd'hui liée à une menace accrue, celle de s'exposer au virus du sida [1].

Un mot de prudence s'impose ici. Bien que la seule façon de s'accepter sainement soit de sortir du placard, toute révélation aux autres de son homosexualité ne correspond pas forcément à une motivation valable. On peut dire son homosexualité à des parents, par exemple, dans le but de les blesser, pour se venger d'eux en quelque sorte. Un tel acte ne peut qu'accroître le sentiment d'humiliation et diminuer celui de sa propre dignité. On peut aussi afficher par imprudence son homosexualité sur son lieu de travail où le vrai motif, inconscient et masochiste, est de se punir soi-même en se faisant renvoyer. Il est bon d'analyser prudemment les motifs qui nous poussent à sortir du placard dans telle ou telle situation, afin de nous assurer qu'ils aboutiront bien à une reconnaissance de soi plus saine.

Passée une période d'expérimentation sexuelle et sociale, l'homosexuel et la lesbienne aspireront à une relation plus stable et plus engagée, reposant sur une attirance physique et affective. Comme le fait observer Coleman, les premiers rapports s'avèrent souvent désastreux pour bien des raisons. On ne peut construire de contact sain et durable tant que perdurent en soi des sentiments de honte et de haine de soi. Celui ou celle qui ne s'est pas encore constitué une identité forte et positive reste incapable de vivre une liaison réussie. Des études suggèrent que, passée la première prise de conscience des sentiments qui les portent vers les gens de leur sexe, les homosexuels mettent en moyenne dix à quatorze ans pour se construire une personnalité positive et bien intégrée.

1. Si l'on décide d'avoir des rapports sexuels, il s'agit de posséder une conscience aiguë des dangers que comporte le sexe à risque et savoir pratiquer le sexe plus sûr. Il faut aussi décider si la possibilité de développer un rapport intime justifie le fait de mettre en péril sa santé.

Il est difficile, lorsqu'on vit un rapport homosexuel, de cacher son identité lesbienne ou gay aux amis, à la famille et à la société. A moins d'avoir pu l'affirmer publiquement, on risque de succomber aux pressions qu'entraîne cette attache. J'ai vu se défaire de nombreux couples homosexuels parce qu'à chaque fois que revenait Noël ou Pâques, il y avait séparation pour que chacun(e) passe ces vacances dans sa famille. Selon une autre version du même scénario, chaque fois qu'un parent annonce sa visite, l'un(e) des deux doit déménager, sans laisser aucune trace de sa présence. Cette sorte de dénégation et de clandestinité qui prennent leur source dans la honte et la culpabilité, peuvent rapidement saper une relation.

On a tendance, lors d'une première expérience d'intimité amoureuse, à se comporter comme un « enfant affamé » voulant à tout prix être materné, exigeant une attention totale à ses désirs ainsi que leur satisfaction intégrale. Puisque aucun adulte n'est capable d'un tel engagement, il en résultera une jalousie, une possessivité et une insécurité extrêmes. Toute tentative de préserver une certaine indépendance et de vivre séparément sera perçue comme un manque d'amour. La colère ira croissant au sein du couple jusqu'à ce que la souffrance l'emporte sur le plaisir d'être ensemble. Cela signifie d'habitude, que l'un des partenaires ou peut-être les deux, n'ont pas encore commencé à s'accepter tels qu'ils sont. Culpabilité, honte et haine de soi rendent alors la confiance impossible et on projette inconsciemment cette auto-aversion sur son partenaire. Nombreux sont les homosexuels qui doivent tenter plusieurs expériences avant de réussir à juguler en eux « l'enfant affamé » pour pouvoir enfin aboutir à un rapport plus mature. Une relation adulte se caractérise par la non-possessivité, la confiance mutuelle et la liberté. Si elle vient à se briser, elle suscite des réactions de chagrin normales sans devenir psychiquement destructrice. L'individu dont l'identité gay est bien intégrée a de bien meilleures chances de faire face à tous les défis de l'âge mûr et de la vieillesse, sans se trouver submergé par de graves problèmes psychologiques.

La dimension religieuse

L'expérience du deuil fait partie de chacune des étapes que comporte la révélation de son identité. On doit, avant de parvenir à s'accepter, tuer en soi la vieille personnalité et toutes les opportunités qu'elle supposait. On est triste de renoncer à tout espoir de jamais appartenir au monde hétérosexuel et d'être admis par lui. Mais chaque palier de ce processus de deuil, s'il se vit de façon positive, conduit aussi vers la possibilité de grandir spirituellement. C'est en nous réconciliant avec notre statut d'« exilés » dans ce monde que nous avons, en tant qu'homosexuels et lesbiennes, une merveilleuse occasion de développer notre foi, notre confiance, et notre amour de Dieu, ainsi que notre sentiment d'appartenir sans crainte à Sa famille. Les aumôniers d'hopitaux qui accompagnent les malades du sida ont été nombreux à s'étonner de la foi profonde et du courage que manifestent les homosexuels face à la mort. Ce témoignage si puissant les a ainsi amenés à repenser leur attitude envers l'homosexualité.

Il est possible qu'on ressente une forme de culpabilité et de honte salutaire en présence de Dieu. Cette émotion est en fait identique à la culpabilité saine que nous éprouvons dans les rapports qui se nouent entre nous. Ainsi que l'affirmait Jésus : « Dans la mesure où vous l'avez fait à l'un de ces plus petits de mes frères, c'est à moi que vous l'avez fait. » (Mt. 25:40). Les Ecritures nous disent avec insistance que nous ne pouvons établir de rapport vrai et approprié avec Dieu sans prendre conscience de notre culpabilité, sans nous en repentir et rechercher la compassion et le pardon de Dieu.

Comme le fait remarquer Paul Tournier dans son excellente étude, « Guilt and Grace : A Psychological Study »[1] (Culpabilité et grâce : étude psychologique), les Ecritures mettent l'accent sur un Christ qui accueille ceux que le monde méprise et

1. Paul Tournier, *Guilt and Grace : A Psychological Study* (San Francisco : Harper and Row, 1962).

qui ont conscience de leur culpabilité ; il parle, d'autre part, sévèrement de ceux qui sont satisfaits d'eux et qui répriment tout sentiment de faute.

Les mêmes critères servant à distinguer culpabilité saine et pathologique s'appliquent également à notre relation intime avec Dieu. Une culpabilité saine est consciente ; nous savons que nous avons offensé quelqu'un ; nous connaissons le moyen de réparer cette offense. Après l'avoir fait, nous pouvons accepter le pardon de Dieu et par conséquent nous pardonner nous-mêmes et recouvrer notre tranquillité d'esprit ainsi que notre propre dignité.

La culpabilité saine dans notre rapport à Dieu est identique de bien des façons à celle qu'éprouve un jeune enfant à l'égard de ses parents. Ce sentiment naît d'une rencontre personnelle avec un Dieu aimant et du besoin, qui prend sa source dans la gratitude, de réparer et de demander pardon pour toute action qui nous sépare de Dieu, notre Père et notre Mère. Il est toujours propice à l'intimité et favorise une relation vraie et personnelle avec Dieu.

Tout comme un instinct de compassion et de souci de l'autre s'installe dans l'interaction entre l'enfant et sa mère, de même un sentiment positif de culpabilité et de préoccupation pour l'autre peuvent se développer en nous lorsque notre vie spirituelle se fonde sur une rencontre directe et personnelle avec Dieu. Une honte et une culpabilité pathologiques s'introduisent, en revanche, dans notre vie spirituelle lorsque, inconscients de l'amour et de la présence de Dieu, nous pensons devoir mériter cet amour par le respect perfectionniste d'un code ou d'une loi morale arbitraire et inhumaine.

Il existe dans notre vie spirituelle un équivalent du processus de révélation de son homosexualité à autrui : c'est la divulgation progressive que nous faisons de notre moi intime à notre parent qui est au ciel. En nous dévoilant ainsi à Dieu, nous prenons le risque de nous mettre à nu, ce qui constitue une étape essentielle vers une intimité plus grande. Je pense comme Tournier que : « Notre plus grand malheur est de ne jamais savoir de manière certaine si nous obéissons ou désobéissons à

Dieu »[1]. J'ai donc toujours mis la prière suivante au cœur de ma vie : « Accorde-moi, Seigneur, la grâce de connaître ta volonté et le courage de l'accomplir ! » La plus grande crainte de ma vie a été que la volonté de Dieu ne devienne synonyme pour moi d'une tâche irréalisable, telle celle de devoir nier mon homosexualité. J'ai, toutefois, éprouvé la plus grande joie et le soulagement le plus profond en découvrant que Dieu ne nous demande pas l'impossible et qu'Il m'accepte et m'aime tel que je suis.

L'expérience spirituelle la plus émouvante que j'aie jamais vécue s'est déroulée au Monastère de Mount Saviour. Cela faisait des mois que je priais Dieu de m'éclairer concernant l'ordre que m'avait intimé le Vatican de renoncer à mon ministère auprès des lesbiennes et des gays. Tandis que je priais, en implorant Dieu de bien vouloir me guider, le sentiment intense que j'étais aimé tel que j'étais, c'est-à-dire, comme prêtre et comme homosexuel, m'a envahi. Il m'a semblé que cet amour venait guérir de profondes blessures psychologiques liées à la culpabilité, à la honte et à la haine de soi et qu'il m'apportait une merveilleuse sensation de paix libératrice. J'ai eu la conviction que Dieu m'accompagnerait dans la voie que je choisirais. « Seigneur, guéris l'aveuglement qui empêche de te connaître ; soulage la peur, la honte et la culpabilité qui nous cachent à tes yeux ! » Puisse Dieu accorder cette même grâce à tous ceux qui me lisent. Amen.

1. Ibid., p. 171.

Troisième partie

LIBÉRER LE POUVOIR DE DIEU

INTRODUCTION

Dis seulement une parole et je serai guéri(e)

J'ai eu plusieurs fois le privilège, au cours de ces dernières années, de présider des prières pour la guérison de personnes atteintes du sida[1]. Quoique très émouvantes, ces cérémonies n'ont pas manqué d'éprouver la foi et la confiance que j'ai en Dieu. Mais elles m'ont aussi offert l'occasion de réfléchir sur le pouvoir de guérison que Dieu exerce dans notre vie. Je me propose d'examiner dans les chapitres qui suivent les trois vertus spirituelles qui se trouvent au cœur même de notre relation au Dieu en lequel nous croyons ; ces vertus de *confiance,* de *reconnaissance,* et d'*esprit de réconciliation* sont chargées de sens pour les lesbiennes et les homosexuels, bien que n'allant pas sans leur poser certaines difficultés.

Elles nous intéressent tout particulièrement en cette période de crise du sida, puisqu'elles nous donnent, en quelque sorte, le moyen et la faculté de laisser agir la présence apaisante de Dieu dans notre vie comme dans notre monde.

1. Je souhaite insister sur le fait que je me suis inspiré du chapitre de Matthew Fox, « The Spiritual Journey of the Homosexual... and Just About Everybody Else », extrait de *A Challenge to Love : Gay and Lesbian Catholics in the Church,* publication dirigée par Robert Nugent (New York : Crossroad, 1983).

8

Faire confiance à Dieu

> *« Oui, tu aimes tous les êtres, et n'as de dégoût pour rien de ce que tu as fait; car si tu avais haï quelque chose, tu ne l'aurais pas formé. Et comment une chose subsisterait-elle, si tu ne l'avais voulue? Comment conserverait-elle l'existence, si tu ne l'y avais appelée? Mais tu épargnes tout, parce que tout est à toi, Maître ami de la vie, toi dont le souffle impérissable est en toutes choses! »*
>
> Sagesse 11:24 — 12:1

Nous lisons dans l'Ancien Testament qu'un lépreux du nom de Naamân vint chercher la guérison auprès du prophète Élisée. Obéissant aux conseils du prophète, il se plongea sept fois dans les eaux du Jourdain. Délivré de sa lèpre, il revint vers Élisée pour exprimer sa gratitude et reçut en récompense le don de la foi. Il dit alors : « Ton serviteur n'offrira plus ni holocauste ni sacrifice à d'autres dieux qu'à Yahvé. » (2 R. 5:17).

Notre foi à nous homosexuels, implique avant tout que nous ayons une confiance à toute épreuve. Dans son œuvre, « Dieu existe-t-il? » Hans Küng[1] précise que, d'un point

1. Hans Küng : théologien catholique, né en Suisse en 1928. Il a remis en question, dans de nombreux écrits, la doctrine de l'Église sur l'infaillibilité du pape, la divinité du Christ et le dogme de la virginité de Marie. Censuré par le Vatican en 1979, il a néanmoins poursuivi son enseignement sous des auspices laïques plutôt que catholiques, à l'université de Tübingen en Allemagne.

de vue psychologique, la foi se fonde essentiellement sur la confiance qui la présuppose. Et selon Erik Erikson[1], dont la recherche a surtout porté sur la psychologie du développement, la première tâche du très jeune enfant est d'apprendre à croire à la vie. Cette confiance demeure la pierre angulaire d'une personnalité psychiquement saine, l'existence n'étant guère tolérable sans elle. En effet, aucune intimité profonde, aucune vraie amitié, aucune foi vitale ne nous sont autorisées, si nous ne savons pas prendre le risque de nous fier à autrui.

La faculté de croire au plus profond de soi que la vie est bonne est un don. Les très jeunes enfants l'apprennent dans la mesure où leurs parents leur ont réellement manifesté amour et attention ; mais rester confiant envers et contre tout est l'œuvre de toute une vie. Aucun d'entre nous ne pouvant la maintenir intacte, l'acquisition de cette faculté exige de nous un réel combat. Malgré l'incertitude, la souffrance, la tristesse, la maladie et la mort, nous devons demeurer convaincus que la vie est bonne et que l'amour peut même triompher de la mort ; puisse notre dernière action ici-bas n'être qu'un ultime témoignage d'amour et de confiance. Reprenant les paroles du *Te Deum*, nous pouvons dire : « *In te Domine speravi, non confundar in aeternum* » — « J'ai mis mon espoir en Toi, Seigneur. Tu ne m'abandonneras pas de toute éternité ».

En se révélant à nous en la personne de Jésus-Christ, Dieu nous a appris que bien qu'il nous soit parfois très difficile de croire et d'aimer, il nous est toujours possible de repartir à zéro et de renaître par le pouvoir de l'Esprit-Saint. Dieu est digne de confiance de par sa nature même. « Quand bien même nous nous déroberions, lui ne se dérobe pas, ne pouvant se renier lui-même ». Enfants adoptifs de Dieu, nous pouvons, grâce à

1. Erik Erikson : psychanalyste américain (né à Francfort en 1902) dont les écrits sur le développement psychosocial, l'identité individuelle et les interactions de la psychologie, de l'histoire, de la politique et de la culture ont renouvelé l'approche aux questions d'ordre psychosocial. Il est notamment l'auteur de *Childhood and Society* et d'études psychohistoriques sur Luther et Gandhi.

l'amour maternel qu'Il nous porte, reprendre fondamentalement confiance en la vie.

Dans l'Église catholique romaine, la collecte de la liturgie du dix-huitième dimanche après la Pentecôte exprime merveilleusement notre créance d'enfants adoptifs en Dieu qui est notre Mère et notre Père : « Que ta bonté, Seigneur, agisse en nous et dirige nos cœurs, précède-nous dans notre pèlerinage et garde-nous du besoin et de l'erreur ».

Je dirai, en citant Matthew Fox [1], que l'un des principaux défis auxquels nous nous trouvons confrontés en tant que chrétiens est celui d'être capables de voir « en la vie extase et bénédiction ; de percevoir toute la création comme bienfaisante et essentiellement digne de confiance ». Ainsi dotés, nous pouvons passer notre existence à jouer comme des enfants sous le regard de parents qui les aiment et découvrir avec « joie et extase la création, la nature, l'amitié, l'art, la poésie, la musique, la danse, le travail non contraignant, le sport non compétitif et une sexualité qui soit au service de l'amour ».

Dieu nous a fait la promesse qu'en dépit de tout le mal dont nos vies pourraient se charger, il ferait en sorte qu'il en naisse du bien qui triomphe en fin de compte de ce mal. C'est le sens même du cri joyeux de la veillée pascale au cours de la liturgie de la Résurrection : *O felix culpa*, Heureuse faute qui nous a valu un tel rédempteur !

Je pense toutefois que la confiance des lesbiennes et des homosexuels en la création se trouve confrontée à un défi tout particulier, puisque nous ne choisissons pas notre orientation sexuelle ; nous la vivons plutôt comme quelque chose de donné, comme une partie intégrante de notre réalité. Tant que cette expérience s'éprouve sur un mode négatif, et que nous nous considérons comme pécheurs, malades, ou malfaisants, il nous est très difficile de faire confiance à notre Créateur. Et pourtant, seul un Dieu sadique souhaitant semer la terreur, la méfiance et

1. Matthew Fox : Récemment exclu de l'ordre des Dominicains, Matthew Fox est le fondateur très controversé du mouvement « Creation Spirituality », ainsi que d'un Institut du même nom en Californie. C'est l'auteur de nombreux livres sur la spiritualité dont le plus connu a pour titre : *The Cosmic Christ*.

la haine, serait capable de nous condamner — non un Dieu d'amour à qui l'on peut s'adresser comme à un parent qu'on aime.

Si nous acceptions ce que nous enseigne une Église faillible dans ce domaine, nous aurions d'excellentes raisons de nous méfier profondément de l'existence. Nous resterions cantonnés dans le cynisme, la haine de soi et la cruauté mutuelle. N'oublions pas que la crise du sida menace actuellement de détruire notre foi et notre espoir en un Dieu d'amour pour nous rendre de nouveau esclaves d'un dieu de peur.

Si le rapport de confiance que nous établissons avec Dieu se délite, celui qui nous lie aux autres s'évanouira de même. Certains, jugeant que les sentiments d'affection et d'amour qui existent entre nous sont fondamentalement « désordonnés », voudraient voir dans le sida le symbole objectif de ce désordre. Tout contact humain, et en particulier tout contact sexuel, leur devient de ce fait suspect. En adhérant à un tel jugement, nous pourrions succomber à un esprit paranoïaque de méfiance réciproque, rendant encore plus problématique toute vraie intimité entre nous et nous condamnant à la détresse : c'est ainsi qu'on désespère de la vie, de l'amour et de tout bonheur réel.

Notre unique solution est de choisir une autre voie, de nous engager sur un chemin où puisse s'approfondir et se sanctifier notre authentique évolution spirituelle. Nous pouvons refuser de croire que le Dieu qui nous manifeste quotidiennement son amour soit un Dieu sadique. Nous pouvons renforcer notre confiance en nous, en notre corps, en la nature, en l'univers et en Dieu ; accroître également notre conviction que la mort même fait partie de l'ordre naturel des choses et que d'elle « naîtra le bien », puisqu'elle nous mènera à cette nouvelle vie que Jésus nous a promise : « Père, ceux que tu m'as donnés, je veux que là où je suis, ils soient aussi avec moi. » (Jn. 17:24). Nous sommes en droit de supposer, comme le fait Matthew Fox, que : « Personne ne peut avoir une conscience plus aiguë de la beauté de la création et de la Création Nouvelle que ceux à qui la religion et la société ne cessent de répéter que leur existence est une erreur, voire un péché »[1] ! Nous devons mobiliser toutes nos forces pour affermir la confiance que nous avons en nous et croire au message que Dieu nous adresse directement. Rappelons-nous que l'Esprit-Saint est notre premier maître au sein de l'Église, que l'Esprit habite en nos cœurs et nous parle à travers notre expérience personnelle. Efforçons-nous de reconnaître que nous sommes porteurs d'une dignité et d'une responsabilité divines, afin de voir en notre homosexualité une bénédiction et non une malédiction et remercions-en Dieu. Apprenons, homosexuels, à célébrer notre existence. Apprenons à parier sur Dieu.

Dieu, qui es notre Père et notre Mère, notre faculté de croire en la vie est souvent durement éprouvée. Accorde-nous la grâce de savoir que nous pouvons avoir foi en notre vie telle que tu l'as créée, pour que nous puissions célébrer notre existence en tant que lesbiennes et homosexuels. Aide-nous à croire que tu nous aimes et que tu nous acceptes tels que nous sommes. Amen.

1. Matthew Fox, « The Spiritual Journey of the Homosexual... and Just About Everybody Else », p. 197.

9

Dieu soit loué

« Il ne s'est donc trouvé pour revenir rendre gloire à Dieu que cet étranger ! »

Luc 17:18

Nous lisons dans l'Evangile selon saint Luc, que dix lépreux vinrent à la rencontre de Jésus, et se tenant à distance, s'écrièrent : « Jésus Maître, aie pitié de nous ! » Et Jésus leur dit « Allez vous montrer aux prêtres »[1]. Pendant même qu'ils y allaient, ils furent guéris. Seul l'un d'entre eux, qui était Samaritain, en éprouva de la reconnaissance et revint vers Jésus pour le remercier et chanter sa louange. Peiné par l'ingratitude des neuf autres, Jésus remarqua : « Il ne s'est donc trouvé pour revenir rendre gloire à Dieu que cet étranger ! » Le Samaritain reconnaissant reçut en récompense une guérison encore plus profonde, autrement dit, celle de son âme, « Ta foi t'a sauvé. » (Lc. 17:11-19).

Mon travail de psychothérapeute me met souvent en contact avec des gens dont la foi pathologique les amène à fonder leur vie spirituelle sur des sentiments de honte et de culpabilité. Ils

1. Les prêtres étaient les responsables de la santé de l'époque et avaient pour tâche de décider qui souffrait ou non de la lèpre et qui avait ou non le droit de faire partie de la communauté.

font, par conséquent, de la contrition leur principale prière. Chaque fois qu'ils se trouvent en la présence de Dieu, ils sont par là même remplis de la crainte d'être rejetés. Plutôt que de se sentir reconnaissants de l'amour que Dieu leur a librement donné, ils estiment devoir mériter cet amour en s'autopunissant.

Une vie spirituelle beaucoup plus saine, aux bases théologiques plus solides, s'établira plutôt sur la reconnaissance pour toutes les bénédictions que Dieu nous a accordées. Ainsi que l'écrivait Maître Eckhart : « Si de toute votre vie, vous n'adressez à Dieu en guise de prière qu'un seul merci du fond de l'âme, cela suffira ». Il est bon de cultiver délibérément cet esprit de gratitude. Et puisse notre prière quotidienne se résumer à *Deo gratias*, Dieu soit remercié ; pour la vie et la santé, pour nos parents et nos amis, pour la beauté et la nature, pour notre homosexualité et toutes les joies et toutes les peines qu'elle nous apporte. Oui, remercions Dieu des périodes d'obscurité et d'épreuves, de douleur et de souffrance, puisque l'occasion nous y est donnée de grandir et d'approfondir notre vie spirituelle.

Saint Ignace de Loyola se plaît à répéter dans ses exercices spirituels que bien que tout ce qui est bon dans ce monde existe pour notre plaisir, la gloire qui en découle appartient à Dieu seul. La reconnaissance que nous lui témoignons est le moyen très concret que nous avons de lui rendre gloire ; elle lui ouvre pour ainsi dire les mains pour qu'Il répande sur nous une abondance de grâces, tandis que l'ingratitude lui lie les mains. Les ingrats à qui Dieu accorde des grâces spéciales en éprouvent parfois fierté et orgueil, pensant à tort qu'ils les méritent parce qu'ils sont supérieurs à ceux qu'ils côtoient. Ils courent ainsi le grave danger de ne point être sauvés.

Alors que je me trouvais chez des membres de ma famille qui habitaient la côte ouest de l'Irlande, une femme est venue à bicyclette d'un village éloigné afin de voir un homme qui avait été guéri à la chapelle de Notre-Dame à Knock. C'était un fermier de la région qui s'était brisé la colonne vertébrale en faisant une chute, cinq années plus tôt. Pendant quatre ans, ses fils l'avaient conduit régulièrement à Knock. La cinquième année, il est rentré chez lui à pied avec eux. Mon cousin irlandais riait à l'idée que la femme à bicyclette avait parcouru une telle distance pour apercevoir cet homme. « Que verra-t-elle d'autre, me disait mon cousin, qu'un homme travaillant dans un champ ? Sa famille avait besoin de lui et Notre-Dame l'a guéri. Un miracle, ça ne se voit pas ! »

J'ai alors émis cette réflexion que dans une telle atmosphère de foi, d'humilité, de confiance et de gratitude, Dieu était libre d'accomplir des miracles sans déranger l'existence de quiconque, sans que personne n'y trouve de raison de s'enorgueillir.

Si nous sommes sincèrement reconnaissants, sachant que ces bénédictions nous viennent de la bonté de Dieu et ne dépendent en rien de notre dignité ou de notre indignité, Dieu nous accordera des grâces illimitées. Jésus nous l'a rappelé, en disant : « Je suis venu pour que vous ayez la vie et que vous l'ayez en abondance. » (Jn. 10:10).

Pendant toute la période de deuil où nous apprenons à accepter notre statut d'exilés en tant qu'homosexuels, nous courons le risque de nous enliser dans la colère et l'apitoiement sur notre propre sort. Nous pouvons, dans ce cas, rester aveugles aux nombreux privilèges que nous vaut notre homosexualité. Ce n'est qu'une fois entamée la guérison des blessures psychiques d'où est né leur ressentiment, que la nature des séances de thérapie auxquelles participent mes patients se transforme. Au lieu de se souvenir des faits humiliants qui ont motivé leurs griefs, ils commencent à se rappeler les moments d'amour et de tendresse qu'ils ont connus dans le passé et à faire l'expérience de la gratitude, en dépit des brimades psychologiques dont ils ont souffert. Cela leur permet d'accéder alors à l'esprit de pardon. Ils peuvent se pardonner, pardonner à ceux qui leur ont fait du mal et excuser Dieu.

N'oublions pas, chaque fois que nous nous réunissons pour célébrer l'Eucharistie, que ce mot signifie littéralement « remercier », exprimer de la gratitude à Dieu pour tous ses bienfaits.

Gratitude chrétienne qu'exprime sur un mode léger ce poème d'Hilaire Belloc[1] :

« Partout où brille un soleil chrétien,
Coulent la gaieté et le bon vin.
Du moins c'est ce qu'il m'a toujours semblé.
Dieu en soit loué. »

Merci mon Dieu ; merci pour la vie, malgré la douleur, la souffrance et la tragédie. Merci pour mon homosexualité : bien qu'elle me tourmente parfois et me donne le sentiment d'être étranger à la société à laquelle j'appartiens, j'y trouve, par ailleurs, la promesse d'une riche croissance spirituelle et de nombreuses grâces. Et merci, mon Dieu, pour tous ceux qui nous sont proches par l'esprit et qui nous ont aidés à nous aimer nous-mêmes, tandis que nous apprenions à nous aimer les uns les autres.

1. Hilaire Belloc : (1870-1953). D'origine française, Belloc fit des études à Oxford et se fit naturaliser anglais en 1902. Il est surtout connu pour sa poésie destinée aux enfants, mais fit aussi oeuvre d'historien et d'essayiste. Il est l'auteur, entre autres, de biographies de Danton et de Robespierre, et d'une histoire de l'Angleterre en quatre volumes.

10

Réconciliation et présence de Dieu

« J'ai affronté ta présence comme on affronte celle de Dieu, et tu m'as bien reçu ».

Genèse 33:10

C'est avec beaucoup d'intérêt que j'ai récemment lu l'œuvre théologique du Père Édouard Schillebeeckx, « Christ, The Experience of Jesus as Lord »[1]. La principale thèse en est que l'expérience que fait chacun, selon son époque, de la divinité de Jésus se répercute dans les circonstances de sa propre vie. Nombreuses sont les situations historiques qui ont déterminé les diverses formes qu'a pu prendre cette expérience par le passé. Cela est vrai même du Nouveau Testament où bien des théologies diffèrent les unes des autres, quoiqu'elles soient toutes basées sur la réalité historique de Jésus ; chacune constitue, en fait, une réponse aux besoins spécifiques de la communauté où elle a vu le jour. Le thème qui les relie pourtant entre elles reste celui du combat actif pour la libération de l'humanité.

En m'inspirant du thème de Schillebeeckx, je voudrais formuler ici une théologie qui réponde plus particulièrement aux besoins de la communauté gay et lesbienne qui lutte aujourd'hui pour la libération des homosexuels.

1. Édouard Schillebeeckx, *Christ, The Experience of Jesus as Lord* (New York : Crossroad, 1983).

Dans la quatrième partie de son œuvre qu'il intitule « God's Glory and Humanity's Truth, Well-Being and Happiness » (La gloire de Dieu et la vérité, le bien-être et le bonheur de l'humanité), Schillebeeckx nous offre une brillante analyse prophétique des circonstances historiques où nous discernons les indices de la foi apostolique, tout en cherchant à donner notre témoignage personnel du Christ comme Seigneur. (Je recommande vivement cette partie de l'œuvre qui me paraît être la meilleure *summa theologica* que j'aie jamais lue !) Dans un passage qui s'intitule, « Salvation from God : Experienced through Humans and the World » (Le salut de Dieu : expérience vécue au milieu des hommes et dans le monde), Schillebeeckx médite sur le célèbre passage de la Genèse qui décrit la réconciliation de Jacob et d'Esaü, ainsi que sur le combat sans témoin qui opposa Jacob au messager de Dieu durant toute une nuit.

Nous devons, pour comprendre ce texte, le replacer dans le contexte des Écritures. C'est après avoir passé de nombreuses années au service de son oncle Laban que Jacob revient vers son pays. Il y retrouvera son frère Esaü à qui il avait frauduleusement volé son droit d'aînesse. La gravité de son péché lui apparaît ; il a péché non seulement contre son frère Esaü, mais aussi contre Dieu. Plus la confrontation approche, plus grande se fait l'angoisse de Jacob ; il entend dire qu'Esaü vient à sa rencontre avec quatre cents hommes armés. Nous nous trouvons, à partir de ce moment-là, au cœur d'un double récit, le premier concernant la lutte intérieure que Jacob livre à ses peurs, et le deuxième portant sur ses retrouvailles avec Esaü.

Nous découvrons d'abord combien sont profonds les aspects religieux et psychologiques des accomodements avec son frère que tente obstinément Jacob. Au bout de toute une nuit passée à lutter contre ses craintes, Jacob finit par se réconcilier avec Dieu et avec lui-même. En vertu de quoi, il ne s'appellera plus Jacob, prénom qui signifie flagorneur ou ambitieux flatteur, mais Israël, c'est-à-dire, celui qui a fait la paix avec Dieu et avec lui-même à l'issue d'un intense combat intérieur. Ce récit comporte même un authentique élément psychosomatique, dans la mesure où il évoque la luxation de la hanche dont souffre Jacob ; celle-ci lui fournit, en fait, l'excuse qu'il lui fallait pour éviter la rencontre, tout en révélant son ambivalence latente quant au bien-fondé de cette réconciliation. Mais l'aube venue, Jacob, qui se nomme maintenant Israël, trouve le courage de traverser le ruisseau, en boitant, pour aller vers son frère.

Ayant anxieusement divisé ses troupeaux et ses esclaves, il les a envoyés au-devant de lui. Tremblant de peur, il se dirige vers le camp d'Esaü et de ses quatre cents hommes armés, précédé de nombreux cadeaux en signe d'amitié. Mais lorsque les deux frères sont enfin face à face, Esaü laisse tomber la hache de guerre et « courant à sa rencontre, le prit dans ses bras, lui donna l'accolade et pleura. » (Gn. 33:4).

Le suprême message de cet épisode nous est livré, selon Schillebeeckx, dans le vers 10 du chapitre 33 : « En effet, j'ai affronté ta présence comme on affronte celle de Dieu, et tu m'as bien reçu ». Dans ce vers, les deux récits se fondent en un seul. Car c'est au moment même où Jacob et Esaü se pardonnent et s'acceptent l'un l'autre, que la face de Dieu brille pour eux comme un soleil radieux se levant dans toute sa splendeur, après une longue et difficile nuit. Face de Dieu qui brille de même pour tous les hommes à nouveau unis. Ceux qui ont fait la paix entre eux ont le droit de vivre ; grâce à la réconciliation, notre vie vaut la peine d'être vécue, en dépit de toute la souffrance et de toute l'injustice endurées.

Ce récit biblique illustre deux thèmes fondamentaux de la théologie de Schillebeeckx. Le premier est que la grâce intervient dans notre vie avec une « immédiateté interposée ». Dieu nous manifeste sans cesse sa présence dans le monde et à travers les événements historiques, même si nous n'en prenons pas tout de suite conscience. Nous serons sans aucun doute surpris le jour où Dieu nous dira : « J'avais faim et tu m'as donné à manger ! » Alors que Dieu vient directement à nous, c'est indirectement que nous cheminons vers lui.

En second lieu, ce récit illustre le fait que tous les efforts que nous déployons pour surmonter la solitude et la souffrance sont d'essence religieuse et ne peuvent se passer de la grâce de Dieu.

Le salut chrétien, c'est-à-dire notre rédemption par Dieu, dépend de l'intégrité de notre vie humaine — d'une existence saine[1] qui pourrait aussi s'avérer « sainte ». Il a donc partie liée avec tout ce qui fait que la vie de l'homme est réellement humaine. Disons, comme saint Irénée, que tout ce qui freine la pleine réalisation de l'humain entrave aussi la perfection de la puissance divine. Il en résulte que le salut ne peut se limiter à une seule dimension. On ne l'atteint pas uniquement en obéissant à des préceptes moraux, ou en vivant des expériences mystiques personnelles. Il ne se situe pas non plus dans une quête exclusive de réformes politiques et sociales. Mais c'est tout cet ensemble qui contribue de façon essentielle à notre salut.

Jésus manifesta, quant à lui, l'universalité de la proximité salvatrice de Dieu en consacrant sa vie à tous les hommes et en se faisant le généreux défenseur d'une humanité souffrante. Jésus voyait en toute affliction humaine une violation du plan de Dieu ; car Dieu est totalement opposé à la douleur et cherche sans cesse à l'abolir. La seule peine rédemptrice est celle que l'on assume et que l'on accepte volontairement pour la libération des autres. Mais toute blessure que nous nous infligeons les uns aux autres est scandaleuse. Évidemment, peu importait à Jésus que la souffrance fût la conséquence du péché ou qu'elle fût innocente. Son souci des hommes n'était motivé ni par la piété ni par son absence. Dans son ministère, Jésus voyait les maux des autres comme une tâche dont il se chargeait librement, puisque sa mission dans la vie était de tout faire pour les soulager.

Cette interprétation constitue une norme, un test définitif qui nous permet de juger si les aspects de la pratique chrétienne sont conformes à l'esprit du Christ. Il faut rejeter, au nom même de la foi chrétienne, tous les aspects qui vont à l'encontre d'une libération humaine personnelle et collective. Notre foi nous oblige, en tant que disciples de Jésus, à œuvrer activement pour l'avènement de la justice et de la paix dans notre société.

Au meilleur d'elle-même, la communauté gay et lesbienne a

1. Le terme anglais « holy » ou « saint » avait, nous dit McNeill, d'abord pour sens « whole », c'est-à-dire, « sain ».

toujours été ouverte et démocratique. Les gays ont souvent réussi à concilier leurs différences et à abattre les barrières capables de nous séparer — barrières du sexe, de la race, de la classe, de la nationalité ou du statut économique. Les retraites les plus fructueuses auxquelles j'ai eu l'occasion de participer sont celles où nous avons fait face et réagi au préjugé inconscient et aux peurs qui nous divisent : lesbiennes et homosexuels, Blancs et Noirs, ceux qui croient à la liberté sexuelle et ceux qui la refusent.

Saint Paul nous dit que le Saint-Esprit œuvre dans le monde pour abolir graduellement toutes les segmentations qui isolent tel groupe d'hommes de tel autre. Il fait spécifiquement allusion à trois de ces antagonismes qui opposent le maître à l'esclave, le Juif au Grec, et l'homme à la femme. J'ai la conviction que si la communauté gay et lesbienne est sortie de son anonymat à ce moment historique précis, c'est qu'elle est appelée à jouer un rôle significatif dans l'abolition des nombreuses fragmentations dont souffre la société, et en particulier de celle qui ressort de l'inégalité de l'homme et de la femme.

La théologie doit donc s'élaborer à partir du cœur de la vie humaine tel qu'il se manifeste à travers l'histoire de l'émancipation des hommes, au nom d'un affranchissement toujours plus grand. La liberté et la rédemption chrétiennes doivent nécessairement aller dans le sens d'une libération politique et sociale. Nous avons le devoir de participer aux grands mouvements libertaires de notre époque : sur le plan économique pour les pauvres et le tiers-monde, pour les femmes afin qu'elles accèdent à une plus grande égalité avec les hommes, et pour les homosexuels. Tout ce qui nous trouble à l'extérieur correspond, en fait, à une dimension intérieure conflictuelle.

Schillebeeckx a cerné certaines des conséquences politiques qui découlent de cette interprétation théologique de la foi chrétienne. Notre foi ne nous invite pas à nous engager dans un parti ou à adhérer à un programme donné. Toutefois, disciples de Jésus-Christ, notre croyance nous oblige à prendre une part active à l'instauration de la justice et de la paix dans notre société :

> « En posant un choix politique, même si celui-ci reste neutre, le chrétien ne doit en aucun cas s'engager dans un système qui sacrifierait le plus faible à des raisons structurelles ou personnelles et où prévaudrait l'injustice. La libération progressive de toute l'humanité est une question qui ne peut laisser le christianisme indifférent. Le chrétien doit se faire, à la lumière des Évangiles, le partisan et l'avocat du pauvre, de ceux qui n'ont aucun droit et de ceux que personne ne représente nulle part »[1].

Dans la mesure où l'Évangile nous appelle à nous montrer plus solidaires de ce processus historique de libération, nous devons apporter notre appui aux mouvements politiques qui cherchent à éliminer de notre monde toute discrimination, oppression et exploitation, tant personnelles qu'institutionnelles. Combien la lettre du Vatican était contraire à cet esprit lorsqu'elle demandait à tous les évêques du monde de s'opposer à tout projet de loi visant à reconnaître les droits des gays et des lesbiennes !

Nous pouvons œuvrer sans fin pour la guérison de l'humanité, mais nous n'en continuerons pas moins à être confrontés à la souffrance humaine : souffrance qui prend sa source dans la culpabilité, dans l'expérience de notre finitude et de notre mortalité, dans le sentiment d'avoir échoué et de ne pas être à la hauteur, et enfin dans l'invisibilité d'un Dieu qui reste caché à nos yeux. Nulle thérapeutique purement humaine ne pourra jamais éliminer ou réduire ces maux. Et pourtant, si nous rencontrons sur notre chemin quelqu'un qui nous offre spontanément sa paix et sa joie pour nous accompagner dans notre enfer personnel fait d'impuissance, de douleur, de détresse et de chagrin, alors nous ne sommes pas seuls et nous avons des raisons d'espérer.

Le vrai disciple de Jésus s'efforcera, à chaque époque, d'éliminer les causes de la misère humaine. Tout disciple du Christ se doit, en effet, de prodiguer des soins à autrui. Nous sommes appelés à discerner les souffrances de notre temps dans

1. Ibid., p. 785.

nos propres cœurs, et surtout dans ceux de nos sœurs lesbiennes et de nos frères gays, pour faire de cette identification le point de départ de notre mission. Elle sera d'autant plus authentique qu'elle prendra sa source dans un cœur atteint des mêmes blessures que celles que nous tentons de soulager. Pour mener à bien notre œuvre lénifiante, il nous faut avoir une compréhension approfondie des combats que nous livrons à Dieu, ainsi que des moyens de dominer nos craintes pour nous rendre disponibles, nous, guérisseurs que les meurtrissures n'ont pas épargnés.

L'épidémie du sida pose un défi à la communauté gay : elle nous invite à oublier nos différences politiques, à surmonter nos peurs et notre égoïsme pour collaborer à la tâche de subvenir aux besoins de ceux qui souffrent. Il n'est pas de plus grand titre de gloire pour les hommes que celui de contribuer à abolir les causes de la douleur partout où cela nous est possible. Rappelons-nous que le ciel se construit à partir de ce que nous accomplissons sur terre pour assurer la libération et le salut de nos frères humains.

Dieu qui es notre Père et notre Mère, fais de nous un instrument de réconciliation. Aide-nous à affronter toutes nos terreurs et à les surmonter, afin que nous ayons le courage de travailler à la réconciliation là où et à chaque fois que cela nous est possible. Amen.

Quatrième partie

LES VERTUS HOMOSEXUELLES

INTRODUCTION

L'hospitalité et le mythe de Sodome

Ceux qui s'opposent à ce que les lesbiennes et les gays aient des droits se réclament souvent du châtiment de Sodome et de Gomorrhe qu'évoque la Genèse. Il suffit pourtant de faire l'exégèse de ce passage pour comprendre à quel point les préjugés et l'homophobie ont déformé le message des Écritures. Car Ancien et Nouveau Testaments n'assimilent jamais le péché de Sodome à l'homosexualité, mais plutôt à l'égoïsme, à l'orgueil, à l'indifférence aux pauvres et à l'inhospitalité aux étrangers.

J'ai retracé dans « L'Église et l'homosexuel »[1] le processus historique qui a permis de voir en la condamnation biblique de l'inhospitalité un anathème sur l'homosexualité. Ce fait constitue l'une des suprêmes ironies de l'histoire puisqu'en Occident, les homosexuels sont depuis des millénaires eux-mêmes victimes de l'inhospitalité — véritable crime de Sodome — au nom d'une interprétation erronée de ce crime. Cette erreur s'est traditionnellement appuyée sur un sous-thème du récit de Sodome, notamment, celui de la pratique dans les religions du Proche-Orient d'une sexualité dépersonnalisée, ayant pour but d'accroître la fertilité du sol et de s'attirer les faveurs divines. On a confondu cet aspect

1. John J. McNeill, *The Church and the Homosexual*, édition revue et élargie (Boston : Beacon Press, 1988). La version française de l'édition originale, *L'Église et l'homosexuel*, a été publiée à Genève par les éditions Labor Fides en 1982.

de l'histoire de Sodome et le thème central et positif de l'épisode dont la principale thèse est que Dieu bénit ceux qui accueillent l'étranger.

Le juge Byron White de la Cour suprême américaine a, par un jugement majoritaire, accepté en 1986 l'argument de l'État de Géorgie selon lequel la législation condamnant la sodomie et faisant de toute activité homosexuelle un délit était légitimée car elle répondait à la nécessité de défendre les bonnes mœurs. Le président de la Cour suprême, Warren Burger, s'est rangé à l'avis du juge White en affirmant que : « Voir en la sodomie homosexuelle un droit fondamental reviendrait à renier des millénaires d'enseignement moral »[1].

Individus et nations pratiquent quotidiennement et impunément ces véritables crimes qui ont pour nom inhospitalité et violation du droit d'accueil. Les vrais sodomites sont ceux qui « vivant dans l'orgueil, l'abondance et une indifférence aisée, négligent les pauvres », ne tendent pas la main aux réfugiés, et persécutent ceux qui, comme Loth et Abraham, leur offrent un asile. Je suis d'accord avec la Cour suprême : ceux-là méritent vingt ans de prison. Il n'était pas demandé aux juges de rejeter « des millénaires d'enseignement moral », mais plutôt des millénaires d'homophobie.

Je parlerai, dans cette quatrième partie, de ce que j'appelle les vertus homosexuelles, notamment, celles d'hospitalité et de compassion. En dépit de l'injustice et du harcèlement auxquels elle a été soumise, la communauté gay et lesbienne a toujours adhéré à ces vertus qui, ayant caractérisé toute la vie de Jésus, devraient conserver une importance primordiale aux yeux de ses disciples.

De tout temps, et partout où a sévi la peste, des ordres religieux d'hommes et de femmes ont vu le jour pour assister ceux qui en étaient victimes. Saint Louis de Gonzague est mort à l'âge de vingt-trois ans alors qu'il soignait les pestiférés. Des milliers de lesbiennes et d'homosexuels travaillent aujourd'hui bénévolement auprès de personnes atteintes du sida.

1. *The New York Times*, 1er juillet 1986, A18.

Une fois de plus, comme tout au long de l'histoire de la chrétienté occidentale, la communauté gay et lesbienne offre un exemple frappant de ces vertus essentielles de la vie chrétienne.

Je souhaiterais éviter ici tout malentendu en affirmant et célébrant les dons et les grâces dont je sais de façon certaine que Dieu a comblé les gays et les lesbiennes. La première épître de Pierre nous encourage dans ce sens : « Chacun selon la grâce reçue, mettez-vous au service les uns des autres, comme de bons intendants d'une multiple grâce de Dieu. » (1 P 4:10).

La tradition chrétienne veut que ces grâces particulières soient accordées non seulement aux individus, mais aussi aux groupes, et qu'elles soient intimement liées aux souffrances qu'ont endurées ceux-ci. Gustavo Gutierrez parle, par exemple, dans son livre, « La Libération par la foi : boire à son propre puits »[1], des grâces spéciales dont les tourments des pauvres seraient la source. Je soutiens, dans la même veine, que l'hospitalité et la compassion sont des dons qui naissent fréquemment des épreuves de la communauté gay et lesbienne. Je n'affirme pas que ces grâces spirituelles soient l'apanage de tout homosexuel ou de toute lesbienne ; au contraire, nombreux sont celles et ceux qui profitent de leur statut d'exilés pour se complaire dans l'apitoiement sur soi et le cynisme, et pour devenir suprêmement égoïstes. Je ne prétends pas non plus que lesbiennes et gays soient meilleurs que les autres. Tous ceux qui approfondissent leur vie spirituelle reçoivent évidemment leur part des vertus de compassion et d'hospitalité. Dieu soit loué pour les centaines de médecins, d'infirmières, de travailleurs sociaux, de pasteurs, de prêtres, de sœurs et de laïcs qui œuvrent avec amour et humanité auprès des personnes atteintes du sida. Mais il arrive bien trop souvent que les qualités spécifiques des gays, dont l'identité ne s'affiche pas dans la vie publique, passent inaperçues et qu'on n'en fasse jamais l'éloge.

1. Gustavo Gutierrez, *La Libération par la foi : boire à son propre puits ou l'itinéraire spirituel d'un peuple,* traduit de l'espagnol par Eric Brauns (Paris : Éditions du Cerf, 1985).

En parlant des « vertus homosexuelles », je brosserai un tableau de la communauté lesbienne et gay ; celle-ci fait elle-même partie d'un groupement plus étendu comprenant tous ceux, hétérosexuels et homosexuels, qui cherchent à pratiquer les vertus d'hospitalité et de compassion.

11

L'esprit d'hospitalité

« Il vint à Nazara où il avait été élevé, entra, selon sa coutume le jour du sabbat, dans la synagogue, et se leva pour faire la lecture. On lui présenta le livre du prophète Isaïe et, déroulant le livre, il trouva le passage où il est écrit : « L'Esprit du Seigneur est sur moi, parce qu'il m'a consacré par l'onction. Il m'a envoyé porter la bonne nouvelle aux pauvres, annoncer aux captifs la délivrance et aux aveugles le retour à la vue, rendre la liberté aux opprimés, proclamer une année de grâce du Seigneur. » Il replia le livre, le rendit au servant et s'assit. Tous dans la synagogue avaient les yeux fixés sur lui. Alors il se mit à leur dire : « Aujourd'hui s'accomplit à vos oreilles ce passage de l'Ecriture. »

Luc 4 : 16-21

Je voudrais méditer sur le rôle que joue dans notre vie à nous, lesbiennes et homosexuels chrétiens, dans le cadre de la fierté que nous éprouvons à être gays, la vertu biblique d'hospitalité. Vertu à laquelle l'Ancien comme le Nouveau Testament accordent une place prééminente. « Tu ne molesteras pas l'étranger ni ne l'opprimeras, car vous avez vous-mêmes résidé comme étrangers dans le pays d'Egypte. » (Ex. 22:20-21) est l'un des principaux commandements que Dieu donna à Moïse sur le mont Sinaï. Dans le chapitre 18 de la Genèse, c'est encore l'hospitalité d'Abraham envers les étrangers qui est mise en valeur de façon très frappante, comme pour mieux insister sur sa bonté et sa sainteté. Ayant vu des étrangers passer dans le désert, alors qu'il était assis devant sa tente, Abraham court vers eux pour les inviter à y pénétrer. Il leur offre de l'eau, leur lave les pieds et leur prépare un repas. (Rappelons que dans le désert cette sorte de sollicitude peut être une question de vie ou de mort.)

De même, lorsque les étrangers qui ressemblaient à des anges arrivent aux portes de Sodome, Loth confirme sa réputation d'homme bon et digne de la faveur de Dieu — contrairement aux autres habitants de Sodome — en se montrant prévenant envers eux. Après les avoir vivement incités à entrer chez lui, il leur propose nourriture et logement. Le principal message du récit de Sodome est que Dieu bénit ceux qui reçoivent les étrangers avec bienveillance, et non que les homosexuels vivent dans le péché. Le prophète Ezéchiel précise ailleurs ce que fut le véritable péché de Sodome : « Voici quel fut le crime de Sodome ta sœur : orgueil, voracité, présomption et insouciance, telles furent les fautes de Sodome et de ses filles ; elles n'ont pas secouru le pauvre et le malheureux. » (16:49). Concernant la sexualité, la Bible nous dit que ce don nous venant de Dieu doit servir à des fins humaines, et non aux cérémonies d'adoration divine, surtout lorsque celles-ci préconisent le viol et l'exploitation de l'étranger, et font abstraction de la dimension personnelle et aimante de la sexualité.

L'hospitalité constitue aussi un des *leitmotivs* du Nouveau Testament. Jésus y déclare, par exemple, à ses disciples, « Et si l'on refuse de vous accueillir et d'écouter vos paroles, sortez de cette maison et de cette ville en secouant la poussière de vos pieds. En vérité je vous le dis : au jour du Jugement, le pays de Sodome et de Gomorrhe aura un sort moins rigoureux que cette ville. » (Mt.10:14-15). Ce texte démontre très clairement que l'inhospitalité aux étrangers était bien, aux yeux de Jésus, le crime de Gomorrhe.

Et de nouveau au chapitre 10 de Luc, lorsqu'on lui demande,

« Et qui est mon voisin ? », Jésus répond par la parabole du Samaritain dont on pourrait sans doute faire aujourd'hui la paraphrase suivante : Un homme battu et dépouillé avait été laissé pour mort dans une allée du bois de Boulogne. Un prêtre et un travailleur social qui passaient par là le virent, mais ne s'arrêtèrent pas, retenus par la peur. Un travesti qui l'avait aperçu pénétra dans l'allée, le souleva, banda ses plaies de sa plus belle écharpe, héla un taxi et l'emmena aux urgences de l'hôpital le plus proche. Et Jésus terminerait cette parabole en disant, tout comme il le fit en son temps : « Va, et toi aussi, fais de même ».

L'Évangile de saint Luc (24:13-35) relate comment les disciples s'en retournaient chez eux sur le chemin d'Emmaüs, en proie à un grand sentiment d'abattement après la mort de Jésus. Ils croisent alors sur leur route un étranger qui interprète pour eux la mort et la résurrection de Jésus à la lueur des Ecritures, et ils s'en trouvent réconfortés. Lorsqu'ils furent arrivés à Emmaüs, l'étranger s'apprêtait à poursuivre sa route, mais, tout comme Loth et Abraham avant eux, les disciples le poussent à accepter leur hospitalité. Au moment où ils rompent le pain à table, ils reconnaissent le Christ ressuscité. Ce récit nous apprend une fois de plus que la rencontre avec Dieu passe par l'accueil de notre voisin.

Le thème de l'hospitalité s'est perpétué dans la tradition chrétienne, ainsi que le confirme la devise du tout premier ordre monastique des Bénédictins : *Hospes venit, Christus venit.* Lorsque vient l'hôte, c'est le Christ qui vient. Nous retrouvons également ce thème dans le mythe très ancien où l'étranger à qui Christophe fait traverser le ruisseau en le portant dans ses bras s'avère être l'Enfant Jésus. Ainsi, dans l'Irlande d'autrefois, on laissait ouverte la porte de chaque maison, plaçant boisson et nourriture près de la cheminée et une bougie à la fenêtre pour l'étranger qui viendrait à passer et qui souhaiterait être accueilli. Tout ceci correspondait bien à la façon dont les croyants mettaient en pratique les paroles suivantes du Christ : « Dans la mesure où vous l'avez fait à l'un de ces plus petits de mes frères, c'est à moi que vous l'avez fait. » (Mt. 25:40).

Qu'est-ce que l'hospitalité ?

Il n'est pas question d'appeler hospitalité le seul fait d'organiser une soirée et d'inviter chez nous des amis (même si cela en fait partie, et Dieu sait si les gays savent faire de merveilleuses fêtes). C'est un état de l'esprit et de l'âme. Selon Henri Nouwen, c'est « Cette vertu qui nous permet de dépasser les peurs qui nous enferment et d'ouvrir notre maison à l'étranger en sachant que le salut peut prendre pour nous la forme d'un voyageur fatigué »[1].

Comme le souligne Nouwen, la condition première d'une vraie hospitalité est que le maître de maison soit libre d'accorder son attention à son invité. Chose difficile lorsque nos propres besoins, ennuis et angoisses nous préoccupent à l'excès. Ces soucis nous empêchent de garder la bonne distance par rapport à nous-mêmes pour être mieux à l'écoute de l'autre. Au lieu de lui permettre d'être tout simplement, nous cherchons à l'influencer dans le but de satisfaire nos désirs sexuels ou nos exigences personnelles d'affection, de compréhension, d'amitié, de popularité, de succès ou d'argent.

La bonne nouvelle, c'est que Dieu nous aime ; Dieu pourvoira à tous nos besoins. En prenant conscience de cet amour à travers la prière, nous serons libres de nous offrir les uns aux autres un amour inconditionnel. Gens de prière, nous pourrons, grâce à elle, reconnaître le Christ en l'étranger. Si nous demandons quotidiennement qu'il nous soit donné d'identifier le Christ dans chaque nouvelle rencontre, nous ne finirons pas comme ceux qui, s'entendant condamnés à l'heure du Jugement Dernier, s'exclameront tout étonnés : « Quand t'ai-je vu assoiffé, Seigneur, et quand t'ai-je refusé de l'eau ? » Nous nous retrouverons plutôt face à un vieil ami et à un compagnon de toujours.

Un mot d'avertissement : la communauté gay se trouve

1. Henri Nouwen, *The Wounded Healer : Ministry in Contemporary Society* (Garden City, N.Y. : Image Books, 1979), p. 89.

confrontée aujourd'hui à un danger bien réel, notamment, celui qui donnerait un sens négatif et destructeur à la fierté gay, danger auquel il nous faut trouver la parade. La publicité suivante du « New York Times » illustrait, il y a quelques années, ce dont je parle ici

> « Pourquoi donc une revue gay paierait-elle dix-huit mille dollars cette page du " New York Times " ?
> Parlons franchement du consommateur gay. Le marché qu'il représente est juteux, et le journal, " The Advocate ", peut l'ouvrir aux publicitaires avisés.
> Quel est, d'après vous, le profil du lecteur moyen de " The Advocate " » ?

Ce profil de l'homosexuel américain type est celui d'un homme de trente-huit ans au revenu annuel de quarante-cinq mille dollars qui achète une trentaine de livres par an, s'offre cinquante dollars de bouteilles de vin par mois, dépense mille deux cents dollars en matériel photo, s'est acheté une chaîne stéréo de mille sept cents dollars, donne des réceptions chez lui quatorze fois par mois, et se rend chaque année dans cinq grandes villes des USA. Il a fait des études supérieures et possède au moins deux diplômes. Il est membre d'un club de gym, joue d'un synthétiseur Yamaha CS-50 et compose en amateur sur son piano Knabe.

La richesse n'est pas mauvaise en soi ; le bon Samaritain avait sans doute une certaine fortune. Mais il y a danger lorsque nous, homosexuels que l'on a faussement accusés du péché de Sodome, risquons, au moment où nous accédons à notre libération, de nous rendre coupables du vrai péché de Sodome, c'est-à-dire l'inhospitalité et la négligence envers le pauvre.

Une fierté gay positive est, en revanche, celle que nous occasionneraient nos facultés d'accueil et de compassion. Il est regrettable que le « New York Times » n'ait pas aussi mentionné les contributions des homosexuels aux œuvres caritatives, ou le temps que ceux-ci consacrent au bénévolat. J'ai été, au cours de mes voyages tant aux États-Unis qu'à l'étranger, terriblement frappé par le nombre important de gays que leur amour et leur hospitalité envers l'autre ont poussés à s'engager profondément et à se mettre au service de leurs prochains. Je pense aux prêtres, pasteurs, médecins, psychothérapeutes, conseillers psychologiques, infirmières, enseignants, travailleurs sociaux, ainsi qu'à ceux qui s'occupent des retardés, des malades, des aveugles, des pauvres, des sans-abri, des drogués, des prisonniers et de tous les opprimés et exclus de notre société. L'amour extraordinaire qu'a manifesté la communauté gay aux victimes du sida me fait redoubler d'admiration pour elle. Cette ferveur de sentiment dont elle fait preuve est l'un des grands exemples de générosité de notre temps.

Lesbiennes et homosexuels n'ayant généralement pas d'enfants, ont un vaste réservoir d'amour non égoïste à faire partager à la société. Il est si grand que le monde ne saurait s'en passer, s'il venait à tarir. Car quelle que soit leur souffrance personnelle, la présence aimante des lesbiennes et des homosexuels est l'huile qui assure le bon fonctionnement de toute la machine humaine. S'il arrivait que les gays disparaissent de notre univers, nous risquerions de sombrer dans une réelle déshumanisation.

Souvenons-nous, lesbiennes et gays chrétiens, que la dignité est un don de Dieu qui nous a créés à son image. Et quoique nous ne soyons pas capables de nous l'offrir à nous-mêmes, puisse la grâce de Dieu nous aider à nous la conférer les uns aux autres. Ecoutons la parole du prophète Isaïe : « Car ainsi parle Yahvé : aux eunuques [1] qui observent mes sabbats, se décident pour ce qui me plaît et se tiennent fermement à mon alliance : je leur donnerai dans ma maison et dans mes murs, une stèle et un nom meilleur que des fils et des filles ; je leur donnerai un nom éternel qui ne sera jamais supprimé... . je les conduirai à ma montagne sainte. Je les réjouirai dans ma maison de prière. » (56:4-5).

1. Par eunuques, comprenons ceux qui sont exclus en raison de leur sexualité.

Dieu tout-puissant, approfondis la conscience que nous avons de ton amour pour nous, tes filles lesbiennes et tes fils gays, pour que, libérés de tout cynisme et de tout égoïsme, nous puissions accompagner avec compassion tous nos frères humains qui souffrent et qui sont dans le besoin. Amen.

12

La vertu de compassion

> *« Père, ceux que tu m'as donnés, je veux que là où je suis, ils soient aussi avec moi, pour qu'ils contemplent la gloire que tu m'as donnée, parce que tu m'as aimé. »*
>
> Jean 17:24

Le dimanche qui sépare l'ascension de Jésus au ciel et le dimanche de la Pentecôte où Dieu, en la personne de l'Esprit-Saint, descendit sur les apôtres, est un dimanche singulier du cycle liturgique. Ce jour-là, les apôtres étaient, pour ainsi dire, encore dans le placard, dans la chambre haute, craignant de sortir et de révéler leur identité en tant que disciples du Christ. Ils ont passé ce temps à méditer sur le sens de la vie du Christ et sur les moyens de suivre fidèlement son exemple. Que leur fallait-il faire pour « voir la gloire du Seigneur » ?

Imitons-les et examinons la vie du Christ pour tenter d'en saisir le sens spirituel fondamental. Essayons de découvrir comment nous, ses disciples homosexuels, pouvons arriver à intégrer ce sens spirituel à notre propre vie.

S'il est une qualité qui résume l'esprit de la vie du Christ, c'est bien la compassion. Dans son Épître aux Philippiens, saint Paul a admirablement capté cet élément qui a marqué toute la vie du Christ :

« Ayez entre vous les mêmes sentiments qui furent dans le Christ Jésus :

> Lui, de condition divine,
> ne retint pas jalousement
> le rang qui l'égalait à Dieu.
> Mais il s'anéantit lui-même,
> prenant condition d'esclave,
> et devenant semblable aux hommes.
> S'étant comporté comme un homme,
> il s'humilia plus encore,
> obéissant jusqu'à la mort,
> et à la mort sur une croix !
> Aussi Dieu l'a-t-il exalté
> et lui a-t-il donné le Nom
> qui est au-dessus de tout nom,
> pour que...
> toute langue proclame
> de Jésus-Christ qu'il est Seigneur,
> à la gloire de Dieu le Père. » (2:6-11)

Cet hymne célèbre la compassion que nous a manifestée Dieu à travers la vie et la mort de Jésus. C'est précisément cette vertu qui fait du Christ le plus grand homme de tous les temps. Le mot « compassion » signifie littéralement « souffrir avec ». Il se réfère, ainsi que l'empathie[1], à ce processus grâce auquel on entre volontairement dans les souffrances des autres pour les en libérer. Jésus a atteint sa gloire en se défaisant de son moi (*kenosis*). En s'identifiant librement et avec empathie à l'aliénation, à la solitude, aux maux et à la mort de ses semblables, il a voulu leur ouvrir les voies de la guérison et de la libération.

Disciples du Christ, nous sommes par conséquent appelés à guérir les tourments de notre prochain avec compassion. Au début de son hymne, Paul nous incite à adopter la même

1. Empathie : la faculté de participer, par identification, aux désirs, volontés et idées d'autrui.

attitude que le Christ. Mais le souci que nous avons de nos propres besoins nous empêche d'être suffisamment attentifs, tout comme il nous freine dans notre hospitalité. Plutôt que d'agir avec bonté envers les autres, nous les ignorons ou cherchons à les manipuler à nos propres fins.

La vertu spirituelle de la compassion se nourrit d'une qualité particulière de la nature humaine. Les psychothérapeutes reconnaissent, en effet, que : « Parmi les forces innées les plus puissantes qui poussent les hommes vers leurs semblables, il y a dès les premières années de la vie, et même dès les premiers mois, la tendance essentiellement thérapeutique »[1]. Ces thérapeutes pensent, en fait, qu'une des principales causes du déséquilibre affectif se situe dans la frustration du désir de guérir : « L'intégrité du moi (du malade mental) est sacrifiée, de manière continue et avec un dévouement véritablement altruiste, à la nécessité de compléter le moi incomplet de la personne maternante »[2]. Si l'on juge valable cette appréhension, et ma propre expérience professionnelle m'a démontré qu'elle l'est, l'on en arrive à situer la plupart des maladies psychologiques dans le contexte d'un amour rédempteur qu'elles sont particulièrement à même de susciter.

Il faut satisfaire à certaines conditions pour assumer un ministère chrétien de guérison, tâche que tout disciple du Christ est appelé à remplir à sa façon. Le chrétien capable d'aider son prochain est celui qui est prêt à mettre une foi bien comprise à la disposition de ceux qui désirent qu'on les aide. Je veux dire par là que le chrétien qui s'implique dans un travail de guérison doit s'être plié à une certaine auto-analyse, du même ordre que celle que pratiquent les thérapeutes séculiers, afin que leur inconscient ne vienne pas s'immiscer dans le processus du traitement.

Il est bon que le chrétien qui s'engage ainsi ait lui-même mené un combat intérieur contre la tentation, le désespoir et la nuit de l'âme. Il doit avoir pris entièrement conscience de toute la colère qu'il porte en lui pour considérer avec lucidité celle qu'il

1. Harold Searles, *Le contre-transfert* (traduit de l'américain par Brigitte Bost, Paris : Gallimard, 1981) p. 69.
2. Ibid., pp. 82-83.

éprouve à l'égard de ses parents, de l'Église et de Dieu. Il doit avoir fait face à toute sa peur et à sa culpabilité sous-jacentes, et surtout à sa peur de la mort et de Dieu, pour ne pas entrer dans le jeu de la personne qu'il essaie d'aider, en évacuant des questions pénibles dont la résolution reste essentielle à la croissance spirituelle et à la paix. Il doit être capable d'articuler les mouvements de sa vie intérieure et d'identifier ses expériences spirituelles pour ne plus être victime de son inconscient et pouvoir lentement et logiquement écarter tous les obstacles qui empêchent l'Esprit de se communiquer.

En second lieu, celui qui veut suivre le Christ dans sa mission de guérison doit être capable de compassion. Cette dernière a pour rôle d'informer et de participer à l'essence même de son autorité. Ceux d'entre nous qui exercent ce ministère et qui s'engagent dans le processus de guérison feraient bien cependant de rester sur leurs gardes : car nous courons le risque de nous enorgueillir de notre compétence et de nos talents, et notre statut professionnel peut nous servir d'excuse pour éviter la tâche combien plus ardue de faire preuve de compassion. L'œil qui établit le diagnostic avec une grande assurance s'expose à devenir celui d'un analyste distant et détaché, au lieu d'être celui d'un partenaire compréhensif.

C'est précisément parce que Jésus s'est dépouillé de lui-même pour adopter notre condition humaine que nous avons le pouvoir, en son nom, d'aider nos frères et nos sœurs à accéder à la liberté. Mais il est essentiel que celui qui souhaite soulager son prochain sur le plan spirituel se sente lui aussi spirituellement libre d'entrer pleinement et de tout son être dans une situation difficile. Il faut aussi accepter, ce faisant, l'éventualité d'être blessé, et même détruit.

La grande erreur de la hiérarchie chrétienne est de penser que l'on peut soustraire quelqu'un au désert spirituel où l'ont jeté la dépression et le désespoir sans avoir soi-même vécu cela. Nous sommes appelés à reconnaître dans nos propres cœurs les souffrances de nos sœurs et de nos frères, et en particulier de nos sœurs et de nos frères gays, pour faire de cette reconnaissance le point de départ de notre engagement à les servir. En d'autres termes, nous avons pour vocation d'être les « blessés qui en soignent d'autres ». Une des grandes joies de la vie chrétienne consiste à découvrir que nos propres meurtrissures peuvent contribuer à la guérison d'autrui. Nous chantons dans la proclamation de la veillée pascale : « *O felix culpa,* Vraiment comme le péché d'Adam était nécessaire ! Heureuse faute qui nous a valu un tel rédempteur ! » Dieu prend nos plaies les plus profondes, nos échecs et notre nature pécheresse pour en faire un puissant moyen d'aider les autres. Ceux qui ont adhéré au mouvement des Alcooliques Anonymes comprendront parfaitement que puisse s'opérer en nous une telle métamorphose.

Bien que doué de compassion, on ne parviendra à réconforter un voisin en détresse qu'en sachant renoncer au confort de sa propre espérance et de sa foi pour entrer par empathie dans le désespoir de ce voisin. Si quelqu'un est prêt à pénétrer dans mon enfer personnel et à y demeurer avec moi, j'aurai alors des raisons d'espérer. Jésus à l'agonie a lancé un appel dans le jardin de Gethsémani : « Mon âme est triste à en mourir ; demeurez ici et veillez avec moi. » (Mt. 26:38). Cette demande d'accompagnement résonne encore à nos oreilles. Et c'est précisément à ce moment d'impuissance totale que la puissance de Dieu sera révélée.

Nous pouvons, en partageant notre douleur et notre peine, nous aider les uns les autres à prendre conscience du fait que la souffrance et la mort ne nous tiennent plus sous leur joug. Grâce à la pitié et à la compassion de notre sauveur, Jésus-Christ, le dernier mot reste celui du dimanche de Pâques — mot de vie et d'amour éternels. Notre Dieu, qui s'est révélé(e) dans le corps humble et brisé de Jésus sur la croix, continue à affirmer sa présence en tout lieu et à chaque fois que l'affliction humaine prend une forme visible.

L'article suivant sert à illustrer les ennuis qu'ont récemment valu à un ecclésiastique l'exercice de la compassion. L'archevêque Raymond G. Hunthausen a été démis de ses fonctions d'archevêque de Seattle en 1987 en raison, entre autres, de la miséricorde qui caractérisait son attitude pastorale envers la communauté gay et lesbienne. Le « New York Times » a rapporté, le 27 mai 1987, qu'une commission de trois évêques catholiques, chargés d'évaluer la situation, avaient adressé un rapport au Saint-Siège contenant la déclaration suivante :

> « L'archevêque fait grand cas de la *compassion*. Les preuves qu'il ne cesse d'en donner sont devenues légendaires. Mais alors qu'il paraît, pour sa part, la tempérer par le respect des lois, et qu'il affirme sans condition sa propre adhésion à l'enseignement de l'Église, il semblerait que ceux qui admirent chez lui cette qualité ne reconnaissent pas, comme lui, la nécessité de respecter la loi et y font des entorses importantes sous prétexte de compassion. »

La commission a recommandé que l'archevêque recouvre son autorité en tant qu'évêque du diocèse, mais à condition qu'il modère sa faculté de compassion, en conformité avec la loi.

La compassion est une valeur religieuse universelle. Alors que je priais suite aux ordres que m'avait intimés le Vatican, un moine de l'abbaye de Gethsémani m'a fait découvrir un texte bouddhiste ayant pour titre « Le Vœu d'universelle rédemption du Bodhisattva ». Il m'a expliqué qu'un Bodhisattva est celui qui, ayant atteint l'éveil, remet à plus tard son accession au *nirvana*, (la fin du cycle de souffrance et de mort), et préfère continuer à renaître dans un corps humain pour partager le fardeau des douleurs et de la tristesse des hommes et pour les soulager par sa présence entièrement faite de compassion. Participant aux peines de la condition humaine, le Bodhisattva choisit librement l'« exil » jusqu'à la rédemption de l'humanité tout entière. Ce vœu est rédigé comme suit :

> « Je prends sur moi le fardeau de mes frères [et de mes sœurs] souffrants, je suis résolu à le faire, je le supporterai, je ne m'en détournerai pas ni ne fuirai, je ne reviendrai pas en arrière. Cela m'est impossible.
>
> Et pourquoi ? Je ne recherche pas ma seule délivrance. Je dois aider tous mes frères [et sœurs] à traverser le fleuve de la vie qu'il est si difficile de franchir. Je dois les aider à passer de l'autre côté de la rive dans la barque de compassion.

> J'ai le grand désir de calmer toutes les souffrances de mes frères [et de mes sœurs]. Puissé-je être un baume pour les malades, les guérir et les servir jusqu'à ce qu'ils soient délivrés de toute maladie. Puissé-je devenir une source de réconfort inépuisable pour mes malheureux frères [et sœurs] et pourvoir à leurs besoins. Puissé-je leur être un breuvage et une nourriture quand viendra l'ère de famine de la fin des temps.
>
> Je renonce à mon être, à ma vie tout entière, à toute ma spiritualité présente, passée et future pour que mes frères [et sœurs] puissent remporter la victoire finale, car ils habitent en mon esprit. »

Des milliers de gays et de lesbiennes, tout comme ceux qui travaillent bénévolement à soulager la détresse des malades du sida, incarnent en leur vie l'esprit même de ce vœu.

Observons, cependant, une certaine prudence. La compassion et l'empathie peuvent parfois prendre des formes pathologiques et provoquer l'épuisement psychologique de ceux chez qui, comme l'a fait observer Searles, elles s'inspireraient d'une forme de symbiose masochiste, de la perte du moi ou de l'incapacité de donner à celui-ci une identité et des frontières bien déterminées, favorisant ainsi la fusion avec l'autre. Il arrive, par exemple, que mon moi s'interpénètre avec celui d'un patient déprimé à un point tel que tandis que le patient s'en va relativement libéré de ses sentiments dépressifs, il me faut, en revanche, des heures pour me soustraire à l'effet de la mélancolie. Une compassion saine se fonde sur une identité du moi aux contours nets et formant une entité séparée, ainsi que sur la faculté de garder intactes les frontières du moi.

Si, capable de compassion, on renonce au *confort* que donnent la foi et l'espérance pour partager les sentiments de détresse de l'autre, on n'abandonne pas, pour autant, sa propre foi et son espérance. En gardant à l'esprit cette distinction, on évitera d'épuiser trop vite ses forces. Cet avertissement vaut particulièrement pour ceux qui s'occupent des malades du sida.

Dans son livre, « Le Drame de l'enfant doué »[1], Alice Miller observe que beaucoup de ceux dont la profession est de soigner, tels les pasteurs ou les conseillers psychologiques, savent faire preuve d'empathie parce qu'ils ont eu eux-mêmes des mères narcissiques. Dès leur plus tendre enfance, ils ont ainsi acquis un « sensorium particulier pour les signaux inconscients des besoins des autres » leur permettant de se brancher sur les besoins de leur mère et d'y répondre, tout en niant et réprimant leurs propres désirs. Ces individus n'ayant pas réussi à se doter d'un narcissisme sain, du fait de la répression et de la négation de leurs exigences authentiques, véhiculent une rage inconsciente qui s'infiltre dans leurs réactions d'empathie. De telles personnes peuvent, selon Miller, devenir d'excellents thérapeutes ou conseillers, à condition d'arriver à combler leurs propres manques d'une façon salutaire, sans que leur rage ni leurs frustrations inconscientes n'interviennent dans le processus thérapeutique. C'est encore une fois le refoulement et la colère qui provoquent souvent l'épuisement psychologique.

J'ai compris, dans ma propre pratique, que j'étais moi-même un blessé qui en soignait d'autres. Je me suis souvent trouvé en deçà de l'idéal spirituel de la compassion. Jeune homme dans un camp de prisonniers de guerre en Allemagne durant la Deuxième Guerre mondiale, je me figurais que mon ministère à venir consisterait, par exemple, à prendre un soldat mourant dans mes bras et à absorber sa douleur en mon propre corps pour qu'il puisse, lui, mourir en paix. J'ai souvent eu, depuis, l'occasion de jouer un tel rôle. Mais il est aussi souvent arrivé que des gens en proie à une souffrance mortelle m'aient appelé et que je n'aie pas voulu ou pas pu aller vers eux et les embrasser. J'ai dû péniblement reconnaître mes propres limites.

L'idéal pour un disciple du Christ reste, cependant, tout à fait évident : notre attitude doit être celle de Jésus, empreinte de miséricorde. Puisse Dieu nous accorder à tous la force de tendre vers cet idéal. Rappelons-nous les paroles du Christ à Marie-

1. Alice Miller, *Le Drame de l'enfant doué : à la recherche du vrai soi,* traduit de l'allemand par Bertrand Denzler, (Paris : PUF, 1983).

Madeleine après qu'elle lui eût, par compassion, lavé les pieds de ses larmes et qu'elle les lui eût séchés de ses cheveux : « Ses nombreux péchés lui sont remis parce qu'elle a montré beaucoup d'amour. » (Lc. 7:47).

Tout comme l'hospitalité, la compassion est une vertu extraordinairement vivante chez les gays. Le nombre d'entre eux qui s'adonnent aux œuvres bénévoles dépasse, et de loin, leur importance dans la communauté. Le monde est aujourd'hui témoin des ressources étonnantes de compassion dont font preuve lesbiennes et gays envers ceux qui souffrent du sida. (Nous tâcherons de cerner plus loin les raisons de cet essor spirituel exceptionnel.) Face à l'amour et au dévouement avec lesquels les gays réagissent à la crise du sida, on ne peut que s'incliner et dire : Voyez comme ils s'aiment !

Je voudrais terminer cette réflexion sur la compassion avec ces paroles de l'Évangile de Luc : « Montrez-vous miséricordieux, comme votre Père est miséricordieux. Ne jugez pas et vous ne serez pas jugés ; ne condamnez pas et vous ne serez pas condamnés ; remettez et il vous sera remis. Donnez et l'on vous donnera ; c'est une bonne mesure, tassée, secouée, débordante, qu'on versera dans les plis de votre vêtement ; car de la mesure dont vous mesurez on mesurera pour vous en retour. » (Lc. 6:36-38).

Dieu tout-puissant, nos vies résonnent de joie et d'espoir grâce à l'amour empreint de compassion que tu nous montres. Aide-nous à être, à notre tour, pleins de sollicitude les uns envers les autres dans un esprit d'amour pour nos frères et nos sœurs et de gratitude envers toi. Amen.

Cinquième partie

CÉLÉBRER LA VIE

INTRODUCTION

La liberté de jouer

« Moi, je suis venu pour que les brebis aient la vie et l'aient en abondance. »

Jean : 10:10

Lesbiennes et gays sont magnifiquement aptes à célébrer la vie. Leur communauté peut se réclamer d'une longue tradition et d'une prééminence en son sein de génies créateurs. Citons entre autres Sappho, Gertrude Stein, Virginia Woolf, Marcel Proust, Adrienne Rich[1], Léonard de Vinci, Michel-Ange et Shakespeare. La liberté de jouer se trouve au cœur même de toute créativité. J'examinerai dans le premier chapitre de cette cinquième partie les conditions nécessaires pour que la vie puisse se vivre sur le mode du jeu.

La sexualité est certes le champ le plus important où Dieu ait souhaité que l'homme exprime son aptitude ludique. Mais l'éthique du travail ayant envahi tous les recoins de l'existence humaine, y compris celui-ci, la sexualité n'est souvent plus pour nous qu'une autre forme de travail. J'analyserai dans le chapitre 14 qui a pour titre « Ceci est mon corps » (voir p. 185), les liens qui relient la signification spirituelle de notre corps et sa dimension érotique, ainsi que le rôle fondamental de celui-ci

1. Adrienne Rich : poète américaine contemporaine très réputée et notoirement lesbienne.

dans notre vie spirituelle. Le chapitre 15 qui porte sur la sexualité en tant que jeu (voir p. 195), explorera ce qu'ont pu être les intentions de Dieu la concernant, la possibilité de rendre au sexe sa forme ludique, et la place importante occupée par la communauté gay pour que le jeu reprenne ses droits dans ce domaine.

Nous avons évoqué précédemment l'importance pour l'enfant de l'amour d'une mère qui lui offre toute latitude de s'amuser. Je parlerai, dans le chapitre 16 (voir p. 205), du rôle tenu dans ma propre vie par Marie, la mère de Dieu, qui a concrétisé pour moi l'amour maternel de Dieu et m'a rendu libre de concevoir la vie comme un jeu.

13

La liberté de jouer

> *« Réjouissons-nous et soyons dans l'allégresse ; qu'ils viennent témoigner ceux que le Seigneur a rachetés : le Seigneur les a délivrés de la puissance de l'ennemi. Alleluia. »*
>
> Graduel du mardi de Pâques

Toute libération est toujours un signe, dans les Évangiles, de la présence du Saint-Esprit, esprit d'amour et esprit du Christ. Là où une vraie délivrance se produit et à chaque fois qu'elle se réalise, nous savons que l'Esprit est là et qu'il agit. « C'est à leurs fruits que vous les reconnaîtrez. » (Mt. 7:16). Ma réflexion portera ici sur le type de libération humaine inhérent au don que Dieu nous fait de son esprit d'amour — nous dégageant ainsi de l'esprit de travail pour que se substitue à lui l'esprit ludique.

L'éthique du travail

L'éthique du travail constitue un aspect intrinsèque de la culture américaine. Le jugement sur lequel se fonde cette éthique est que de notre labeur dépend notre propre valeur en tant qu'êtres humains. On a souvent, par le passé, donné au mot travail le sens étroit de production de biens matériels. On en conclut ainsi qu'est moral celui pour qui faire son devoir consiste essentiellement à accomplir une tâche difficile et déshumanisante. Kant était, par exemple, convaincu que notre quête du plaisir et du bonheur nous écartait de l'accomplissement de notre obligation sur le plan moral.

L'éthique du travail est si profondément ancrée en notre culture et en nous-mêmes, que nous avons le plus grand mal à accepter la notion de loisir. L'Américain moyen se sent terriblement culpabilisé d'être au chômage ou en vacances. Il est peut-être prêt à apprécier un jour ou deux son temps de détente, y puisant les forces nécessaires pour reprendre sa besogne avec une énergie et un enthousiasme renouvelés. Mais tout désœuvrement au-delà du strict minimum génère chez lui des sentiments profonds d'inutilité, de culpabilité et d'autocondamnation. J'en donnerai pour exemple le cas classique des retraités qui perdent littéralement leur désir de vivre, lorsque s'achève leur activité rémunérée au sein de la communauté.

La directive qu'a adressée l'empereur Joseph de Belgique au début du siècle aux administrateurs du Congo belge est bien l'une des formulations les plus saisissantes de l'éthique du travail que nous offre l'histoire moderne. Après y avoir décrit l'esprit de travail comme le socle sur lequel repose toute civilisation, l'empereur déclare qu'il est de son devoir, pour mener à bien sa tâche civilisatrice, d'apprendre aux indigènes à acquérir cet esprit. Ordre est donc donné de les rassembler tous dans des camps et de leur attribuer des quotas d'activité quotidiens, à savoir le ramassage de tant de kilos de latex ou la pose de tant de kilomètres de traverses de voies ferrées. Des sanctions drastiques, telle l'amputation de la main, venaient punir ceux qui ne remplissaient pas leur « contrat ».

La vie d'une tribu de Pygmées dans les forêts équatoriales d'Afrique diffère de manière frappante de l'attitude de l'empereur. Se levant à l'aube, ils travaillent une heure environ à récolter des bananes, à préparer les repas et à réparer les toits de chaume de leurs huttes, s'assurant ainsi les premières nécessités de l'existence. Ils passent le reste du jour à jouer. Ils organisent des danses cérémoniales et des compétitions pour voir qui ira le plus loin en s'élançant dans les airs, pendus aux lianes des arbres. Les grands-parents eux-mêmes y participent. Leur philosophie, voire leur théologie, consiste à penser qu'ils sont les enfants d'un père aimant qui se réjouit de les voir s'amuser. Le jeu est ainsi l'élément le plus important de leur vie. Et c'est de cette manière qu'ils remercient Dieu de leur existence. Si l'un d'entre eux s'inquiétait du lendemain et commençait à mettre de côté plus de bananes qu'il ne lui en fallait pour la journée, à engranger et à ne plus prendre le temps de se distraire, ses voisins le croiraient malade ou penseraient qu'il n'espère plus en leur dieu.

C'est à ce genre d'individus que l'empereur Joseph estimait devoir inculquer la valeur du travail. Mais pour ce faire, il aurait fallu détruire leur théologie — leur croyance que Dieu les aime pour ce qu'ils sont et non pour ce qu'ils font. Il aurait aussi fallu attenter à leur santé psychologique, c'est-à-dire, à leur confiance en leur propre valeur. Ils auraient eu à apprendre à se soucier de ce qu'ils représentent en tant que personnes et auraient eu l'impression d'avoir à prouver leur mérite, en produisant au maximum de leurs forces.

Bien que l'éthique du travail soit née en Europe, elle a atteint son apogée dans la culture américaine où elle a fusionné avec l'esprit d'exploration, ainsi qu'avec le pragmatisme et le puritanisme américains. Elle a certainement été utile lorsque l'espérance de vie ne dépassait guère trente-cinq ans, et que nous relevions ensemble le défi des nouvelles frontières à conquérir grâce à notre effort collectif pour créer une grande nation industrielle. L'éthique du travail aboutit toutefois aujourd'hui à un certain nombre de contradictions inhérentes, de plus en plus flagrantes, et dont il me semble qu'elles sont toutes liées à la révolution cybernétique. L'humanité a pour la première fois dans son histoire les moyens de faire faire par des machines une grande partie des tâches nécessaires pour nous permettre de manger, de nous habiller et de nous loger. La plupart des emplois se créent actuellement dans le secteur des services.

La principale contradiction tient donc au fait que nous restons psychologiquement accrochés à l'éthique du travail, alors que le volume que nous effectuons et le temps que nous y consacrons ont déjà été et seront sans nul doute encore drastiquement réduits. J'ai moi-même vu la semaine de six jours au rythme de dix heures par jour passer à une semaine de cinq jours à raison de huit heures par jour, et d'autres allègements restent encore possibles. Nous intégrons le marché du travail à un âge plus tardif qu'auparavant. Les cyniques affirment que l'université sert surtout à retarder l'entrée des jeunes dans le secteur actif rémunéré. Nous partons beaucoup plus tôt à la retraite. Et nous vivons plus longtemps. Nous jouissons, par conséquent, de loisirs grandement accrus.

J'ai fait plus haut allusion aux difficultés que suscitent les loisirs pour beaucoup de gens. Une autre contradiction de l'éthique du travail est qu'elle brandit la richesse et la détente comme les buts qui motivent les gens à s'adonner plus dur à leur tâche, alors qu'une fois ces buts atteints, il ne leur reste plus finalement que le sentiment d'avoir perdu toute valeur personnelle. La récompense attendue apparaît dès lors bien plus comme une malédiction que comme une bénédiction. La coutume d'offrir aux employés qui partent à la retraite une montre en or, au moment même où ils en auront le moins besoin, semble tout à fait ironique à cet égard.

L'un des grands reproches que l'on peut faire à l'éthique du travail est qu'elle nous empêche de vivre le moment présent et nous soumet à la tyrannie du temps. Tant qu'on travaille, l'activité n'a de sens qu'en fonction de ce qui en découlera : l'argent gagné, les succès, les loisirs ou le prestige ainsi obtenus. On supporte toute la monotonie du présent parce qu'on espère en l'avenir.

On peut être toute son existence pris au piège de cette attitude qui sape progressivement la qualité de la vie. Au lycée, c'est l'attente du bac, puis l'étudiant rêve de poursuivre des études avancées, ceux qui en ont fait cherchent un emploi ; l'ouvrier aspire à ses vacances, le vacancier attend de retourner au travail, et les plus âgés patientent jusqu'à la retraite. Nous pouvons ainsi demeurer de notre naissance à notre mort dans l'expectative de ce qui va suivre. Puis, la mort arrive et l'on peut dire d'une certaine facon que nous n'avons jamais réellement existé parce que nous n'avons jamais trouvé le moyen de rien faire gratuitement, ce qui revient à dire que nous n'avons jamais joué.

Le mythe théologique fondamental concernant le travail dans la culture chrétienne nous vient de la Genèse qui nous décrit les premiers hommes vivant au paradis terrestre. Ils y jouaient, comme les Pygmées de la forêt équatoriale, en la présence de Dieu. Puis, ils ont péché et ils ont connu la malédiction de perdre toute conscience de la présence aimante de Dieu. Saisis de peur, ils ont entendu les paroles suivantes : « A la sueur de ton visage tu mangeras ton pain. » (Gn. 3:19). Autrement dit, la nécessité de travailler devenait une conséquence de leur péché.

Certains théologiens interprètent le mythe du paradis terrestre comme un rêve primitif concernant le but de l'évolution ultime et du progrès de l'humanité. Ce qui nous est parvenu sous la forme d'un récit historique symboliserait, en réalité, la fin idéale de tout effort humain. Quoi qu'il en soit, on a vu, à l'origine, le travail comme une malédiction issue du péché, mais l'éthique du travail la déforme en bénédiction et tente de maintenir l'humanité sous le joug de cette malédiction à une époque où la libération est, en fait, devenue possible.

Un autre aspect essentiel de l'éthique du travail consiste à favoriser la subordination des personnes aux choses. Elle exige que nous jugions de notre propre valeur en fonction de notre productivité. Elle considère que le rapport à la personne est une préoccupation secondaire, et sans intérêt. Les récentes propositions politiques de réforme du système de Sécurité Sociale aux États-Unis se sont fréquemment inspirées de références passionnées à l'éthique américaine du travail ; cette réforme passerait par le retour massif et forcé des chômeurs sur le marché de l'activité salariale. Je suis en faveur de tout effort destiné à donner un emploi à ceux qui en cherchent un et qui en ont besoin. Mais l'un des points à souligner de ladite réforme est, qu'aux yeux de ceux qui la défendent, la femme qui reçoit des allocations et reste à la maison pour se consacrer entièrement à ses enfants, afin de développer leur personnalité et pourvoir à leurs exigences est considérée comme n'apportant aucune contribution valable à la société, puisqu'elle n'est pas payée. Certains ont même suggéré qu'on oblige de telles mères à quitter leur foyer pour trouver un emploi et qu'on place leurs enfants dans une crèche. C'est le type même du préjugé qui sert à justifier les bas salaires des enseignants, des infirmiers, des travailleurs sociaux ou d'autres dont l'activité est d'utilité sociale, mais qui ne contribuent pas à produire des choses. Il se trouve que ces tâches sont aussi celles vers lesquelles gravitent les gays et à travers lesquelles ils tentent d'établir leur identité et de faire reconnaître leur valeur dans la communauté hétérosexuelle.

L'usage que nous faisons du mot « clochard » est un indice clé de notre système de valeurs implicite. Un « clochard » est quelqu'un que nous n'estimons pas beaucoup et qui n'a à nos yeux aucune importance. Mais qu'est-ce en vérité qu'un clochard ? C'est quelqu'un qui ne gagne pas sa vie. L'éthique du travail fait partie de notre code pénal. Dans la plupart des communautés américaines, la loi déclare qu'est vagabond celui qui flâne, qui n'a pas en poche une certaine somme d'argent, et qui est au chômage. Il n'a pas le droit d'appartenir à la société. Il passera la nuit en prison et on lui intimera l'ordre, le lendemain, de poursuivre son chemin.

La subordination des personnes aux choses fait partie de la structure même de notre société. Nous entendons souvent dire que telle ou telle entreprise américaine s'attend à ce que ses employés lui manifestent la même loyauté que celle qui lie entre eux les membres d'une même famille. Et pourtant, dès que l'individu n'est plus rentable à ses yeux, la direction a tôt fait d'oublier cette loi de réciprocité. Combien de gens ont été remerciés tout juste un an avant d'avoir droit à une pension ? La famille eskimo d'autrefois, qui faisait des adieux émus à la grand-mère abandonnée sur une banquise parce qu'elle n'avait plus assez de dents pour mâcher les peaux, est bien la seule à laquelle beaucoup de sociétés peuvent aujourd'hui se targuer de ressembler.

Le livre de Dale Carnegie, « How to Make Friends and

Influence People » (Comment se faire des amis et influencer les gens), qui a été, à une certaine époque, la bible de tout jeune businessman américain devrait figurer au sommet de la liste des ouvrages les plus immoraux qui aient jamais été écrits ; car son message, tel que je le comprends, est qu'on doit agir comme si les autres nous concernaient vraiment, non pas pour leur bien à eux, mais pour en obtenir quelque chose. Le mot hypocrisie n'a pas d'autre sens. On s'exerce à sourire, à dire ce qu'il faut et à faire semblant de s'intéresser à ce qui touche les autres pour gagner leur confiance et conclure un marché. Le but est de réussir dans la vie, par n'importe quel moyen. Ce livre entre à merveille dans le cadre de l'éthique du travail.

Lesbiennes et gays sont particulièrement enclins à succomber à ces principes. Ayant appris dès l'enfance que leur différence est répréhensible d'une certaine façon et les rend indignes d'amour et d'acceptation, ils ont souvent le sentiment qu'ils doivent, par compensation, faire mieux que les autres. La boulimie du travail que leur inspire leur angoisse est une maladie courante dans leur communauté.

Qu'est-ce que le jeu ?

Y a-t-il une alternative à l'éthique du travail ? Je dirai que l'antonyme du travail n'est ni la paresse ni l'inaction, mais que c'est plutôt le jeu. Tant et si bien qu'on devrait le considérer comme une activité humaine fondamentale ne pouvant se comparer à aucune autre.

Ceux qui en font l'analyse commettent l'erreur d'y voir un moyen ayant d'habitude le travail comme fin. C'est, par exemple, le cas des psychologues qui veulent expliquer le comportement ludique de l'enfant comme un processus instinctif grâce auquel celui-ci apprend à gérer la réalité, se préparant ainsi au monde du travail et grâce auquel il se découvre de nouvelles compétences. Le jeu permet certes cela, mais si telle était l'intention de l'enfant, son activité ne relèverait plus du tout du divertissement.

Puisque tout ce qui est ludique occupe une place si importante dans notre vie, nous ferions bien de cultiver au maximum les possibilités de jouer que nous offre la société. La première condition pour qu'il y ait jeu est que celui-ci possède un sens inhérent, sans devoir se fixer aucun but extérieur à lui-même ; il doit être totalement signifiant ici et maintenant. La danse est la parfaite illustration de ce principe.

Cet aspect du jeu est aussi intimement lié à la qualité de nos relations interpersonnelles. Si nous sommes incapables de vivre entièrement le moment présent, nous serons de même inaptes à nous montrer totalement présents pour autrui. Or, le jeu qui nous procure une joie et une satisfaction immédiates, nous autorise cela.

Schiller l'a dit : « C'est grâce au jeu que l'homme affirme totalement son humanité ». Dans sa célèbre étude, « Homo Ludens : essai sur la fonction sociale du jeu »[1], Johan Huizinga voit dans le jeu l'expression la plus entière de notre humanité, puisque c'est l'incarnation la plus parfaite de notre liberté. L'activité ludique est la manifestation du moi et celle d'une initiative personnelle libre de toute contrainte extérieure. Huizinga défend habilement la thèse selon laquelle la civilisation — le commerce, les sciences, le droit et les arts — se fonde non pas sur le travail, mais sur le jeu. Il voit en l'adoration religieuse elle-même une forme de jeu. Le but de la liturgie, selon une déclaration des évêques catholiques américains, est « de nous apprendre à célébrer notre existence ». Huizinga fait remarquer que si le jeu est ce sur quoi s'édifie toute civilisation, la perte de l'aptitude ludique en menace la base même.

La communauté gay a toujours possédé une extraordinaire aptitude au jeu. La société est parfaitement consciente du fait que le nombre d'artistes gays représentés dans les arts — théâtre, arts plastiques, musique, ballet, film, mode — est en proportion infiniment plus élevée que leur pourcentage dans la population. La perte considérable que constitue pour l'huma-

1. Johan Huizinga, *Homo ludens : essai sur la fonction sociale du jeu*, traduit du néerlandais par Cécile Seresia, (Paris : Gallimard, 1988).

nité la mort de tant d'homosexuels de talent, victimes du sida, en rend douloureusement compte.

Cette liberté de jouer me semble en partie liée à l'acceptation par les homosexuels de leur statut d'exilés. Nous ne sommes plus tellement motivés par le sens de la compétition. Et c'est pour cette raison que lesbiennes et gays sont beaucoup plus décontractés que les autres pour développer leurs goûts esthétiques et s'engager dans des activités qui n'ont d'autre but qu'elles-mêmes. Jung attribue, pour sa part, la créativité des homosexuels à la conscience qu'ils ont des aspects féminins aussi bien que masculins de leur « moi ».

Pour mieux clarifier cette notion du jeu, il importe de noter la distinction suivante. Il est vrai qu'on peut faire de la même action un travail ou un jeu. En effet, ce qui importe c'est l'esprit et les conditions dans lesquels on se livre à telle ou telle activité. La personne qui s'adonne au jardinage le dimanche travaille peut-être très dur, mais cette tâche n'en est pas moins un divertissement pour elle.

Cela nous amène à la deuxième condition nécessaire pour qu'une occupation relève de la catégorie ludique. Le jeu est une façon de remettre en question le type de relations interpersonnelles dans le cadre duquel une action se déroule. Les relations d'employé à employé au niveau professionnel ne sont pas celles qu'ils entretiennent, par exemple, dans l'équipe de bowling de l'entreprise.

Si tel membre de l'équipe devait marquer un certain nombre de points pour gagner sa vie, le bowling pourrait se transformer en la pire des corvées. Mais quand le jeu a un but purement récréatif, et en dépit de tout l'effort exigé, c'est un divertissement qui amuse. (Tout au moins, c'est d'habitude le cas. Car, lorsque la compétition se fait trop intense, elle peut annihiler la dimension ludique de tout sport).

Dans un loisir tel que le bowling, il est intéressant de voir évoluer l'attitude des joueurs les uns envers les autres lorsqu'on y introduit la notion de handicap. Le moins doué de tous peut alors se mesurer de façon plus équitable aux autres. Son souci d'égalité reste de ce fait intact, et il se sent moins tendu par l'idée du succès ou de l'échec.

Travail et jeu diffèrent aussi du point de vue des diverses réactions qu'ils génèrent eu égard à la tromperie. Beaucoup de jeunes qui tricheraient sans hésiter à un examen s'ils pensaient ne pas être pris, ne songeraient pas à le faire dans le cadre du jeu.

Le travail, contrairement au jeu, est toujours source d'angoisse. Et celle-ci, ainsi qu'aimait à le dire l'évêque Fulton Sheen, est une forme d'athéisme. Il est fréquent que des gens dans l'industrie cherchent à accroître la productivité en maintenant leurs employés dans l'inquiétude concernant la sécurité de l'emploi ou les augmentations. Le jeu, en revanche, ne peut s'engager que lorsqu'on se sent en sécurité. Les animaux ne jouent, par exemple, que lorsqu'ils sont bien nourris et ne se sentent menacés par aucun ennemi. Les psychologues ont remarqué qu'un enfant souffrant de troubles psychiques graves cesse de jouer. Il n'éprouvera à nouveau l'envie de s'amuser que quand il retrouvera l'assurance d'être aimé.

La dernière et la plus importante des conditions nécessaires au jeu relève du type de communauté au sein de laquelle se déroule cette activité. Il existe deux sortes de communautés : la fonctionnelle et la personnelle. Dans la communauté fonctionnelle, les interrelations entre personnes n'ont pas de sens en elles-mêmes, mais seulement dans la mesure où elles servent à la productivité. L'autorité n'existe alors que pour coordonner les efforts du groupe aux seules fins de rendement.

Une communauté personnelle telle que la famille est, en revanche, très différente. Constituant une fin en soi, elle se justifie du fait des rapports d'affection qui en unissent les membres. La productivité n'y occupe qu'une place secondaire et émane du trop-plein de joie et d'amour qui la caractérisent. La tâche primordiale de l'autorité au sein d'une telle communauté est de promouvoir le dialogue, l'interaction individualisée entre ses membres et une affirmation mutuelle de la valeur de chacun. Elle naît du fait que nous avons besoin les uns des autres. Il nous est primordial que les autres soulignent l'importance de notre existence, et qu'ils nous donnent l'impression qu'elle a un sens et une valeur. Le sentiment de sécurité que procure le fait d'être aimé et d'aimer en retour nous est nécessaire. Ce n'est que dans la mesure où nous faisons partie d'une communauté personnelle réelle que nous jouissons de la tranquillité et de la confiance indispensables pour être capables de jouer.

Mais la vraie source de cette liberté se trouve dans l'amour absolu que Dieu nous porte — amour que nous ne pouvons et n'avons pas à mériter. Lorsque nous prenons conscience en nos cœurs de l'amour que Dieu nous porte, nous pouvons alors nous aimer les uns les autres inconditionnellement. C'est l'amour qui crée l'espace où nous sommes libres de danser et de chanter. C'est lui qui nous donne à tous la faculté de jouer. Et c'est avec gratitude que nous accueillons cette liberté.

Je terminerai cette réflexion sur le jeu par une anecdote empruntée au roman de J.D. Salinger, « Dressez haut la poutre maîtresse, charpentiers »[1]. On y trouve une conversation entre le jeune héros et son grand frère qui vient tout juste d'être sacré champion du jeu de billes à Brooklyn. « Dis-moi ton secret, Seymour » supplie le jeune frère. Après une courte réflexion, Seymour répond : « Ne pourrais-tu pas essayer de viser un peu moins longtemps ! » Je crois que ces deux mots renferment le mystère de toute la vie.

Dieu tout-puissant, nous sommes, lesbiennes et gays, des enfants pour qui tu as une affection particulière. Accorde-nous une profonde expérience de ton amour, afin que, guéris de nos blessures, nous puissions jouer nos vies en ta présence. Amen.

1. J. D. Salinger, *Dressez haut la poutre maîtresse, charpentiers et Seymour, une introduction*, traduit de l'américain par Bernard Willerval, (Paris : Robert Laffont, 1964), p. 255.

14

Ceci est mon corps

> *« Tu aimeras le Seigneur ton Dieu de tout ton cœur, de toute ton âme et de tout ton esprit : voilà le plus grand et le premier commandement. Le second lui est semblable : Tu aimeras ton prochain comme toi-même. A ces deux commandements se rattachent toute la Loi ainsi que les Prophètes. »*
>
> Matthieu 22:37-40

« Ceci est mon corps ». Écoutons de nouveau ces paroles saisissantes. Imaginons Jésus les prononçant sur le pain, Jésus désirant, voulant nous être présent dans son corps jusqu'à la fin des temps ; Jésus fondant la nouvelle alliance, par son corps et par son sang, pour que le lieu de rencontre de Dieu et de l'humanité, le moyen de communication grâce auquel nous ne faisons plus qu'un avec Dieu et Dieu avec nous soit, pour tous les temps, le corps et le sang de Jésus.

Je voudrais réfléchir avec vous au mystère du corps, du corps du Christ, et aussi du nôtre.

Je me souviens avoir été frappé, dans ma jeunesse, lors de ma première visite à Chicago, par une statue de Rodin qui surplombait, à cette époque, le grand escalier du Chicago Art Institute. Des corps d'hommes et de femmes taillés dans un énorme bloc de granit en émergeaient, sans toutefois pouvoir s'en affranchir complètement. Chacun des personnages s'efforçait, dans une tension de tous les muscles, d'atteindre ceux qui se trouvaient de chaque côté de lui, sans que leurs mains puissent jamais se rejoindre.

Cette statue exprime de façon impressionnante le paradoxe du corps humain. Ce même corps qui nous sépare des autres, qui nous permet d'être des individus distincts, uniques, autonomes et libres est aussi notre seul moyen de communiquer et de nous unir les uns aux autres.

Il est fréquent que nous, chrétiens, ayons du mal à accepter notre corps comme Dieu le souhaiterait. Ce qu'il nous faut comprendre, c'est que dans la mesure où nous sommes incapables de l'assumer pleinement, nous risquons aussi d'avoir quelque difficulté à croire en l'incarnation du Christ et en la réalité de la Résurrection. Il nous arrive de succomber inconsciemment à ces anciennes hérésies, tel le manichéisme qui, jugeant pervers les pulsions et les désirs sexuels, en font une source de péché. Nous préférons alors privilégier l'idée que nous ne sommes qu'une âme ou qu'un esprit habitant une enveloppe charnelle utile certes, mais à laquelle nous ne nous identifions pas. Le corollaire de cette méconnaissance du corps que Dieu nous a donné est le sentiment que la sexualité est un penchant coupable qui nous éloigne de Dieu. La mort nous apparaît, en conséquence, comme une libération désirable de cette prison, et nous avons tendance à exalter dans la vie après la mort l'immortalité de l'âme bien plus que la résurrection du corps.

Mais là n'est pas l'enseignement du Christ. Au contraire, ce sont Platon et les philosophes grecs païens qui ont enseigné l'immortalité de l'âme ; ils n'auraient vu que pure folie dans le message chrétien de la résurrection. Car Jésus a révélé une immortalité devant s'accomplir par la résurrection miraculeuse et la métamorphose du corps.

Nous nions notre corps principalement parce que nous ne savons pas gérer nos pulsions sexuelles. Au cours de notre cheminement vers une plus grande maturité spirituelle, nous sommes tous amenés à combattre ces pulsions pour qu'elles cessent, avec la grâce de Dieu, d'être une force destructrice égoïste et qu'elles s'intègrent suffisamment à notre personnalité pour devenir un formidable moyen de communiquer l'amour.

Nous avons si bien réussi à intégrer une autre de nos fonctions corporelles, notamment, celle qui a trait à la nourriture, que le ciel lui-même est symbolisé par l'image d'un banquet et que le dîner de famille joue un rôle important dans notre vie sociale et spirituelle. Tout comme on prie avant et après les repas, il faudrait sûrement prier avant et après l'amour. Si cette idée nous choque, elle nous aide néanmoins à mesurer à quel point nous nous sentons étrangers à notre corps et à ce don de Dieu qu'est la sexualité.

Tous les efforts que nous faisons pour communiquer — une poignée de main, un baiser — le fait d'utiliser notre bouche et nos lèvres, non pour manger comme le prévoit la nature, mais pour parler, tous ces gestes ont une composante corporelle et sexuelle, bien que non génitale. Nous ne sommes pas des esprits qui utilisent un corps ; nous *sommes* notre corps. Aussi la sexualité n'est-elle pas seulement quelque chose que nous faisons ; c'est, en réalité, une dimension inaliénable de ce que nous sommes.

Je voudrais soulever ici la question du rapport entre amour de Dieu et amour de soi, sans négliger celui de son propre corps. Je souhaite aussi explorer les liens existant entre la crainte de Dieu et celle que nous avons de la dimension érotique de notre corps.

En déclarant qu'il n'existe véritablement qu'un seul commandement, celui de l'amour, Jésus souhaitait mettre l'accent sur la qualité particulière de notre rapport à Dieu dans la nouvelle alliance. Plutôt que de l'adorer par effroi, nous pouvons entrer avec Lui dans un rapport non pas d'esclaves à leur maître, mais d'enfants adoptifs à un parent qui les aime. Evitons, par conséquent, l'appréhension qui peut tuer en notre cœur tout amour pour Dieu et nous ramener à une adoration inquiète, autrement dit, à un paganisme postchrétien.

Remarquez que le premier commandement de Dieu nous ordonne d'aimer Dieu de tout notre cœur. Le cœur est, dans le Nouveau Testament, symbole du corps et de ses sentiments. On nous y encourage à laisser l'amour de Dieu prendre possession de tout notre être, y compris de notre corps et de toute notre vie affective. Ceci implique que l'amour que nous portons à Dieu comporte une dimension sensuelle, voire érotique, si essentielle à notre amour d'hommes incarnés, que nous ne pouvons la nier sans asphyxier du même coup notre vie spirituelle.

Je me souviens d'un sermon que saint Augustin fit un jour devant une communauté de femmes célibataires à Hippo. Commentant la parabole biblique des vierges sages et des vierges folles, Augustin fit remarquer que la chasteté ne pouvait ouvrir à elle seule les portes du ciel. Ces vierges étaient toutes chastes, mais seules les sages qui avaient « de l'huile dans leurs lampes » furent invitées à prendre part à la fête lorsqu'arriva l'époux. Quel sens faut-il donner à l'huile qui brûlait dans les lampes des vierges sages, s'interroge Augustin ? Elle symbolise, nous dit-il, leur faculté d'aimer de façon chaleureuse, tandis que les vierges folles, froides et distantes, avaient cru mériter le ciel en pratiquant un perfectionnisme moralisateur. Augustin faisait ainsi la distinction entre une chasteté pathologique et une chasteté saine. Mais l'amour reste, tout compte fait, le seul moyen de se faire admettre au banquet céleste.

Jésus poursuit, en nous disant que le deuxième volet de son commandement est identique (*homoia*) au premier : aimer Dieu ne diffère en rien d'aimer notre prochain comme nous-mêmes. Cette identité est si forte que Jean se sent en droit d'affirmer qu'est menteur celui qui dit aimer Dieu tout en détestant son frère (1 Jn. 4:20).

A un dîner de soutien aux droits des lesbiennes et des gays [1], Rita Mae Brown a cité, en le faisant pleinement sien, ce dicton que se plaisait à répéter sa mère : « Dieu m'aime à travers mes amis ». L'amour de Dieu reste, pour la plupart d'entre nous, un concept abstrait, une idée sans lien avec une quelconque réalité, à moins qu'il ne s'incarne dans notre vie. Tout comme Jésus est l'incarnation de l'amour de Dieu pour nous, nous n'arrivons à croire avec confiance en celui de Dieu qu'à travers notre

1. Dîner pour recueillir des fonds pour la campagne de défense des Droits de l'Homme, Hôtel Waldorf-Astoria, New York, 10 octobre 1984.

expérience humaine — amour d'un parent, d'un(e) ami(e), d'un compagnon — ou encore au sein d'une communauté chaleureuse.

Je m'attarderai ici sur la troisième dimension du commandement de Jésus, notamment, l'amour de soi. Jésus nous exhorte à aimer notre prochain *comme* nous-mêmes. Ce qui sous-entend une certaine dose de narcissisme sain : on doit commencer par s'aimer soi-même. On a parfois cru à tort que ce commandement signifiait : « Tu aimeras ton prochain *plus* que toi-même ». Certains semblent même penser que cela veut dire qu'on doit aimer son prochain et se *haïr* soi-même. Ceux-là optent pour le masochisme en lieu et place d'un narcissisme sain et croient glorifier Dieu en se dénigrant et se détestant eux-mêmes[1]. En post-scriptum à ce qu'affirmait saint Jean dans son épître, je dirai que celui qui prétend aimer son voisin tout en se haïssant lui-même est un menteur.

Le premier et le plus grand des commandements présuppose que ces trois formes d'amour — de soi, du voisin et de Dieu — forment un tout. Que l'une d'elles vienne à manquer et les autres s'en trouvent annulées. Concept qui nous ramène à la notion du corps. Je reste convaincu qu'en ce qui concerne sa dimension érotique, le péché le plus grave et le plus fréquent ne relève en aucune manière de l'activité sexuelle, mais bien plutôt de sa méconnaisance, de l'ignorance des désirs sexuels, et des efforts que nous faisons pour rejeter et refouler la sensualité de notre être. De cette manière se reflètent notre refus d'une sexualité qui nous vient de Dieu et notre méfiance à l'endroit de la création.

La conséquence du péché est le sentiment que nous avons d'être étrangers à tout ce que Dieu a créé de bon. Rappelons que les Écritures voient dans l'aliénation qui nous coupe de notre corps la source même du péché. Nous lisons dans la Genèse que nos premiers parents, Adam et Ève, vivaient en parfaite harmonie avec leur corps et avec Dieu jusqu'au jour où

1. Je recommande très vivement le texte de Theodore Isaac Rubin, *Compassion and Self-Hate : An Alternative to Despair* (New York : Ballantine, 1975).

ils ont fauté. C'est alors qu'ils ont eu honte de leur nudité et qu'elle leur a semblé extérieure à eux-mêmes. Se sentant dissociés de leur corps, ils se sont également éprouvés comme séparés l'un de l'autre et de Dieu. L'amour du voisin n'ayant plus de sens, Caïn alla même jusqu'à tuer son frère. L'humanité avait dès lors perdu le sentiment de la présence réelle et aimante de Dieu.

Dans un livre intitulé « The Feast of Love : Pope John Paul II on Human Intimacy », Mary G. Dworkin rappelle le point de vue traditionnel dualiste et hétérosexiste dont s'inspire le pape Jean-Paul II lorsqu'il assimile le péché d'Adam et d'Ève à une « activité lascive ». L'harmonie entre Dieu et l'humanité ayant été brisée, la nature inférieure (c'est-à-dire sexuelle) de l'homme n'était plus soumise à ses facultés supérieures. Dans une excellente critique qu'il a faite de ce livre[1], Sebastian Moore note que l'auteur de la Genèse n'accuse pas Adam et Eve de pécher par concupiscence, mais leur reproche plutôt de refuser le corps et ses désirs sexuels.

Devenu, aux yeux d'Adam et d'Ève, un objet qu'il leur fallait combattre et contraindre par crainte, ou satisfaire par plaisir, le corps aliéné se trouvait ainsi privé de toute dimension spirituelle, puisque son intégrité sexuelle semblait exclue du plan divin de rédemption.

Si tout être humain s'éprouve jusqu'à un certain point étranger à son corps et à ses pulsions sexuelles, ce sentiment ne sera-t-il pas exacerbé chez les lesbiennes et les gays qui accepteraient de voir en leur orientation un désordre objectif, une tendance au mal et un défaut au sein de la création ? Combien plus dure s'avèrera, de ce fait, la lutte des gays pour s'accepter et assumer leur sexualité !

J'ai pris conscience, au cours de mon travail de psychothérapeute, du nombre de personnes qui, en s'efforçant de refouler leurs désirs sexuels, éliminent du même coup toutes les émotions, quelles qu'elles soient, et mènent des vies privées de

1. Sebastian Moore, compte rendu de *The Feast of Love : Pope John Paul II on Human Intimacy* par Mary G. Dworkin (Chicago : Loyola University Press, 1986), paru dans *Commonweal,* 7 nov. 1986, pp. 600-601.

chaleur et d'intimité. Il existe également un lien entre le fait de se sentir aliéné de son corps et la dépersonnalisation du sexe. L'étouffement impitoyable des besoins érotiques se traduit souvent par l'expression de ces pulsions sur un mode destructif. Nous projetons au-dehors de nous ce que nous rejetons en nous, notamment à travers le sexisme, l'hétérosexisme, l'homophobie, la haine des femmes ou des hommes, et le racisme.

Le rôle prophétique des lesbiennes et des homosexuels a toujours été d'entraîner l'Église et la culture occidentale à redécouvrir ce que signifient l'incarnation, l'identification au corps et la vie des sens. Nous devons laisser notre « verbe se faire chair ». C'est là lc message de la communauté gay et lesbienne. Renonçons au concept de fuite dualiste selon lequel nous serions des âmes immortelles emprisonnées dans un corps mortel que nous utilisons, mais dans lequel nous ne nous reconnaissons pas. Apprenons à vivre, à apprécier et à célébrer notre corps dans un sentiment de gratitude envers Dieu.

La chrétienté qui a, dans la pratique, toujours manifesté une telle réticence vis-à-vis du sexe, diffère paradoxalement des autres religions de par son attitude effective à l'égard du corps. La révélation chrétienne comporte au moins quatre affirmations positives du corps et de sa dimension sexuée.

La première est celle du récit biblique de la création que nous offre le deuxième chapitre de la Genèse. Dans ce texte originel, rédigé cinq cents ans avant le premier chapitre, Dieu annonce : « Il n'est pas bon que l'homme soit seul. Il faut que je lui fasse une aide qui lui soit assortie. » (2:18). Le premier couple humain s'est donc trouvé attaché par un lien sexuel. Ce thème revient également dans « Le Cantique des Cantiques », livre de la Bible qui célèbre avec reconnaissance le don que Dieu nous a fait de l'amour érotique.

La deuxième se situe au niveau de l'Incarnation. Comme nous le dit l'Évangile de Jean : « Et le Verbe s'est fait chair et il a demeuré parmi nous. » (Jn. 1:14), Jésus était un être sexué ; il a été circoncis. S'il a accepté et s'est réjoui de son existence sexuée et incarnée, nous pouvons, comme lui, permettre que notre verbe se fasse chair ; adhérer à notre sexualité et nous en glorifier.

La troisième consiste en la célébration de l'Eucharistie comme mémorial du Christ : « Ceci est mon corps ». Le Christ aurait pu choisir de demeurer avec nous pour toujours par l'esprit seul, mais il a voulu l'être aussi par son corps.

Et la quatrième s'accomplit dans la Résurrection. Nous ne partageons pas le concept païen d'une vie éternelle où l'esprit survivrait seul, le corps ne nous servant que d'enveloppe temporaire, bonne à être abandonnée. Nous croyons que notre chair fera, d'une certaine façon, partie de notre identité pour l'éternité.

Nous n'irons au ciel que dans et grâce à notre corps sexué et mortel. Nous devons donc combattre l'impression d'y être étranger. De notre victoire dépendra notre salut, car Jésus a obtenu pour nous cette grâce salvatrice. Voulant devenir comme Dieu, Adam et Ève ont eu honte de leur corps. Mais Jésus qui est le « Verbe de Dieu » *s'est fait* chair. Parce que le Verbe s'est fait chair, nous pouvons donner à *notre* verbe une liberté identique, surmonter le sentiment d'être aliéné de notre corps et accepter de nous identifier à lui. Notre Créateur n'a pas conçu la nature érotique de notre moi pour que nous nous jetions en dépit du bon sens dans un hédonisme sexuel impersonnel, mais bien plutôt pour que nous atteignions par elle à une communion sexuelle personnelle. Notre tâche est donc d'intégrer, avec la grâce de Dieu, cette nature sexuée à notre faculté d'aimer — de nous aimer nous-mêmes, et les uns les autres, et finalement d'aimer Dieu de tout notre être. Notre activité sexuelle compulsive et sans bornes est aussi une quête — imparfaite certes — d'unité avec l'autre et avec Dieu. Un mot de paix, d'encouragement et d'espoir à tous ceux qui trouvent difficile cette lutte : l'issue en est garantie, la grâce de Dieu est là, et le jour viendra où s'achèvera le combat.

La prière de grand prêtre qu'a prononcée Jésus pour nous au Dernier Repas était une prière pour que l'unité règne parmi nous :

« Je ne prie pas pour eux seulement,
mais pour ceux-là aussi
qui, grâce à leur parole, croiront en moi.
Que tous soient un.
Comme toi, Père, tu es en moi et moi en toi,
qu'eux aussi soient en nous,
afin que le monde croie que tu m'as envoyé.
Je leur ai donné la gloire que tu m'as donnée,
pour qu'ils soient un comme nous sommes un ;
moi en eux et toi en moi,
pour qu'ils soient parfaitement un,
et que le monde sache que tu m'as envoyé
et que je les ai aimés comme tu m'as aimé » (Jn. 17:20-23).

Notre évolution spirituelle n'a de sens que si elle nous entraîne dans un mouvement allant de l'isolement et de la séparation à une plus grande cohésion avec les autres. Chacun de nous recevant le corps du Christ à la communion ne forme qu'un avec lui : nous ne constituons donc qu'un les uns avec les autres. C'est un symbole prophétique de la transformation mystérieuse et joyeuse de notre corps ressuscité en un moyen parfait de communication et d'unité.

C'est dans cet esprit que James Nelson nous interpelle au cours de sa réflexion sur une théologie sexuelle :

> « Ton corps que tu rejettes souvent est accepté par ce qui est plus grand que toi.
>
> Tes désirs sexuels et tes aspirations non comblées sont acceptées.
>
> Tu es accepté dans tes tentatives ascétiques d'autojustification, comme dans ta méconnaissance hédoniste du vrai sens de ta sexualité.
>
> Tu es accepté dans ces moments de fantasmes sexuels qui te viennent sans y être conviés, qui te ravissent et te dérangent.
>
> Tu es accepté dans ta féminité et dans ta masculinité, ces deux éléments présents en toi.

Accepte tout simplement le fait que tu es accepté en tant que personne sexuée.

Si tu en es là, c'est que tu as fait l'expérience de la grâce »[1].

Dieu tout-puissant, notre Père et notre Mère qui es au ciel, nous te remercions du don que tu nous as fait de notre corps et de sa sexualité. Aide-nous, à travers la résurrection de ton fils, Jésus, à guérir la crainte et la méconnaissance que nous en avons, aide-nous à nous fier à la bonté de ta création. Aide-nous à célébrer notre existence sexuée. Accorde-nous la grâce d'intégrer notre sexualité à notre désir d'union avec toi au ciel et pour toute éternité. Amen.

1. James Nelson, *Embodiment : An Approach to Sexuality and Christian Theology* (Minneapolis : Augsburg Press, 1978).

15

La sexualité comme jeu

> *« Viens donc, ma bien-aimée, ma belle, viens. Car voilà l'hiver passé, c'en est fini des pluies, elles ont disparu. Sur la terre les fleurs se montrent. La saison vient des gais refrains, le roucoulement de la tourterelle se fait entendre sur notre terre. »*
>
> Le Cantique des Cantiques 2:10-12

Comme le suggère James Nelson dans son livre « Between Two Gardens : Reflections on Sexuality and Religious Experience »[1] (D'un jardin à l'autre : réflexions sur la sexualité et sur l'expérience religieuse), nous vivons aujourd'hui dans une époque intermédiaire entre celle du paradis terrestre évoquée par la Genèse et l'époque postrédemptrice du jardin érotique décrit dans « Le Cantique des Cantiques ». Une lecture attentive de ce chapitre de la Genèse permet de conclure que Dieu voulait mettre le jeu au cœur même des diverses expressions de la sexualité. Jeu et amour sexuel ont, en effet, toujours été intimement liés. Le terme sanskrit désignant le coït, *kridaratnam*, se traduit littéralement par « le bijou de tous les jeux ». Pour parler d'un rapport sexuel, les Eskimos disent des amants qu'ils « rient ensemble ». Et dans certains cercles gays améri-

1. James Nelson, *Between Two Gardens : Reflections on Sexuality and Religious Experience* (New York : Pilgrim Press, 1983).

cains des années cinquante, on draguait souvent en demandant : « Viendrais-tu à la maison faire la fête avec moi ? » La sexualité a de tout temps été perçue comme « le cadeau que Dieu a fait aux pauvres ».

Avant que le péché ne s'infiltre dans leur monde, les humains que nous dépeint la Genèse s'y sentaient bien, acceptant complètement leur corps et sa dimension érotique, puisque la sexualité faisait naturellement partie de leur vie de couple amoureux sous le regard de Dieu. Mais s'étant rendus coupables du péché d'orgueil, les hommes ont eu honte de leur corps qui leur est devenu étranger ; ils l'ont transformé en un objet sexuel à la fois désirable et méprisable. D'activité joyeuse qu'elle avait été, la sexualité a été assimilée à une fonction dégradante. (Il est significatif qu'à toute époque, nos pires insultes font référence au sexe.) Elle cesse alors d'être un jeu pour se colorer de sentiments d'avilissement, de dégoût, d'insécurité, d'angoisse, s'apparentant ainsi bien plus à la notion de travail.

L'un des éléments essentiels du plan divin de rédemption avait pourtant été de restituer l'intégrité et l'aspect ludique de la sexualité. J'ai évoqué au chapitre 13 (voir p. 181) les conditions qui, rendant possible le jeu, en relèvent tout particulièrement. Dans son livre, « Un chant d'amour insolite »[1], Helmut Gollwitzer fait observer que « Le Cantique des Cantiques » est la merveilleuse description d'une sexualité rachetée, saine et essentiellement ludique. Il rappelle également que l'amour que célèbre ce texte est illicite, les amants n'étant ni mariés ni de la même race :

> « Voyez, dit la Bible, et entendez combien ces deux amants prennent joie au corps de l'autre, comme ils se contemplent séduits, nus des pieds à la tête, combien ils désirent leur étreinte et leur union nocturne, non pas dans la honte, mais dans la joie de leur sexualité. (Adam et Eve au Paradis) ! C'est là ce que signifie cette parole : “ Et Dieu les créa homme et femme. ” Comment avez-vous pu en arriver à regarder comme péché cette

1. Helmut Gollwitzer, Georges Casalis, Roland de Pury : *Un chant d'amour insolite* (Paris : Desclée de Brouwer, 1984).

joie, à confondre ainsi sensualité et immoralité ? Voyez comme tous les sens participent à la joie de ces deux amants : voir, entendre, sentir, goûter, toucher ! Cette sensualité constitue la morale de leur amour ; car c'est là l'amour tel que Dieu l'a voulu pour l'être humain, un amour pleinement humain.

Non, ce n'est pas là de l'animalité, ni " une plaie terrestre à supporter ", comme si vous deviez aspirer à ne devenir que de purs êtres spirituels. Rien n'est moins bestial que la sexualité : elle n'est pas liée à des périodes de rut, elle n'a pas pour unique fonction d'assurer la reproduction de l'espèce humaine et ne se limite pas à la relation de type génital, mais elle implique l'être humain tout entier, chacun orienté vers son partenaire sexuel et ordonné à lui »[1].

Gollwitzer souligne le fait que même si « Le Cantique des Cantiques » exalte un amour prohibé, échappant à un ensemble de règles extérieures, ce n'est pas pour autant un plaidoyer pour une vie sexuelle libre de tout ordre ou inhibition. La sexualité qu'évoque « Le Cantique des Cantiques » se présente sur un mode structuré qui, n'étant ni formaliste ni répressif, se fonde plutôt sur la nature même de l'humain, conforme en cela à la vraie liberté proclamée par les Evangiles. Ce mode est en tous points identique aux conditions de l'acte ludique tel que je les définis au chapitre 13. (Voir p. 173). Il doit avoir un sens qui lui est propre, indépendamment de toute conséquence étrangère à lui. Une sexualité saine où prime le jeu suppose que chacun des partenaires voie en l'autre une fin en soi et non un moyen, ce qui évite de le traiter en objet, de l'humilier et de le dévaloriser. Car ce qui fait l'immoralité essentielle de la prostitution, ce n'est pas tant qu'elle se pratique en dehors du mariage, mais qu'elle implique qu'une personne en utilise une autre comme objet avec l'accord de cette dernière.

C'est en ceci que pèche principalement l'éthique sexuelle liée à la notion de travail et fondée sur la procréation. Toute copulation accomplie dans le seul but d'engendrer en annule la valeur ludique et réduit les partenaires au statut d'ouvriers

1. Ibid., p. 42.

uniquement occupés à la fabrication d'un produit. Il importe de faire remarquer que ni « Le Cantique des Cantiques », ni le chapitre 2 de la Genèse ne comportent d'allusion à la procréation.

Ainsi que nous l'avons vu, les conditions nécessaires au jeu sont identiques à celles qu'exige l'amour entre deux personnes. La plus importante est que chacun des partenaires traite l'autre en égal. Que l'un se sente supérieur, et l'amour vrai, tout comme la dimension ludique du rapport sexuel feront alors défaut. Il est frappant de constater que dans « Le Cantique des Cantiques », la femme est l'égale de son amant. Ce livre débute donc à bon escient par les paroles passionnées de l'amante : « Qu'il me baise des baisers de sa bouche, Tes amours sont délicieuses plus que le vin. » (1:2). Comme le fait observer Gollwitzer, l'équilibre qui règne entre les partenaires les préserve de tout recours à la pression ou au chantage affectif. Chacun invite l'autre à une relation sexuelle dans le plus profond respect de sa liberté : « L'autre est le partenaire espéré et il n'est pas question de la transformer en objet sexuel pour la satisfaction du propre désir. Chaque appel amoureux s'adresse au libre sentiment de l'être aimé et exprime l'espoir que l'autre y correspondra pleinement ou au plus profond de lui-même »[1].

La théorie psychodynamique récente reconnaît effectivement que la pulsion fondamentale de l'homme correspond, en réalité, à un désir d'intimité plutôt que de plaisir. La pulsion sexuelle constitue, par conséquent, la dimension physique du besoin qu'éprouve l'individu d'échapper à l'isolement et à l'aliénation pour réaliser l'unité physique et spirituelle de son être. La recherche d'un plein épanouissement ne serait qu'une forme de la quête d'unité avec Dieu. Et le plaisir physique et spirituel que procure cette intimité ne saurait être qu'intense.

Je me souviens encore d'un incident datant de près de cinquante ans et remontant à ma toute première journée au lycée. J'avais treize ans, j'étais un jeune garçon inquiet, en manque d'affection ; tandis que je rangeais mes livres dans mon

1. Ibid., p. 42.

casier au sous-sol, quelqu'un dont je ne connaîtrai jamais l'identité a surgi tout à coup derrière moi et m'a serré très fort et très vite dans ses bras avant de s'éclipser aussi vite qu'il était venu. Je n'oublierai jamais l'immense plaisir que m'a causé cette étreinte affectueuse et érotique. Je crois avoir passé le reste de l'année à mettre mes livres dans mon casier et à les en retirer, dans l'espoir toujours déçu que revienne ce mystérieux camarade.

Le rapport sexuel ne saurait non plus être ludique, si l'on n'aime pas son partenaire comme quelqu'un d'irremplaçable. Le taureau montera n'importe quelle vache. Mais l'homme tient énormément à faire de son amant(e) quelqu'un d'unique. Il s'agit d'une personne particulière à laquelle nulle autre ne saurait se substituer. On ne peut aimer aucun autre être que cet homme, cette femme, cet individu précis.

Une telle attitude à l'égard du sexe se démarque complètement de celle du *play-boy*. Se démettant de toute responsabilité, celui-ci s'arroge le droit d'utiliser, voire d'exploiter ses partenaires, sans aucun souci de l'autre. L'image qui en résume l'essence serait bien celle où l'on voit un homme et une femme nus au lit, et où l'homme demande à la femme : « Pourquoi parler d'amour à un moment comme celui-ci ? » La panoplie de lapin, devenue le symbole du *Playboy Club,* concrétise parfaitement cette attitude, la queue et les oreilles servant en fait à déshumaniser et à dépersonnaliser la partenaire pour en faire un simple objet sexuel.

La copulation conçue sur le mode ludique contribue précisément, en revanche, à renforcer l'intimité physique et spirituelle. Mais, ainsi que je l'ai suggéré plus haut, il faut avoir éprouvé le sentiment de sécurité que procure le fait d'être aimé pour être libre de jouer sans fausse honte, puisqu'une relation amoureuse devrait d'abord apporter à chacun la confirmation de sa valeur aux yeux de l'autre dans une atmosphère de confiance et de tranquillité. L'amour nous donne cette faculté.

Ceux qui s'accrochent à une vision périmée et dualiste de l'amour ont tendance à affirmer qu'il existe un gouffre entre le spirituel axé sur la personne et la satisfaction purement physique de la pulsion sexuelle. Mais il n'y a pas deux types d'amour, puisque chacun comporte un aspect physique. Il y a toutefois deux formes de sexualité que je distinguerai en les désignant par les termes *alpha* et *oméga* Est de type *alpha* le rapport où l'un des partenaires exploite égoïstement l'autre en vue de son propre plaisir. Non seulement cette sorte d'activité n'aboutit jamais à l'intimité, mais elle ne permet pas non plus d'échapper à la solitude ; elle l'intensifierait plutôt. Mes patients m'ont souvent avoué être toujours sortis des orgies nocturnes des saunas avec un sentiment d'isolement accru.

La sexualité de type *oméga* est celle, en revanche, où fusionnent amour sensuel et amour personnel. Chacun des partenaires est source de plaisir pour l'autre, et chacun n'éprouve de plaisir que dans la mesure où il en donne à l'autre. Comme l'affirme Gollwitzer : « Car voilà la force de l'éros : l'égoïsme réclame l'autre pour satisfaire son plaisir, mais la sagesse de l'éros est de reconnaître que mon bonheur ne peut naître *que* de celui de l'autre »[1].

En tant que praticien, j'ai parfaitement conscience de parler ici d'un but idéal de l'évolution et de la maturité sexuelles de l'homme. Nelson suggère que nous nous trouvons presque tous quelque part entre les deux jardins, aspirant d'une part à un rapport de type *oméga*, mais le vivant, en fait, au niveau *alpha* . Espérons seulement que nous arrivons un peu mieux chaque jour à intégrer notre activité sexuelle à notre faculté d'aimer.

Je me rends également compte que nombreux sont ceux qui ont subi de si grandes souffrances psychiques qu'ils ne seront jamais capables de nouer une véritable relation d'intimité et d'amour. Ceux-là ont pourtant aussi le droit d'exprimer, dans la mesure du possible, leur sexualité sur un mode ludique. J'adhère pleinement à l'affirmation de Norman Pittenger[2] selon laquelle il ne peut y avoir, entre adultes consentants, que trois sortes de rapport sexuel qu'on pourrait qualifier exclusive-

1. Ibid., pp. 56-57.
2. Norman Pittenger : théologien anglican qui a enseigné dans des séminaires en Grande-Bretagne et aux États-Unis. Auteur, entre autres, de *Making Sexuality Human* (1970), il plaide en faveur d'une réévaluation de l'homosexualité.

ment de « bon », de « meilleur », ou « du meilleur qui soit ». L'on peut même émettre l'idée qu'en dehors du viol et de l'abus sexuel de l'enfant, rares sont les actes sexuels qui constituent des péchés graves. Il me revient dans ce contexte une vieille blague concernant un pauvre hère. S'aventurant dans un bar, celui-ci interpelle tous les buveurs qui s'y trouvent :

« Je promets de coucher avec celui qui devinera le poids de mon perroquet ! »

« Deux cents livres », hasarda un homme, en redressant la tête au-dessus du bar.

« Tu n'es pas si loin du compte », rétorqua l'épave humaine.

Cette blague cocasse touche sans doute ceux d'entre nous qui connaissent la solitude. Deux individus isolés, tous deux trop meurtris par la vie pour être capables de réelle intimité, y goûteront toutefois brièvement, le temps de la jouissance sexuelle.

La libération sexuelle gay

L'amour homosexuel, comme l'amour de l'homme et de la femme évoqué par « Le Cantique des Cantiques », est illicite, condamné par les lois de la société et par l'Église. Les gays et les lesbiennes restent, de ce fait, privés de modèle ou de règles à suivre. La révolution de Stonewall a marqué le point de départ, pour eux, d'une célébration totale de leur sexualité et d'une exploration constante de nouvelles formes d'accomplissement érotique. Le fait même que la société hétérosexiste jugeait illégale et immorale par nature l'homosexualité rendait les gays peu disposés à tolérer la moindre restriction morale ou légale à leur comportement sexuel.

La révolution sexuelle gay les a libérés de toute contrainte artificielle et les a replacés dans l'environnement joyeux et ludique qui doit être le leur. Nombreux sont ceux qui n'ont aucun mal à voir en leur partenaire un égal, puisque ce rapport lie effectivement entre eux deux membres du même sexe. Les homosexuels se sont efforcés de dépasser les contraintes imposées au comportement sexuel qui relevaient bien plus d'une perspective hétérosexuelle que d'un contexte gay ou lesbien. Ils ont été nombreux à se demander, par exemple, si les couples gays devaient pratiquer la monogamie, si tant est que l'interdiction des rapports extra-conjugaux vise surtout à permettre d'établir la paternité de l'enfant. Bien des couples gays que j'ai conseillés étaient arrivés à la conclusion que la monogamie et la fidélité étaient nécessaires, au moins au début d'une relation, pour faire naître la confiance dans un rapport humain toujours fragile. D'autres ont conclu en revanche qu'une fois la sécurité établie, la liberté de vivre d'autres liaisons ne faisait que les rapprocher.

Je pense, pour ma part, ainsi que je l'ai noté dans « L'Église et l'homosexuel », qu'une relation faite d'amour, de fidélité et d'engagement reste le contexte idéal de toute expression sexuelle, puisqu'elle découle de la nature même de l'humain[1]. « Il n'est pas bon que l'homme soit seul. Il faut que je lui fasse une aide qui lui soit assortie. » (Gn. 2:18). Je ne crois pas que ceci revienne à contraindre les homosexuels à vivre selon une norme hétérosexuelle. C'est, à mon avis, un besoin fondamental de la nature humaine, essentiel à l'épanouissement de la confiance et de l'amour comme au plein développement de la maturité et de la santé psychologiques. L'activité sexuelle, en tant que jeu aimant et joyeux, ne peut s'épanouir pleinement que dans un tel cadre. Je sais toutefois que bien des gays et des lesbiennes sont incapables pour de multiples raisons — psychologiques, sociales ou économiques — de s'engager dans un rapport stable et de longue durée. Un grand nombre de ces individus ne sont en fait capables que de relations d'une nuit ou d'une liaison sexuelle passagère avec un(e) ami(e).

1. John J. McNeill, *L'Église et l'homosexuel* (Genève : Labor et Fides, 1982), p. 162.

Libération sexuelle et crise du sida

La communauté homosexuelle a d'abord réagi à la crise du sida en remettant sérieusement en question ses efforts de libération sexuelle. Elle insiste heureusement aujourd'hui sur la nécessité de se montrer prudent et de rester conscient de l'impact que peut avoir sur la santé toute expression sexuelle. Elle cherche à cerner le type d'engagement qui pourrait convenir aux lesbiennes et aux homosexuels, sans pour autant se calquer sur des modèles hétérosexuels. La majorité des gays et des lesbiennes sont aujourd'hui à la recherche d'un(e) amant(e). Dans la situation actuelle, nombreux sont ceux qui, dans la communauté gay, risquent de ne plus pouvoir célébrer le don que Dieu leur a fait de la sexualité pour régresser vers des sentiments de honte, de culpabilité et d'horreur à l'idée de tout rapport physique. Il est pourtant possible de vivre une relation sexuelle ludique et aimante, si les deux partenaires obéissent aux règles essentielles du *safer sex,* de l'amour plus sûr.

Une des conséquences paradoxales de la crise du sida, c'est qu'elle fait sortir du placard l'amour homosexuel. Avant, les membres les plus visibles de la communauté lesbienne et gay étaient ceux qui fréquentaient les boîtes, les bars et les saunas. Leur style de vie était ouvertement gay. Tandis que ceux dont les relations étaient durables et aimantes vivaient plus discrètement pour se protéger des conséquences que pouvait avoir une existence moins secrète sur leur emploi, leur logement et leur famille.

Le sida a obligé bien des couples à entretenir des relations au grand jour. Je connais de ce fait beaucoup de prêtres, de pasteurs, de personnel hospitalier et de familles qui ont été frappés d'étonnement devant l'amour profond, le soutien mutuel et le sacrifice de soi qui caractérisent la relation de la plupart des couples gays.

L'affinité sexuelle liant deux homosexuels ou deux lesbiennes qui s'aiment comporte souvent tous les éléments du rapport amoureux, moral et sexuel que dépeint « Le Cantique des

Cantiques ». L'Église et la société n'ont, par conséquent, aucune raison de ne pas accepter, respecter et valoriser leur union. Nous lisons vers la fin du « Cantique des Cantiques » les vers suivants :

« Pose-moi comme un sceau sur ton cœur,
comme un sceau sur ton bras.
Car l'amour est fort comme la Mort,
la jalousie inflexible comme le Shéol.
Ses traits sont des traits de feu,
une flamme de Yahvé.
Les grandes eaux ne pourront éteindre l'amour,
ni les fleuves le submerger.
Qui offrirait toutes les richesses de sa maison pour acheter l'amour, ne recueillerait que mépris. » (8 :6-7).

Une relation sexuelle vécue de façon ludique et aimante peut ouvrir sur une expérience mystique du divin. Nous aurons tous appris une leçon importante lorsque nous aurons compris que la qualité essentielle d'une telle rencontre tient à l'amour que l'on éprouve plutôt qu'au genre des partenaires. C'est en effet la personne qui compte, non ses attributs génitaux.

Dieu tout-puissant, aide-nous à faire l'unité de notre corps sexué pour que nous puissions de nouveau vivre notre sexualité comme un jeu sanctifié et plein de joie en ta présence. Amen.

16

Le rapport de Marie, mère de Dieu à la communauté gay et lesbienne

J'ai toujours eu la très forte intuition qu'il existe un lien particulier entre Marie, les lesbiennes et les gays, pour la simple raison que Marie s'identifie dans le Magnificat aux *anawim*, c'est-à-dire, aux exilés, aux exclus, aux pauvres et à ceux qui ne possèdent aucun pouvoir :

« Sa miséricorde s'étend d'âge en âge sur ceux qui le craignent.
Il a déployé la force de son bras,
Il a dispersé les hommes au cœur superbe.
Il a renversé les potentats de leurs trônes et élevé les humbles.
Il a rassasié de biens les affamés et renvoyé les riches les mains vides. »
(Lc. 1:50:53)

De nouveaux aspects de cette affinité entre Marie et les gays me sont encore récemment apparus au cours de mes prières et méditations. Il est intéressant de noter que les psychothérapeutes ont pu retracer un schéma familial particulier souvent lié à l'homosexualité. C'est celui d'une mère possessive et d'un père lointain qui ne s'implique pas sur le plan affectif. Même si ce canevas s'avère fréquent, il est vrai que l'hypothèse émise par certains psychiatres conservateurs qui croient y voir la *cause* de l'homosexualité a été complètement discréditée. J'aurais plutôt tendance à penser, pour ma part, qu'il en est la conséquence.

En raison même du fait qu'un enfant gay est à l'écoute de son *anima*[1] ou de la dimension féminine de son être, son père aura tendance à s'éloigner et à se désintéresser de lui, se rendant ainsi moins disponible à son fils. Le père s'ingéniera à éviter ce gay dont la nature efféminée lui répugne. C'est pourtant à l'égard de cette même figure masculine que le fils se sentira un grand attachement, par un renversement de l'attirance œdipienne normale. Un tel lien affectif pourra se transformer plus tard, dans la vie adulte, en un attrait masochiste envers l'hétérosexuel qui le rejettera. La mère apprécie, en revanche, la nature sensible de son fils gay, trouve agréable sa compagnie, se rapprochant de lui affectivement afin de mieux le protéger.

On comprend aisément qu'après avoir vécu ce type d'expérience auprès de ses parents, l'homosexuel puisse se sentir dans la prière proche de la Sainte Mère, assuré qu'il est d'un accueil bon et aimant. Marie a toujours symbolisé le côté maternel de Dieu — amour, bonté et compassion ; elle possède la faculté de guérir, ne juge pas, et se laisse facilement approcher.

Je suis conscient du fait que Marie offre une ressource spirituelle surtout à ceux qui ont grandi dans les traditions religieuses des Églises catholique ou orthodoxe. La plupart des gays et des lesbiennes élevés dans la tradition protestante ignorent cette dévotion à la mère de Dieu, en réaction légitime contre les abus théologiques provoqués par diverses affirmations excessives relatives au pouvoir de Marie. Certains catholiques ont voulu voir, par exemple, en elle une co-rédemptrice, lui attribuant un statut plus qu'humain et un rôle salvateur égal à celui de Jésus.

Les protestants ont proclamé avec raison l'existence d'un seul rédempteur de l'humanité et d'une seule personne dont la nature ait été à la fois humaine et divine, c'est-à-dire, Jésus. Mais je crois que la ferveur avec laquelle ils ont défendu le statut unique de Jésus les a parfois amenés à rejeter en bloc tout ce qui avait trait à Marie. Toutes les communautés chrétiennes sont aujourd'hui conscientes d'avoir trop insisté par le passé sur la

1. Anima : fonction féminine et intuitive de l'esprit selon K.G. Jung.

nature paternelle de Dieu ; elles font actuellement un effort important pour rendre à Dieu une dimension féminine. En permettant à Marie de jouer un rôle dans notre vie spirituelle, nous pouvons aussi tenter de rétablir cet équilibre.

Je voudrais pourtant prendre mes distances à l'égard d'un autre aspect de la dévotion mariale, eu égard à son effet destructeur sur la santé mentale et le bien-être des femmes et, par conséquent, sur le nôtre à tous. Je veux parler de l'image d'une Marie passive, docile et asexuée. On a souvent proposé ce modèle en exemple aux femmes pour mieux nier leurs droits à l'épanouissement sexuel, à l'égalité avec les hommes et à une pleine réalisation de leur être.

Je préfère la Marie que nous révèle le Magnificat — cette Marie inspirée par sa passion pour la justice et douée d'un esprit combatif. Cette Marie qui aspire à voir les princes renversés de leurs trônes, les orgueilleux en déroute, et les riches renvoyés les mains vides, tandis que les pauvres sont comblés de dons, est plus à même de s'impliquer aujourd'hui dans les questions de justice sociale et les mouvements de libération humaine. Le Magnificat me sert toujours de test décisif pour juger de la valeur des paroles attribuées à Marie. Me semblent donc suspects tous les messages modernes où ne figurent ni la quête passionnée de la justice, ni le souci des pauvres et des faibles qu'exprime le Magnificat.

Le document intitulé « Partners in the Mystery of Redemption : A Pastoral Response to Women's Concerns for Church and Society » (Partenaires dans le mystère de la Rédemption : réponse pastorale aux préoccupations des femmes par rapport à l'Église et à la société), publié en avril 1988 par la Conférence nationale des évêques catholiques aux États-Unis, donne quelque espoir à tous ceux qui s'intéressent à la libération lesbienne et gay. Il existe, en effet, un lien très fort entre la libération des femmes et celle des gays, l'une ne pouvant s'accomplir sans l'autre. Lorsqu'on entend des évêques montrer du doigt des siècles de sexisme au sein des institutions et des structures, l'on peut espérer que la dénonciation de l'homophobie ne tardera pas non plus.

Marie m'a été, tout au long de ma vie, d'une aide spirituelle tout à fait exceptionnelle, grâce à ses pouvoirs d'intercession devant Jésus et à travers lui, devant le trône de Dieu. Ce rôle particulier se trouve confirmé dans le récit biblique du miracle que Jésus accomplit en changeant l'eau en vin aux noces de Cana (Jn. 2:1-12).

Selon ce texte, Jésus était venu avec ses disciples prendre part au festin nuptial d'un jeune couple — célébration qui pouvait, dans la tradition juive, durer trois jours. Marie, mère de Jésus, se trouvait aussi parmi les convives. Elle fut la première à remarquer l'embarras des mariés qui n'avaient plus assez de vin pour leurs invités. Se tournant immédiatement vers son fils, Marie dit simplement : « Ils n'ont plus de vin ». La requête implicite que lui faisait sa mère pour qu'il épargne cette gêne au jeune couple sembla presque irriter Jésus : « Que me veux-tu, femme ? Mon heure n'est pas encore venue ». Le miracle n'aurait vraisemblablement pas eu lieu si Marie ne s'était pas montrée sensible au besoin du couple et si elle n'avait pas su convaincre son fils d'utiliser son pouvoir. Jésus dit alors aux servants de remplir six jarres de pierre, chacune pouvant contenir deux ou trois mesures. L'eau se changea en vin sur l'ordre de Jésus. Il y en eut suffisamment pour durer le temps de la fête, et ce vin était de telle qualité que le marié reprocha au maître du repas d'avoir gardé le bon vin pour la fin. La morale de cette histoire a été, dans la tradition chrétienne, que si l'on veut faire quelque chose qui est à la limite du possible, il faut s'assurer de l'appui de Marie et la prier d'intercéder auprès de Jésus pour obtenir ce que l'on désire.

Les psychologues soulignent que l'expérience que nous avons de notre père humain détermine l'image psychique, souvent inconsciente, que nous nous faisons de Dieu. Nous projetons inconsciemment sur Dieu les mêmes attitudes et sentiments que nous avons rencontrés chez notre père. Beavers [1] fait remarquer que les enfants dont les parents se sont montrés tendres et

1. W. Robert Beavers, *Psychotherapy and Growth : A Family Systems Perspective* (New York : Brunner/Mazel, 1977).

affectueux peuvent « neutraliser le poison de la religion » et apprendre à ne retenir que son message de bonté et d'amour. Tandis que ceux dont les parents ont mal rempli leur tâche risquent de ne percevoir que son aspect le plus dur, et se font, en fin de compte, une image effrayante et culpabilisante de Dieu le père. Ces mêmes psychologues observent que nous élaborons aussi, au niveau de l'ego, une autre image d'amour qui provient de la façon dont nous avons perçu l'amour de notre mère. Dans la tradition catholique, cet aspect maternel de Dieu peut se scinder de l'image de Dieu le père et se projeter sur Marie, notre mère du ciel. L'une de mes prières favorites, le « Souvenez-vous », reflète cette émotion :

> « Souvenez-vous, ô très miséricordieuse Vierge Marie, qu'on n'a jamais entendu dire qu'aucun de ceux qui ont eu recours à votre protection, imploré votre assistance ou réclamé vos suffrages, ait été abandonné. Animé de cette confiance, ô Vierge des vierges, ô ma mère, je viens à vous, gémissant sous le poids de mes péchés, je me prosterne à vos pieds. O mère du Verbe incarné, ne méprisez pas mes prières, mais écoutez-les favorablement et daignez les exaucer. Amen ! »

Mes sentiments à l'égard de Dieu le père et de Marie notre mère se sont combinés durant mon adolescence, alors que je prenais conscience de mon orientation et du fait que l'Église la jugeait mauvaise. Ceux qui se trouvent dans ce type de situation éprouvent souvent une peur très intense d'être rejetés par Dieu le père, ce qui les empêche de se mettre, par la prière, en la présence de Dieu. Marie a été mon refuge et ma force tout au long de cette expérience.

La prière à Marie que préfèrent les catholiques est le « Je vous salue Marie », prière très simple commençant par les paroles de Gabriel à l'Annonciation et se terminant par la demande que nous adressons à Marie de prier pour nous :

> « Je vous salue Marie, pleine de grâces,
> Le Seigneur est avec vous,

Vous êtes bénie entre toutes les femmes,
Et Jésus le fruit de vos entrailles est béni.

Sainte Marie, Mère de Dieu,
Priez pour nous, pauvres pécheurs,
Maintenant et à l'heure de notre mort. Amen. »

Je me demande parfois pour quelle raison inconsciente les gays américains, qui sont à l'écoute de la dimension féminine de leur personnalité, s'appellent parfois « Mary » entre eux. Quoique ce nom s'emploie la plupart du temps pour rabaisser et mépriser l'autre, se pourrait-il qu'il recouvre aussi l'intuition d'un rapport particulier à la mère de Dieu ? Je recommande, en tout cas, qu'on lui rende son sens positif et affirmatif.

L'expérience que j'ai faite de la mort de ma mère lorsque j'avais trois ans a renforcé ma dévotion à Marie, ma mère du ciel. On m'a dit qu'après son décès, ma mère, qui s'appelait aussi Marie, était maintenant au ciel où elle prierait pour moi et me protègerait. J'ai eu de ce fait tendance à identifier dans mes pensées, mes sentiments et mes prières, ma mère humaine, Marie, à Marie, la mère de Dieu.

Même dans les moments où ma crainte de Dieu et mes sentiments de culpabilité concernant ma sexualité devenaient si intenses qu'ils pouvaient m'éloigner de Dieu le père, je m'éprouvais comme toujours proche de Marie, ma mère. Cette sensation d'intimité m'a empêché, au moins une fois dans ma vie, de perdre l'esprit. Prisonnier de guerre, j'avais été envoyé à Berlin avec un groupe durant les bombardements Alliés, pour retirer les corps des décombres et les enterrer. Nos gardes, jaloux de la supériorité aérienne des Alliés, ne nous permettaient pas, à nous détenus américains, de passer la nuit dans un abri, mais nous obligeaient à dormir sans aucune protection à l'extérieur pendant les raids nocturnes. Heureusement que les frères qui m'avaient enseigné l'anglais dans le secondaire avaient exigé que nous apprenions par cœur un long passage du poème de Coleridge, « Rime of the Ancient Mariner » (La ballade du vieux marin). Malgré les éclairs que jetaient la DCA, les feux des projecteurs qui sillonnaient le ciel, les centaines de moteurs d'avion qui vrombissaient au-dessus de nos têtes et l'explosion des bombes, je pouvais m'endormir paisiblement chaque nuit en récitant ces mots :

> « Ah ! le sommeil, quelle douceur aimée d'un pôle à l'autre pôle ! Qu'à la reine Marie la louange en revienne ! C'est elle qui du ciel envoya ce doux sommeil qui se glissa jusqu'en mon âme »[1].

Le disciple bien-aimé

Il est une autre figure avec laquelle la communauté gay entretient un rapport également privilégié, semblable à celui qui la lie à Marie, c'est celle de Jean, puisque, de tous les disciples de Jésus, c'est à lui que nous pouvons le plus souvent nous identifier en tant qu'homosexuels. S'il ne l'était pas lui-même, sa sensibilité, telle qu'elle nous est dépeinte, l'était certainement. Il parle toujours de lui-même comme du « disciple que Jésus aimait ». Remarquez que Jean ne dit pas qu'il éprouvait un amour particulier pour Jésus ; il affirme plutôt que Jésus lui portait une affection privilégiée, différente de celle qu'il manifestait aux onze autres disciples.

Jean raconte qu'au Dernier Repas, lorsque Jésus annonça que l'un d'eux devait le trahir, il se rapprocha de Jésus et s'inclina vers lui : « Celui que Jésus aimait se trouvait à table, tout contre Jésus ; Simon-Pierre lui fait signe et lui dit : “ Demande de qui il parle. ” Celui-ci se penchant alors vers la poitrine de Jésus, lui dit : “ Seigneur, qui est-ce ? ”. » (Jn. 13:23-25). Pierre était de toute évidence conscient de la relation spéciale qui liait Jésus à Jean. Un autre indice de ce rapport nous est donné lorsque Jean court devant Pierre pour être le premier après les femmes à voir le tombeau vide et à apprendre que Jésus était ressuscité. En une autre occasion, alors qu'il pêchait avec Pierre en Galilée,

1. Coleridge, *Vingt-cinq poèmes* (traduit par Germain d'Angest, Paris : Aubier Montaigne).

après la Résurrection, Jean reconnut de prime abord Jésus lorsque celui-ci leur apparut sur la rive (Jn. 21:7).

Jean fut le seul de tous les disciples masculins de Jésus à se tenir au pied de la croix pour tenter de le réconforter. Et ce fut à Jean que Jésus demanda de prendre soin de sa mère après sa mort : « Voyant sa mère et près d'elle le disciple qu'il aimait, Jésus dit à sa mère : " Femme, voici ton fils ". Puis il dit au disciple : " Voici ta mère ". A partir de cette heure, le disciple la prit chez lui. » (Jn. 19:26-27). Et l'on nous dit que Jean accueillit Marie chez lui et la prit en charge jusqu'à son assomption au ciel. Combien de lesbiennes et d'homosexuels sont, au cours des siècles, restés à la maison pour s'occuper de leurs parents âgés ? Les familles où l'on trouve une fille lesbienne ou un fils gay sont effectivement bénies.

Pour conclure, nous ne devons pas oublier que Marie appartenait à un groupe privé de droits sur le plan sexuel. Elle était tout d'abord unique de ce point de vue, étant la seule mère vierge de l'histoire. Elle était de plus, selon toute apparence, célibataire, donc sujette aux dures sanctions de la loi juive. L'expérience personnelle de Marie lui permet donc de comprendre les craintes et la souffrance que nous vaut notre statut d'exilés, en tant qu'homosexuels.

Sainte Marie, Reine du ciel, priez pour nous toutes les reines[1] d'ici-bas — et pour nous tous pédés, tantes, gousses, gouines, travestis, transsexuels et tous les bannis sexuels. Car nous sommes, de bien des points de vue, vos enfants privilégiés.

1. N.d.T. : Le terme américain « queen » que je traduis ici littéralement est un terme péjoratif se référant à l'homosexuel efféminé.

Sixième partie

TU RETOMBERAS EN POUSSIÈRE

INTRODUCTION

Le sida et l'acceptation de notre mortalité

« Puisque les enfants avaient en commun le sang et la chair, lui aussi y participa pareillement afin... d'affranchir tous ceux qui, leur vie entière, étaient tenus en esclavage par la crainte de la mort. »

Hébreux 2:14-15

Le sida nous a tous confrontés à notre propre mortalité. Même si nous avions souhaité de tout notre être l'ignorer, cela ne nous est plus possible. Comme le fait remarquer John Snow dans son livre, « Mortal Fear : Meditations on Death and AIDS » (Angoisse fatale : méditations sur la mort et le sida) : « Contrairement à la guerre nucléaire, ce n'est pas une vague menace rôdant quelque part dans les dédales de la haute technologie. Il se trouve parmi nous, tuant certains d'entre nous et certains de nos amis, il nous rend vulnérables aux hasards de notre environnement et par là même terriblement et manifestement mortels »[1].

Ceux qui nient continuellement la mort en ont en réalité une peur extrême, et préfèrent ignorer le besoin qu'ils ont de Dieu. Le sida nous interpelle et nous oblige à reconnaître et à accepter notre mortalité. Regardons-la en face afin de ne plus nier ni

1. John Snow, *Mortal Fear : Meditations on Death and AIDS* (Cambridge, Mass. : Cowley Publications, 1987), pp. 36-37.

tenter d'éviter cette crainte. Car l'esclavage auquel nous condamne l'angoisse du trépas est la métaphore la plus puissante du péché que contienne le Nouveau Testament. Ceux que la peur de succomber obsède sont prêts à tout faire pour rester vivants : ils obéiront à n'importe qui et adhèreront à n'importe quelle idée pourvu que celle-ci leur promette la survie.

Suite à ma participation au « Phil Donohue Show »[1] consacré à l'homosexualité, j'ai dit à un fanatique anti-gay :

« Tu es dévoré de haine ! »

Il m'a répondu :

« J'aime mieux haïr que mourir ! »

A quoi j'ai rétorqué :

« Mais j'ai quelque chose à t'apprendre : tu es déjà mort ! »

Comme le fait remarquer Snow, toute angoisse a son origine dans la peur de la mort. « L'ego, le centre conscient, volontaire de notre être, se souciera d'abord et surtout d'autodéfense, tant qu'il n'aura pas admis et accepté sa mortalité »[2].

C'est en apprenant à gérer cette inquiétude mortelle que nous retrouverons notre humanité. La crise du sida est venue nous rappeler une ancienne leçon oubliée par la plupart des sociétés modernes industrialisées, notamment celle-ci : que toute culture saine s'efforce sans cesse de tempérer la crainte de la mort par ses rites et ses coutumes. Ces pratiques, telle celle du mercredi des Cendres, nous remettent en mémoire que la mort fait intégralement partie de notre condition humaine et nous aident à contrôler nos terreurs et à accepter notre destinée.

L'aliénation qui nous rend étrangers à notre corps et à sa sexualité prend sa source dans notre refus de la mortalité. Pour surmonter ce rejet du corps et être capables de l'accepter pleinement, y compris sur le plan sexuel, nous devons nous réconcilier à tout ce qui fait notre humanité, y compris le trépas.

Les trois chapitres qui suivent sont des réflexions sur ses

1. *Phil Donohue Show :* programme de télévision animé depuis vingt-cinq ans par Phil Donohue et consacré à la discussion de questions sociales telles que le divorce, l'homosexualité ou le féminisme. John J. McNeill y a, exceptionnellement, participé trois fois.

2. Ibid., p. 35.

divers aspects, dans le but de nous aider à gérer la crainte que nous en avons, et l'heure venue, à l'accepter. Le chapitre 17, « L'interprétation chrétienne de la mort, de la résurrection, et du temps », (voir p. 219) porte sur la nature complexe et paradoxale de notre rapport à la mort qui fait à la fois naturellement partie de notre histoire et que nous nous refusons pourtant de voir comme la fin ultime de la vie. Le chapitre 18, « Réflexions sur le jugement », (voir p. 233) examine la peur maladive que nous avons de disparaître, et notre interprétation erronée du rôle de juge que nous attribuons à Dieu et qui renforce notre effroi excessif de quitter la vie. Le chapitre 19, « Réflexions sur le deuil », (voir p. 245) considère le processus d'affliction qui accompagne la mort d'un amant ou d'un ami, et tente de distinguer le deuil normal et sain de sa contrepartie pathologique.

Mon but dans ces chapitres sera de réfléchir sur les ressources spirituelles où nous pourrons puiser les forces nécessaires pour affronter notre terreur de la mort afin de la surmonter. Loin de moi l'idée de prêcher la passivité face à la crise du sida. Je cherche surtout à démontrer que nous n'arrivons à célébrer la vie qu'une fois dominée notre peur du trépas. Toutes les énergies psychiques, verrouillées par la dénégation et la répression, se libèrent alors, permettant un engagement positif envers la vie.

Les pages qui vont suivre célèbreront aussi le courage et l'action de tous ceux qui, atteints du sida, luttent pour rester vivants et pour améliorer la qualité de leur propre existence, ainsi que celle de tous ceux qui souffrent, comme eux, de cette maladie.

J'ai mentionné ailleurs que le but principal de Jésus était de soulager la douleur humaine et que tous ses disciples devaient le suivre dans cette voie. Nous serions, par conséquent, coupables, en tant que chrétiens, si nous ne faisions pas tout ce qui est en notre pouvoir pour *arrêter* l'épidémie, trouver un remède, et rechercher entre-temps tous les moyens possibles de prolonger la vie, alléger les tourments, et combattre le mal.

17

L'interprétation chrétienne de la mort, de la résurrection, et du temps

> « *Oui, j'en ai l'assurance, ni mort ni vie, ni anges ni principautés, ni présent ni avenir, ni puissances, ni hauteur ni profondeur, ni aucune autre créature ne pourra nous séparer de l'amour de Dieu manifesté dans le Christ Jésus notre Seigneur.* »
>
> Romains 8:38-39

La saison du carême est empreinte d'une certaine qualité mystique ; c'est une période où nous avons le sentiment d'être très proches de Dieu. Nous commençons le carême par une évocation sans fard de la mort et de notre mortalité : « Homme, souviens-toi que tu es poussière et que tu retomberas en poussière ! » Nous sommes tous invités durant cette période sainte à réfléchir profondément au sens ultime de notre vie et de notre mort. Le carême rappelle les quarante jours que Jésus a passés dans le désert, jeûnant et résistant aux tentations d'avidité, d'attachement, de puissance, de vanité et de plaisir. Il devait discerner l'essentiel de ce qui ne l'était pas avant d'affronter sa destinée.

Les Églises insistent, particulièrement pendant le carême, sur le besoin que nous avons de l'aide de Dieu pour entreprendre tout processus de maturation spirituelle ou de transformation. Une des prières du carême empruntées à une ancienne liturgie syriaque[1] parle d'une « obscurité originelle (liée à notre condition de pécheurs) qui obscurcit notre vision », de notre tendance innée à rester aveugles aux vraies valeurs, à confondre nos priorités et à tomber dans les mêmes pièges que Jésus dans le désert. Implorons donc Dieu en le priant ainsi : « rends-nous la vue afin que nous tournions nos regards vers ton fils qui nous invite à la rédemption et à une conversion de l'âme ».

Le carême est une période où nous déterminons ce qui est capital pour nous et où nous redonnons sa place à l'essentiel. C'est l'époque où nous nous souvenons que le sens ultime de notre vie et de notre mort consiste à parvenir en la présence intime de Dieu. Nous passons en général la plus grande partie de notre existence à éviter cette fin et à nous conduire comme si nous étions immortels. L'idée même que nous nous en faisons réveille en nous une telle frayeur et une telle angoisse que nous la réprimons d'instinct. Comme le soutient Ernest Becker dans son livre, « The Denial of Death »[2] (Le déni de la mort), un certain degré de dénégation est d'ailleurs sain et normal, surtout chez les jeunes.

Mais faire face à notre peur de mourir, en prendre pleinement conscience en essayant, avec la grâce de Dieu, de diminuer son emprise sur notre vie, appartient à tout processus d'évolution et de maturation spirituelles. Il est de notre devoir de cesser d'ignorer et de nous masquer ce sens ultime, d'accepter notre destinée de mort et de résurrection, et de réaffirmer notre foi : car le Christ a aboli le pouvoir de la mort et nous a apporté la vie éternelle.

Edward Schillebeeckx nous dit dans son livre, « Christ : The Experience of Jesus as Lord »[3], que la mort, étant la conclusion de la vie, devrait être synonyme d'intégration, d'unité et de complétude. Et pourtant, nous ne voyons presque toujours en elle que la disparition et l'annihilation de l'individu. Puisque

1. Syriaque : langue très répandue au Proche-Orient dans l'Antiquité. Des traductions de la Bible ont été réalisées en cette langue.

2. Ernest Becker, *The Denial of Death* (New York : Free Press, 1973), p. 262.

3. Edward Schillebeeckx, *Christ : The Experience of Jesus as Lord* (New York : Crossroad, 1983), p. 793.

nous autres humains semblons être les seules créatures qui aient conscience de leur fin, nous attachons de ce fait à chaque moment de notre existence une signification affective particulière.

L'homme proteste instinctivement contre l'absurdité et le scandale de son destin — sentiment que l'on retrouve dans l'ancienne croyance chrétienne selon laquelle le péché d'Adam et d'Eve a fait pénétrer la mort dans notre monde. Cette puissance de la mort rappelle en effet de façon mystérieuse le règne de Satan. Mais l'individu a bien du mal à se penser lui-même comme un élément éphémère, insignifiant et interchangeable de l'histoire.

Le fait que Jésus ait assumé sa mortalité et accepté son destin sur la croix, qu'il se soit réconcilié à Dieu dans et par sa mort, nous montre clairement que dans les limites de notre parcours historique, notre rédemption ne peut en aucun cas passer par la négation de notre mortalité. D'un point de vue humain, il faut surtout voir en la rédemption une forme de réconciliation à notre propre durée éphémère et la preuve d'un amour radical. Jésus a, d'une certaine façon, donné à l'amour humain le pouvoir de conquérir le trépas. Notre foi en la résurrection ne signifie nullement que nous ne voyions pas en la mort un mystère impénétrable et une souffrance. Nous savons que Jésus lui-même a vécu cette douleur et cet instinct de révolte lors de son agonie dans le jardin.

Woody Allen aurait un jour déclaré que la différence entre un athée et un croyant réside dans le « soutien invisible » qui fait défaut à l'athée. Quel *est* ce soutien invisible ? La confiance religieuse en une victoire assurée sur la mort s'est toujours basée sur l'expérience concrète d'une communion de vie entre Dieu et l'humanité. Ceux qui ne l'ont jamais vécue auront tendance à rejeter la possibilité de la résurrection qu'ils estiment sans fondement ni signification, puisque la pratique humaine non religieuse n'offre aucune preuve capable d'étayer une telle thèse. Chrétiens, nous voyons dans l'espoir de la résurrection l'offre généreuse que nous fait Dieu d'une communion salvatrice — offre que nous restons libres d'accepter ou de refuser.

L'idée essentielle demeure que même la mort ne peut détruire une vraie communion active avec le Dieu vivant. Le royaume des trépassés n'aura donc pas le dernier mot dans notre histoire personnelle, la vie avec Dieu étant plus forte que la mort.

Cette victoire ne devrait en aucune façon se concevoir comme le résultat d'une revendication humaine, mais plutôt comme un don spécial de Dieu. Nous ne triompherons pas de la mort par nos seuls mérites, mais par la bonté du Dieu vivant qui se révèle à nous dans la mort et la résurrection du Christ. Notre foi en la vie après la vie se nourrit de la parole révélée de Dieu, de notre expérience personnelle de l'amour humain et divin. Notre foi et notre espoir sont enracinés dans la nature et dans l'intervention célestes. La résurrection de Jésus est ainsi pour nous le signe certain du pouvoir que Dieu a sur la mort tout comme celui de son amour pour nous.

La mort et le sens du temps

La question à laquelle je souhaiterais maintenant apporter une amorce de réponse est la suivante : avons-nous vraiment besoin de croire de façon vitale en la promesse que Dieu nous a faite de la résurrection et de l'immortalité du corps ?

Certains veulent considérer la vie et la mort objectivement, comme des événements naturels du cycle de la croissance et de la destruction. Ils nous incitent alors à accepter notre trépas comme faisant partie de l'ordre classique des choses. Il se trouve, par ailleurs, des scientifiques qui pensent pouvoir bientôt prolonger indéfiniment la vie. Le professeur Esfandiary de la New School for Social Research (Nouvelle École pour la Recherche Sociale) écrit, par exemple, dans un article paru dans le « New York Times » et qu'il a intitulé « Sorry, We're Here for Eternity ! » (Désolés, nous sommes là pour l'éternité !) : « Pourquoi exhortons-nous les gens à accepter la finitude en ce moment même de notre évolution où nous pouvons enfin triompher de notre suprême tragédie ? Nous qui au XXe siècle,... pouvons mobiliser notre génie pour parvenir à la liberté la plus transcendante et libératrice qui soit, notamment, l'immortalité physique ». Esfandiary est persuadé qu'en contrôlant le processus du vieillissement, en remplaçant les parties usées du corps, et en branchant les hommes sur des machines, on pourra étendre l'existence à l'infini. Nous ne sommes pas si loin du jour où nous aurons le choix de mourir ou non — idée déjà présente dans les récents procès concernant le « droit à la mort ». La supposition troublante qui s'esquisse ici, c'est que l'aspiration humaine à l'immortalité pourra d'une certaine façon se réaliser, en développant sans bornes dans le temps notre durée physique.

Puisque nous nions si vigoureusement la mort, il se peut que nous nous mettions à croire en une sorte de pseudo-immortalité et que nous cessions de prendre le trépas au sérieux. Comme le fait remarquer le théologien jésuite, Karl Rahner[1] : « Le temps se détraque s'il ne peut atteindre un accomplissement. La possibilité de perdurer à l'infini se solderait par une perte infernale de sens. Aucun moment n'aurait plus d'importance, puisqu'on pourrait toujours tout remettre à un " plus tard " éternellement présent ». C'est la réalité de la mort qui donne à chaque moment de notre vie un sens et une urgence essentiels à la qualité de l'existence humaine. La perspective d'un avenir qui ne finirait jamais éclaire aussi sous un jour nouveau le sens de la foi chrétienne en la résurrection. Car celle-ci ne signifie pas seulement une vie sans fin, mais aussi une métamorphose du temps et de notre être.

Nous sommes tous esclaves de la tyrannie d'un temps qui fuit ; c'est comme une prison d'où nous rêvons de nous échapper. Le passé n'existe jamais vraiment dans le présent. Puisque la culpabilité et le remords nous enferment dans la sphère du « jadis », nous sommes coupés du moment actuel.

1. Karl Rahner : (1904-1984) Jésuite allemand considéré comme l'un des plus remarquables théologiens du XXe siècle. Il a intégré la philosophie existentialiste personnaliste au réalisme thomiste, situant la conscience et la transcendance du moi dans une sphère dont Dieu reste le principe ultime. Il prit la défense de Schillebeeckx lorsque celui-ci fut accusé d'hérésie en 1968 pour avoir appelé à une recherche théologique plus libre au sein de l'Église.

Mais comme l'angoisse, l'insécurité et la peur de l'avenir nous y projettent, nous sommes également incapables de vivre ce présent.

Notre terreur de la mort peut donc s'interpréter avant tout non pas comme le désir d'un futur indéfini, mais comme l'exigence de vivre pleinement dans l'instant, et dont l'espoir s'inscrit dans l'avenir. Condamner quelqu'un à un lointain insaisissable, sans aucune possibilité d'*être là* authentique dans le moment présent, reviendrait à lui infliger un véritable enfer.

Comme l'a bien vu Nietzsche, lorsque la culture occidentale a cessé de croire que le processus historique du temps avait une signification révélée, et que l'évolution linéaire du monde possédait un sens transcendantal, la notion de temps s'est vidée de toute signification, se transformant en un type inférieur d'infinité qui n'a plus pour forme qu'une succession sans commencement ni fin. Ainsi piégés dans cet engrenage, notre vie elle-même devient absurde et sans valeur.

Deux mythes expriment admirablement le paradoxe essentiel du désir qu'a l'homme de transformer le temps. Le premier est celui de la caverne de Platon. Dans « La République », Platon représente l'humanité comme enfermée dans une caverne qui symbolise le monde du temps, du changement et des objets matériels. C'est seulement en nous en évadant par la mort, que nous échappons à la temporalité et pénétrons dans le royaume des idées immuables pour connaître enfin la plénitude. Ce concept a débouché sur la théorie selon laquelle nous serions des âmes éternelles destinées à recevoir la vision béatifique des idées. Mais l'éternité de Platon est statique et inerte, ignorant la réalité de notre existence de chair et de sang.

L'autre récit est celui du conte folklorique russe, « La grande fleur de pierre ». Un sculpteur passe sa vie à essayer de rendre dans le minéral la beauté éphémère d'une rose. Il va de déception en déception, jusqu'au jour où un esprit de l'autre monde lui apparaît et l'entraîne dans une cave où il découvre une rose de pierre parfaite ciselée dans des joyaux. Cette vision le captive tant qu'il en reste figé dans le monde sans vie et immuable de la pierre. Une femme l'aime pourtant dans l'univers des vivants. Grâce à la force de ses sentiments, elle retrouve cette cave, rompt la transe du sculpteur et le ramène à la surface de notre terre où l'amour et la beauté, bien que fragiles et éphémères, sont tout de même bien réels.

Le concept de la résurrection répond merveilleusement aux aspirations exprimées dans ces deux mythes. Jésus ressuscité est en effet bien réel ; il invite ses disciples à le toucher, s'assied et mange avec eux pour les convaincre qu'il n'est pas un pur esprit. Et pourtant, Jésus ressuscité a aussi conquis la mort. Il a transcendé le temps tout en pouvant s'y réinsérer à volonté.

Les grands mystiques ont toujours su que le temps a une dimension extra ou supra-temporelle, dimension extérieure qui ne dure ni ne s'écoule, le *nunc stans*, l'unité paradoxale du toujours et du maintenant ; sans passé ni futur. Le suprême mandat de l'expérience mystique et de son interprétation de la mort a toujours été d'en avoir la vision ou d'en faire en quelque sorte l'usage. Celui dont la vie a été marquée de son sceau a conquis et le temps et la mort. Exercice qui n'est pourtant pas réservé à des gens exceptionnels et à des circonstances extraordinaires. Le seul fait de vivre un amour personnel intense exalte le goût d'une telle conquête du temps et de la mort. « Je te bénis, Père, Seigneur du ciel et de la terre, d'avoir caché cela aux sages et aux habiles et de l'avoir révélé aux tout petits. » (Mt. 1:25).

Contraste entre croyance stoïcienne et foi chrétienne

Il existe un lien fondamental et nécessaire entre amour humain et désir d'immortalité. Quand deux personnes partagent un amour authentique, le bonheur qu'ils y trouvent s'exprime en effet par une aspiration spontanée à l'immortalité. Tous les poèmes d'amour transmettent ce message implicite : « A toi pour toujours ».

Le regretté John Courtney Murray, S.J. [1], a un jour observé que seules ont un sens deux attitudes fondamentales envers la vie, le stoïcisme et la chrétienté. La pratique stoïcienne de la vertu d'indifférence avait pour but de dominer la peur de la mort. Pour être capable de l'accueillir, il fallait se détacher de l'existence humaine et de toutes les affections qui nous y rattachent. Marc Aurèle, empereur romain stoïcien, adressa un jour ce message désespéré à ses sujets : « Rappelle-toi, homme, que tu ne seras bientôt plus personne, nulle part ... trouves-y une grande source de consolation ». L'amour menaçant de troubler cette sinistre tranquillité, l'ascétisme stoïcien recommandait de ne jamais tomber amoureux, puisque les amants aspirent nécessairement à l'immortalité pour eux-mêmes et pour celui ou celle qu'ils aiment. Musonius Rufus [2], philosophe stoïcien, encourageait même les maris à ne pas aimer leur femme, de crainte que ne leur échappe leur sereine indifférence à la vie.

Quel prix devons-nous donc payer pour surmonter notre appréhension de la mort ? Est-il vrai, comme le prétendent les stoïciens, que nous ne la conjurerons qu'en renonçant à l'amour ? Notre faculté de nous investir totalement dans l'instant dépendrait-elle essentiellement de notre confiance en l'avenir ?

La réponse qu'apporte notre foi chrétienne à ces questions tient dans la promesse que Dieu nous a faite de la résurrection telle qu'elle s'est accomplie en Jésus-Christ. Et pourtant, notre foi nous dit aussi très clairement que d'un point de vue strictement humain, notre espoir est absurde, irrationnel, impossible, incroyable, en un mot, miraculeux.

Chrétiens, nous comprenons qu'en proclamant la résurrection

1. John Courtney Murray : Théologien jésuite qui joua un rôle éminent dans le cadre du Concile Vatican II. Spécialiste, entre autres, de la question de la séparation de l'Église et de l'État.

2. Musonius Rufus : 25-80 après J.-C. Né en Étrurie. Il fut « directeur de conscience » avant tout, prêchant l'humanisme. Il faisait de l'abstinence le principe de la tempérance et a formulé dans ses écrits une éthique du mariage. Voir *Reliquiae*, texte établi par O. Hense, Leipzig, 1905.

de la chair, nous remplissons aussi une attente vitale de l'homme et le confortons dans une croyance nécessaire. Sans celle-ci, nous serions effectivement incapables d'affirmer la valeur de la vie ou d'avoir assez d'espoir en l'avenir pour nous engager à aimer quiconque d'un amour authentique et personnel.

Nous devrons sans cesse montrer que la foi chrétienne en la résurrection et l'immortalité ouvre sur un avenir réel pour l'humanité. Nous témoignons de l'efficacité de cette croyance chaque fois que nous nous engageons, sur les traces de Jésus, à éliminer la souffrance partout où nous le pouvons, à promouvoir avec courage la justice, à guérir les blessures, à œuvrer à l'émancipation de tous, et en particulier à celle de nos frères gays et de nos sœurs lesbiennes, pour qu'ils accèdent à une plénitude de vie. A la liberté avec laquelle nous donnons et recevons l'amour, se mesurera la profondeur de notre foi. Les stoïciens païens du Ier siècle après Jésus-Christ s'émerveillaient de la grande disponibilité à aimer que manifestait la communauté chrétienne à ses débuts : « Voyez comme ils s'aiment ! »

Sida et mortalité

Les psychologues savent bien que l'une des sources les plus profondes de l'homophobie est liée dans l'inconscient à la peur de la mort. C'est par la procréation que l'individu échappe d'abord instinctivement à l'anéantissement : notre descendance nous assure l'immortalité. Par conséquent, les lesbiennes et les homosexuels qui, en règle générale, n'engendrent pas se trouvent inconsciemment liés dans les esprits à l'idée de mortalité.

Dans l'Ancien Testament, le pacte originel conclu entre Dieu et son peuple élu était un pacte de procréation. Les Hébreux devaient être féconds et se multiplier jusqu'à ce que leurs enfants soient aussi nombreux que les grains de sable le long de la mer (Gn. 1:28). Car le Messie se lèverait un jour parmi leurs descendants. En raison de cette croyance, les eunuques et tous ceux qui ne se mariaient pas et ne se perpétuaient pas se trouvaient exclus de la communauté (Deutéronome). La fécondité était la plus grande bénédiction que Dieu pouvait accorder, et la stérilité constituait la pire des malédictions. Mais à sa venue, le Messie allait établir une nouvelle alliance entre Dieu et l'humanité, fondée sur l'espoir de l'immortalité par la résurrection.

Ainsi découvrons-nous dans Isaïe qu'après l'arrivée du Messie, les eunuques seront acceptés comme membres à part entière de la nouvelle communauté : « Je leur donnerai dans ma maison et dans mes murs ... un nom éternel qui ne sera jamais supprimé. » (56:4-6). Au chapitre 19, verset 12 de Matthieu, Jésus indique clairement que le terme *eunuque* s'applique à tous ceux qui sont sexuellement différents et qui, pour quelque raison que ce soit, ne procréent pas : « Il y a, en effet, des eunuques qui sont nés ainsi du sein de leur mère, il y a des eunuques qui le sont devenus par l'action des hommes, et il y a des eunuques qui se sont eux-mêmes rendus tels en vue du Royaume des Cieux ». La prophétie d'Isaïe se réalise dans les Actes des Apôtres lorsque l'Esprit-Saint amène Philippe à baptiser l'eunuque ; ce dernier lisait alors Isaïe, qui avait prédit que tous ceux dont la sexualité diverge de la norme auraient une place privilégiée dans la maison du Seigneur.

Le mouvement lesbien et gay chrétien m'apparaît aujourd'hui comme l'accomplissement de cette prophétie. Les Écritures établissent, en effet, un lien entre le statut non-géniteur des lesbiennes et des gays et l'espoir de la résurrection.

La Genèse voit dans la peur de la mort la source de l'aliénation qui éloigne Adam et Ève de leur corps et les rend honteux de leur sexualité. Les gays n'ont, en revanche, jamais nié leur existence corporelle. Nous avons toujours eu tendance à croire qu'il était sain de mener à fond une existence aussi incarnée que possible. Nous nous sommes donc identifiés au corps et surtout à sa dimension sexuelle.

Homosexualité et mortalité sont de nouveau liées aujourd'hui du fait de l'épidémie du sida, et les homosexuels sont appelés à témoigner de façon toute particulière du sens de la mort et de l'espoir de la résurrection. Dans son livre, « AIDS : The spiritual Dilemma », John Fortunato suggère que le fléau du sida peut réapprendre à l'humanité à penser la mortalité : « Si ce cauchemar nous rend de nouveau conscients de l'espoir de la résurrection sans lequel la vie n'est faite que d'une courageuse détresse, alors peut-être, dans les grincements de la création, au milieu des soupirs et des pleurs, l'Esprit-Saint apportera-t-il un peu de paix ou même un espace de salut que nous n'aurions pu connaître autrement »[1].

Puisque les moyens auxquels nous avons habituellement recours pour conjurer la mortalité sont la désincarnation et la procréation, lesbiennes et homosexuels n'ont plus qu'une alternative : soit désespérer, soit s'en remettre à la puissance et à la promesse de Dieu et devenir le peuple de la résurrection. Au cœur même de la crise, les malades du sida témoignent de la valeur de la vie et font preuve d'une bravoure manifeste dans leur confrontation à la mort. Ma propre expérience pastorale m'a permis de voir avec quelle paix spirituelle, quelle joie et quelle confiance tant de malades du sida ont fait face à la mort. Cette confiance spirituelle a permis à bon nombre d'entre eux de se plonger totalement dans une célébration de la vie et de tout faire pour en améliorer la qualité, autant pour eux que pour les autres.

Une autre source d'espoir et de réconfort nous est donnée dans la promesse de la Résurrection qui nous rend libres d'aimer ; et nous accédons, à travers notre expérience de l'amour, à l'intuition de l'immortalité, parce que nous touchons ainsi à la réalité vivante de Dieu.

> « Bien-aimés,
> aimons-nous les uns les autres,
> puisque l'amour est de Dieu
> et que quiconque aime
> est né de Dieu et connaît Dieu.
> Celui qui n'aime pas n'a pas connu Dieu,
> Car Dieu est Amour.

1. John E. Fortunato, *AIDS : The Spiritual Dilemma* (San Francisco : Harper and Row, 1987), pp. 85-86.

En ceci s'est manifesté l'amour de Dieu pour nous :
Dieu a envoyé son Fils unique dans le monde
afin que nous vivions par lui.
En ceci consiste Son amour :
Ce n'est pas nous qui avons aimé Dieu,
mais c'est Lui qui nous a aimés
et qui a envoyé son Fils
en victime de propitiation pour nos péchés.
Bien-aimés,
si Dieu nous a tant aimés,
nous devons, nous aussi,
nous aimer les uns les autres.
Dieu, personne ne l'a jamais contemplé.
Si nous nous aimons les uns les autres,
Dieu demeure en nous,
en nous son amour est accompli.
A ceci nous reconnaissons
que nous demeurons en Lui
et Lui en nous :
C'est qu'Il nous a donné de son Esprit. » (1 Jn. 4:7-13).

Teilhard de Chardin, paléontologue et théologien jésuite, écrit dans son livre, « Hymne de l'univers » :

> « Par la mort nous ne rentrons pas dans le grand courant des choses, suivant la béatitude panthéiste, mais cependant nous sommes repris, envahis, dominés par la puissance divine incluse dans les forces de désorganisation intime — présente surtout dans l'aspiration irrésistible qui entraînera notre âme séparée sur le chemin ultérieur de sa destinée — aussi nécessairement que le soleil fait monter la vapeur détachée de l'eau qu'il illumine. La mort nous livre totalement à Dieu, elle nous fait passer en lui. Il faut en retour nous livrer à elle en grand amour et abandon, puisque nous n'avons plus, quand elle est là, qu'à nous laisser entièrement dominer et mener par Dieu »[1].

1. Pierre Teilhard de Chardin, *Hymne de l'univers* (Paris : Seuil, 1961 et 1966), pp. 162-163.

Je terminerai ce chapitre par une anecdote personnelle. L'un des êtres que j'aime le plus profondément au monde est ma sœur, sœur Sheila, qui a deux ans de plus que moi. « Sis » a pris soin de moi enfant, et depuis le jour de son entrée au couvent il y a plus de quarante-cinq ans, elle a prié pour moi et a demandé à sa communauté et aux groupes de prière charismatiques auxquels elle appartient de prier pour le ministère que j'exerce auprès de mes sœurs lesbiennes et de mes frères gays. J'ai été extrêmement reconnaissant de tous ces actes de dévotion qui se sont avérés efficaces.

Ma sœur a traversé de grandes souffrances physiques à cause d'une maladie des os qui risque de l'immobiliser. Elle a subi d'innombrables opérations souvent suivies de complications. Elle m'a un jour fait partager un texte qui lui tient à cœur :

> « Lorsqu'on a compris que la souffrance a un but, ou lorsqu'on peut au moins croire qu'elle a un sens, on peut en endurer de bien pires encore. L'Évangile nous dit que la souffrance ne constitue pas nécessairement une déperdition. La souffrance peut rendre les gens meilleurs et parfois plus beaux, ce qui représente une source de grâce pour les autres. Leur souffrance les rend transparents, ouverts, sages et doux. Nous voyons en eux les fruits de la croix. La souffrance peut nous glorifier, nous illuminer et rendre notre vie plus féconde. »

La douleur a certainement donné à ma sœur une force et une liberté spirituelles enviables. Elle m'a récemment relaté l'épisode suivant qui survint au cours d'une de ses retraites annuelles. Dès le premier jour, elle éprouvait un sentiment de profonde détresse qui n'était pas sans lui rappeler la mort. Cet état dépressif dura toute la journée sans qu'elle parvienne à s'en détacher. Épuisée au bout d'une journée de malaise moral, elle retourna dans sa chambre et se mit à écrire dans son journal les incidents, pensées et émotions qui avaient ponctué cette journée. Puis, elle se mit tout à coup à écrire plus rapidement, comme si quelqu'un d'autre lui tenait la main. Lorsque prit fin cette expérience d'écriture automatique, elle put lire ces mots :

> « Sheila, ne crains point la mort. Je t'ai libérée de bien des choses, pour que tu puisses par la prière te préparer à entrer dans mon royaume. Ne crains rien, car ta bonté et ton amour pour moi pèsent bien plus lourd que tes défauts et tes errements.
>
> Persévère dans ton grand amour et dans la générosité de ta vie dont tu m'as fait don. Tu es belle à mes yeux. Je t'aime d'un amour profond parce que tu as accepté ma volonté. Je continuerai à t'aimer et à te bénir. N'aie crainte. Je serai toujours près de toi pour te donner le courage et la force dont tu auras besoin. »

Ma sœur me dit qu'à partir de ce moment-là, l'abattement la quitta, et qu'elle connut depuis une merveilleuse joie et un cœur léger, la préparant à faire face à tout ce qui pouvait lui advenir.

Dieu tout-puissant, libère-nous de la peur de la mort. Accorde-nous tes dons de paix, d'assurance et de courage. Aide-nous à affirmer joyeusement la vie face à la mort, confiants que ton amour sera plus fort que la mort et qu'il nous ouvrira les portes de la vie éternelle. Amen.

18

Réflexions sur le jugement

« Oui, mon retour est proche ! Oh oui, viens, Seigneur Jésus ! »

Apocalypse 22:20

Pendant la saison de Noël, la communauté chrétienne porte son regard dans deux directions opposées. Dans le passé, elle voit le premier avènement du Christ, notre Sauveur, à la naissance de l'enfant Jésus à Bethléem. Dans l'avenir, elle attend le second avènement de Jésus qui reviendra dans la puissance et la gloire juger les vivants et les morts. Ce sera là l'épiphanie ultime, la manifestation du pouvoir divin de Jésus, qu'annonce en filigrane la fête des Rois.

Réfléchissons ensemble au sens que prend ce second avènement pour chacun de nous, car notre appréhension de la mort et du jugement, même si elle est enfouie au plus profond de notre inconscient, détermine de façon décisive l'authenticité, le courage et la richesse de notre vie quotidienne.

Il est évident que les apôtres et les premiers Chrétiens donnaient un sens littéral à la promesse que leur avait faite Jésus de revenir, lorsqu'ils pensaient que cela aurait lieu de leur vivant. Paul a d'ailleurs dû blâmer certains Thessaloniciens qui avaient suspendu toute activité dans l'attente de la venue de Jésus, pour les inciter à reprendre le travail et à gagner leur vie.

(Je suppose que ce phénomène se reproduira aux alentours de l'an 2000, lorsque les adeptes du millénarisme[1] s'en iront de nouveau vers leurs montagnes pour y chercher refuge.) Les premiers chrétiens attendaient l'avènement final de Jésus avec un enthousiasme réel. Ils croyaient en la promesse que Dieu avait faite au prophète Malachie : « Mais pour vous qui craignez mon Nom, le soleil de justice brillera, avec le salut dans ses rayons. » (Ml. 3:20). Ils aspiraient de toute leur âme et de tout leur cœur à se retrouver face à Jésus qu'ils aimaient ; d'où le cri du cœur, « Viens, Seigneur Jésus. Donne-nous la joie de ta présence ! »

Certains experts bibliques prétendent que les apôtres avaient de toute évidence mal compris Jésus, puisque ce dernier ne s'est pas manifesté sur terre durant leur vie. Mais les apôtres avaient tout de même raison dans un certain sens ; Jésus est revenu pour chacun d'entre eux de leur vivant, ou plus exactement, au moment de leur mort. Car la foi nous fait voir la mort comme le passage qui conduit face à Jésus. Une fois franchis les portails de la mort, nous serons au-delà du temps. C'est ainsi que notre jugement particulier, à l'heure de notre trépas, rejoindra le jugement universel de la fin des temps.

Mais, pour être parfaitement honnêtes, nous admettrons qu'au lieu d'attendre avec hâte et enthousiasme cette rencontre avec Jésus, nous sommes nombreux à être remplis de crainte et d'appréhension et à vouloir supplier : « Attends, Seigneur Jésus ! » Je préfère personnellement comme prière la collecte de l'Avent où nous lisons : « Guéris, Seigneur, l'aveuglement qui te cache à ma vue. Soulage la peur qui me cache à la tienne ».

La crainte que j'éprouve de rencontrer Jésus remonte en partie à la fausse image que je me fais de lui en tant que juge et avec laquelle j'ai grandi. J'avais entendu les discours traditionnels de bon nombre de maîtres de retraite jésuites sur le péché,

1. Millénarisme : doctrine de ceux qui croyaient que le règne du Messie sur la Terre durerait mille ans avant le jour du jugement dernier. Il existe diverses interprétations du millenium dont celle de Montanus au IIe siècle qui annonçait l'instauration imminente en Phrygie de la Jérusalem céleste, ou plus récemment, celles des Adventistes, des Témoins de Jéhovah ou des Mormons.

la mort, le jugement et les feux éternels de l'enfer (rappelant souvent le sermon sur l'enfer dont se souvient James Joyce dans son « Portrait de l'artiste »[1]). Ce sermon dont l'intention était d'éveiller la peur en nous afin de nous rendre vertueux (vertu qui consistait surtout à éviter le sexe), revenait à peu près à ceci : Jean et Marie, deux adolescents catholiques sages et purs, qui recevaient tous les jours la communion, étaient allés ensemble à la fête dansante de leur école. Après la fête, ils ont garé la voiture dans « l'Allée des amoureux » et ont eu des rapports sur la banquette arrière de la voiture du père de Jean. Reprenant l'autoroute pour rentrer chez eux, ils ont été victimes d'un accident fatal. Morts en état de péché mortel, ils sont évidemment allés tout droit en enfer pour l'éternité. Suivait alors une demi-heure de détails terrifiants visant à nous faire entrevoir la signification d'une condamnation à brûler toute l'éternité dans les flammes de l'enfer.

Une telle approche, truffée de déformations et d'idées fausses quant à la nature de Dieu, du péché et du jugement, rend difficile toute tentative de démystification. Cela me rappelle une histoire que m'a racontée un ami sicilien sur les bons et les mauvais « contrats » de la Mafia. Dans le cas d'un bon contrat de mort, la victime n'a pas commis de faute réellement grave, mais elle risque d'être encombrante ; ses meurtriers désignés l'attendent donc à la sortie de l'église le dimanche pour remplir leur mission. En revanche, dans les mauvais contrats, l'homme à abattre étant coupable d'une offense impardonnable, les tueurs l'exécutent au moment même où il sort de chez sa maîtresse le samedi soir.

Les sermons des Jésuites, comme les contrats de la Mafia, sont blasphématoires dans la mesure où ils impliquent que le jugement de Dieu est de fait déterminé par le moment exact où survient la mort, ou encore qu'il peut être sujet à une manipulation de la part des hommes. Dieu ne condamne sûrement pas une victime qui, sous la torture, le renie ou abjure

1. James Joyce, *Portrait de l'artiste,* traduit par Jacques Aubert, (Paris : Gallimard, 1981).

sa foi avant de mourir. Le vrai blasphème consiste à croire que les humains peuvent contrôler ou manipuler le jugement de Dieu.

Pour être raisonnable, ce jugement ne peut se fonder que sur la somme de significations et d'orientations qui ont marqué toute notre existence. Maurice Blondel, le philosophe catholique français qui a eu une grande influence sur Vatican II, a très bien formulé ce principe : « Je me trouve condamné à vivre, condamné à mourir, condamné à l'éternité. Si ma liberté ne donne pas un sens ultime à ma vie, je ne suis pas, je n'ai, en tant que personne humaine, ni sens propre, ni identité. Je dois être libre de choisir la vie, la mort, et l'éternité, ou alors je ne suis rien »[1]. Notre liberté, si elle est bien réelle et non un vain mot, doit intervenir dans le fait de mourir.

Pour que le jugement prenne un sens pour nous, le moment où nous mourons doit être, par la grâce de Dieu, un instant de franche détermination que conditionnera l'histoire de notre vie et les choix de notre existence. Nous devons nous sentir libres de décider de cette ultime option en la présence de Dieu.

Toutes les actions que nous aurons faites par bonté, amour et générosité nous feront choisir d'entrer en la présence de l'amour incarné. En revanche, les mauvaises, dénuées d'amour et égoïstes nous pousseront à fuir un face-à-face qui nous semblera insupportable. Et pourtant, ce stade final est celui où nous choisirons librement et déciderons du sens que nous voulons donner à notre vie. Si Dieu nous a vraiment créés libres, Il nous accordera sûrement cet ultime libre arbitre. C'est pourquoi le moment de la mort a toujours été perçu comme critique : « Priez pour nous maintenant et à l'heure de notre mort ».

Le sermon de retraite des Jésuites pèche aussi par sa notion d'offense grave contre Dieu. Cette faute qui pourrait nous séparer de Jésus pour l'éternité, ne peut vraisemblablement pas être la conséquence d'un seul acte, surtout d'un acte qui serait

1. Maurice Blondel, *L'Action : essai d'une critique de la vie et d'une science de la pratique* (Paris : Félix Alain, 1893), vii. Voir aussi John J. McNeill, *The Blondelian Synthesis : A Study of the Influence of German Philosophical Sources on the Formation of Blondel's Method and Thought* (Leiden : E.J. Brill, 1966), p. 121.

contraire à la direction générale de notre vie. Le péché grave doit plutôt venir de ce que l'on pourrait appeler l'orientation fondamentale de notre être.

Finalement, le sermon jésuite insiste de façon injustifiée sur la nature sexuelle du péché. De tels prêches de retraite ont amené des générations de chrétiens, hantés par des sentiments de culpabilité, à nier leur nature et leurs besoins sexuels de toute leur énergie spirituelle et psychique. Ceux qui exprimaient forcément ces appétits compulsifs au niveau des actes s'en culpabilisaient donc et se haïssaient eux-mêmes à un degré extrême. Ils tombaient facilement, de ce fait, dans l'adoration d'un Dieu de peur aux exigences sadiques.

Sida et jugement de Dieu

Comme je l'ai déjà dit dans « L'Église et l'homosexuel », nous pouvons être absolument sûrs d'une chose, « Dieu n'a jamais voulu que quiconque contracte le sida ». Ceux qui voient dans cette épidémie une preuve que Dieu condamne et punit les homosexuels révèlent surtout leurs propres préjugés homophobes et leur haine peu déguisée des gays. Certains évangélistes souhaiteraient aujourd'hui que les lesbiennes et les gays reviennent à l'adoration d'un dieu païen de peur ; ils nous demandent de renoncer à une vie d'intimité sexuelle afin d'échapper à la punition divine. Ceux qui pensent ainsi manifestent l'ignorance où ils sont du Dieu que Jésus a révélé. Jésus a insisté sur le fait que Dieu est un parent aimant et compatissant qui ne condamne pas ses enfants, surtout pour ce sur quoi ils n'ont aucun pouvoir.

Jésus a plus d'une fois récusé la notion selon laquelle Dieu infligerait une sanction physique pour réprouver un péché présumé. Après un accident survenu dans l'enceinte du temple qui coûta la vie à quelques hommes, il demanda : « Croyez-vous que pour avoir subi pareil sort, ces Galiléens fussent de plus grands pécheurs que tous les autres Galiléens ? Non, je vous le dis. » (Lc. 13:2-3). A une autre occasion, les disciples de Jésus l'interrogèrent sur le sort d'un homme aveugle de naissance : « Rabbi, qui a péché, lui ou ses parents, pour qu'il soit né aveugle ? »

Jésus répondit :

« Ni lui, ni ses parents n'ont péché, mais c'est pour qu'en lui se manifestent les œuvres de Dieu. » (Jn. 9:2-3).

Les œuvres de Dieu dont parlait Jésus étaient sa propre mission en tant que sauveur et « lumière du monde » : il humecta ses doigts de salive, toucha les yeux de l'aveugle et celui-ci recouvra la vue.

A la lumière des enseignements de Jésus, la seule question que nous puissions poser est la suivante : De quelle manière Dieu manifeste-t-il ses œuvres dans la souffrance et la mort des personnes atteintes du sida ? Je ne prétends évidemment pas détenir de réponse absolue à cette question. Chacun y apporte sans doute sa propre solution. Mais dans un esprit de bonne foi et de confiance, nous pouvons nous fier à la promesse selon laquelle de la douleur, de la maladie, de la souffrance et du trépas, Dieu, dans son amour, fera naître un plus grand bien. L'œuvre de Dieu, c'est aussi le chemin personnel qu'emprunte chaque malade du sida à travers la vie et la mort jusqu'à sa rencontre personnelle avec le Dieu d'amour, lorsqu'il sera libre de faire son choix ultime.

Mais de ce mal qu'est le sida, Dieu a fait sortir du bien et il en existe des preuves. J'ai déjà évoqué la conscience renouvelée et l'acceptation de notre mortalité, et par conséquent, la perception accrue que nous avons acquise de la valeur de la vie. D'un point de vue médical, nous pouvons espérer qu'une découverte scientifique radicale débouchera sur le traitement de toutes les maladies virales. Avant la crise du sida, je me souviens d'avoir craint que la libération lesbienne et gay ne parvienne jamais à changer les attitudes sociales, puisque tant d'homosexuels tout à fait exceptionnels vivaient dans l'ombre. Je pense aux centaines de couples gays dont l'affection mutuelle aurait pu rester cachée, mais dont l'amour généreux et le dévouement jusqu'à la mort se sont manifestés dans les salles de tous les hôpitaux et hospices américains. Je pense aussi au père Michael Peterson :

sa lettre ouverte concernant son homosexualité et sa lutte contre le sida ont eu un puissant impact sur tous ceux qui admiraient son œuvre de psychothérapeute et de guide spirituel. J'ai aujourd'hui un réel espoir que le nouveau regard du public sur les gays et sur leurs rapports aboutira à une pleine acceptation de leurs couples comme possédant les mêmes droits que les hétérosexuels dans la société et dans l'Église.

La seule réponse claire et certaine que Jésus ait donnée en son temps aux victimes de maladies telles que la lèpre ne reflétait ni jugement, ni condamnation, mais exprimait plutôt sa compassion. Lorsqu'il a rencontré des lépreux, il les a écoutés, touchés et guéris. Nous lisons dans l'évangile de Marc : « Un lépreux vient à lui, le supplie et, tombant à genoux, lui dit : " Si tu le veux, tu peux me guérir. " Ému de compassion, Jésus étendit la main, le toucha et lui dit : " Je le veux, sois guéri. " Et aussitôt la lèpre le quitta et il fut guéri. » (1:40-42).

L'épidémie du sida nous interpelle pour que nous réaffirmions notre foi et notre confiance en Dieu comme un parent attentif en qui se confondent amour et compassion, justice et paix. Elle nous appelle à faire tout ce que nous pouvons pour soulager la souffrance de ceux qui en sont affligés et la douleur de ceux qui les aiment, à espérer et à prier pour que d'une façon qui nous échappe, Dieu fasse naître un plus grand bien de toute cette peine.

Le malade du sida a d'abord besoin de quelqu'un qui soit prêt à le toucher, qui sache écouter, qui ne s'enfuira pas lorsqu'il aura besoin de dire sa colère ou de partager sa peur et son désespoir. Rappelons-nous la question que Jésus posa à ses disciples dans le jardin de Gethsémani : « Tu n'as pas eu la force de veiller une heure avec moi ? » (Mc. 14:37).

Qu'est-ce que le jugement dernier ?

Lorsque Jésus évoque les péchés dont nous serons tenus responsables au jugement dernier, il ne fait aucune mention des pensées impures, de la masturbation, d'une attirance érotique pour quelqu'un du même sexe ou de relations sexuelles extra-conjuguales. Les fautes qu'il condamne sont de nature très différente : j'avais faim et vous ne m'avez pas donné à manger ; j'avais soif, j'étais nu, seul, malade, en prison, je souffrais, et vous ne m'êtes pas venu en aide. Dans ses allusions au jugement ou au péché, Jésus ne parle nulle part d'actes sexuels, à moins qu'ils ne supposent une violation de la personne. Jésus ne fait aucune allusion non plus à l'homosexualité dans les quatre Évangiles. Je crois que mis à part le viol, les violences contre un enfant, ou le mal que l'on inflige volontairement à un(e) amant(e), il est très rare qu'un rapport entre deux adultes consentants puisse constituer une faute grave.

Et pourtant, tout disciple du Christ doit se reconnaître le devoir de gérer sa sexualité de façon à ce que ses énergies lui servent à exprimer l'amour de façon non égoïste. Quel monde meilleur ce serait si seulement tout le dynamisme psychique que nous mettons actuellement à nier et à réprimer nos pulsions sexuelles pouvait être libéré pour servir plutôt à la mise en œuvre du message de justice, de paix et d'amour que nous transmet l'Évangile.

Par contraste avec les nombreuses évocations du jugement dernier qui nous viennent du passé, l'image littéraire la plus belle et la plus juste que j'en connaisse se touve dans le livre de C.S. Lewis, « The Last Battle » (Le dernier combat), septième volume de ses chroniques de Narnia[1]. Dans ce livre, Aslan, un énorme lion, figure du Christ et sauveur de son monde, se tient debout à l'entrée de l'étable où il est né. Le soleil, la lune, les étoiles s'éteignent tour à tour jusqu'à ce qu'il ne reste plus qu'une seule source de lumière : celle qui passe par la porte de l'étable. Toutes les créatures de ce monde se précipitent vers elle et se retrouvent face à Aslan. Ceux qui le détestaient de leur vivant et rejetaient sa règle d'amour, sont envahis de haine et de terreur à sa vue et préfèrent se précipiter vers un gouffre obscur sur sa gauche.

1. C.S. Lewis, *The Last Battle* (New York : Macmillan, 1986).

Mais ceux qui l'aimaient et vivaient selon sa loi d'amour sont pénétrés de joie, courent vers lui pour l'embrasser et entrent dans l'espace lumineux qui les attire sur sa droite.

Remarquez que dans cette scène, Aslan, figure de Dieu, n'agit pas ; il est ce qu'il est. Ce sont les créatures qui se jugent elles-mêmes selon la façon dont elles l'éprouvent. Cette refonte par Lewis du récit du jugement dernier éclaire bien l'ultime dimension de notre liberté morale : que nous mettions Dieu dans notre vie ou que nous l'excluions est un choix que nous sommes libres de faire. Cette scène de « The Last Battle » peut aussi nous faire percevoir le sens de notre mort sous un jour nouveau. Un chrétien devrait voir en son trépas le moyen d'entrer en la présence de Jésus-Christ. La mort deviendrait alors un acte décisif et définitif par lequel on s'engage à aimer, à se livrer une fois pour toutes entre les mains de Dieu : « Je remets mon esprit entre tes mains. » (Lc. 23:46).

Comment entamer dès lors le processus visant à surmonter les craintes de la mort et du jugement qui nous ont été inculquées enfants, peurs qui peuvent nous empêcher de mener notre existence pleinement et authentiquement, et nous amener à la croyance erronée qu'une maladie comme le sida serait une punition de Dieu.

Nous devons d'abord parier sur Dieu. Nous devons croire que Dieu est un Dieu d'amour tandis qu'un dieu de peur n'est qu'une idole. Nous devons lutter contre la culpabilité pathologique et l'inquiétude qui nous hantent, et comprendre que ces émotions malsaines sont des insultes au vrai Dieu. Finalement, il est nécessaire que nous nous tournions quotidiennement vers Dieu dans la prière. Je recommande vivement le type de prière qui nous centre sur Dieu et nous met en sa présence sans que nous ayons recours à aucune image, puisque pour la plupart d'entre nous, elles sont chargées de crainte et de culpabilité non fondées. Demandons à Dieu d'écarter de nous tout obstacle qui nous masque sa face.

Jean nous dit dans sa première épître que l'amour parfait ne connaît pas la frayeur. Écoutez de même ces paroles dénuées d'appréhension qu'adresse Paul dans sa deuxième lettre aux Corinthiens :

> « Nous croyons, nous aussi, et c'est pourquoi nous parlons, sachant bien que Celui qui a ressuscité le Seigneur Jésus nous ressuscitera nous aussi avec Jésus, et nous placera près de lui avec vous... C'est pourquoi nous ne faiblissons pas... Nous savons en effet que si cette tente — notre demeure terrestre — vient à être détruite, nous avons une maison qui est l'œuvre de Dieu, une demeure éternelle qui n'est pas faite de main d'homme, et qui est dans les cieux. Aussi bien gémissons-nous dans cet état, ardemment désireux de revêtir par-dessus l'autre notre habitation céleste ... afin que ce qui est mortel soit absorbé par la vie. Et Celui qui nous a faits pour ce destin-là, c'est Dieu, qui nous a donné les arrhes de l'Esprit. » (4:13-16, 5:2-5).

Dans « Les Frères Karamazov »[1] de Dostoïevski, le père Zassima admet que personne ne peut prouver objectivement qu'il y ait une vie après la mort : mais nous sommes néanmoins capables de nous convaincre de cette vérité. Certes nous le pouvons en pratiquant dans notre propre vie un amour actif. Essayez d'aimer votre voisin avec une ferveur constante, active et vraie. Cet amour ne pourra qu'augmenter et vous persuadera de l'existence d'un Dieu d'amour et de votre propre immortalité. Pour citer de nouveau saint Paul, « l'amour ne connaît pas de fin. » (1 Co. 13:8).

Méditons aussi les paroles de Jean, le disciple que Jésus aimait :

« En ceci consiste l'accomplissement de l'amour en nous :
que nous ayons pleine assurance au jour du jugement,
car tel est celui-là,
tels aussi nous sommes en ce monde.

1. Les Frères Karamazov : Dostoïevski (1821-1881) publia ce dernier roman, qui est aussi considéré comme son chef-d'œuvre, en 1879-80. Il a été traduit et adapté pour la première fois en français par E. Halpérine-Kaminsky et Ch. Morice (Paris : Plon, 1888). D'autres traductions comprennent celle de Henri Mongault dans la « Bibliothèque de la Pléiade » (Paris : Gallimard, 1952).

Il n'y a pas de crainte dans l'amour ;
au contraire, le parfait amour bannit la crainte,
car la crainte suppose un châtiment,
et celui qui craint n'est pas consommé en amour. »
(1 Jn. 4:17-18)

Je terminerai ce chapitre en citant un poème écrit par mon ami, Samuel Menashe, dont l'amitié remonte à la Deuxième Guerre mondiale, poème d'amour que j'adresse à Dieu :

« Bien-Aimé aux multiples noms,
écoute ma louange,
aussi variée que le sont les saisons,
changeante comme les jours.
Je mets fin à toutes mes trahisons
dès que m'apparaît ta face »[1].

1. Samuel Menashe, *Collected Poems* (Orono, Me. : National Poetry Foundation, University of Maine, 1986).

19

Réflexions sur le deuil

« Heureux les affligés, car ils seront consolés. »
Matthieu 5:5

Dieu nous invite en permanence à grandir spirituellement, mais toute maturation passe nécessairement par l'expérience du deuil. Nous lisons, par exemple, dans la Genèse, qu'Abraham, père de tous les croyants, doit faire confiance à la parole de Dieu et tirer un trait sur son passé ; il doit quitter la terre de ses parents, la maison de son père et aller vers un pays inconnu où Dieu lui accordera sa bénédiction. Peu importe l'âge de celui qui s'engage dans une telle quête : Abraham était alors un jeune homme de soixante-quinze ans.

J'aimerais encore dire quelques mots sur le deuil et la mort. On reproche aux Irlandais d'entretenir une fascination morbide pour cet événement qui met un terme à la vie. Nous n'achetons jamais un journal sans passer immédiatement aux avis de décès. Toutefois, être prêt à regarder la mort en face et s'en préoccuper peut aussi constituer une preuve de santé spirituelle — un signe qu'on a retrouvé la faculté d'apprécier la vie et pris le risque de la mener avec courage. Car la peur de mourir dissimule peut-être en réalité une peur de vivre.

Il n'y a qu'une seule vraie question dans l'existence : Peut-on aimer tout en sachant que l'autre mourra ? Les incroyants et les stoïciens auront tendance à dire que non. Ils soutiennent qu'on ne doit jamais tomber amoureux, parce qu'on risque de trop souffrir lorsque l'autre viendra à disparaître. En revanche, l'homme de foi répondra que oui. Parmi nous, ceux qui ont adhéré au message du Christ ne voient plus en la mort une menace. Nous sommes libres de vivre et d'aimer malgré elle, croyant de toute notre âme que par la bonté et la grâce de Dieu, tout amour vrai triomphera même de la mort. C'est grâce à cette sorte de foi que les Irlandais peuvent parfois transformer en fête une veillée mortuaire.

La maturation spirituelle suppose un processus de deuil et de désolation, une mort et une renaissance. Chaque être humain doit relever le défi que posent les pertes inévitables suscitées par la croissance, le développement, le vieillissement et le trépas. Les enfants doivent grandir et quitter le foyer. Les parents prennent de l'âge, tombent malades ou deviennent infirmes et meurent. Nous déclinons nous-mêmes, même si Dieu nous prête vie, et devons tôt ou tard faire face à une maladie incurable et à la mort — la nôtre comme celle des gens que nous aimons.

Je crois que seule une foi religieuse profonde peut nous aider à trouver la paix ici-bas avec une conscience qui, bien qu'elle aspire à l'immortalité, vit dans un corps sujet à la décrépitude et à la disparition. Celui qui est privé de tout système de croyance capable de donner à l'existence un sens transcendant se condamne lui-même à la détresse et au désespoir. Nous devons par conséquent accepter consciemment les diverses étapes du deuil, si nous voulons préserver notre santé mentale.

Survivre à la perte de l'amour est l'un des plus durs et des plus pénibles défis que nous ayons à relever. Cette situation, comme tout autre sentiment de perte, peut provoquer une tristesse saine ou une tristesse pathologique. Lorsque la peine est saine, la blessure peut guérir graduellement pour enfin nous permettre de retrouver peu à peu la faculté de nous réinvestir dans la vie et dans l'amour. Le souvenir de l'amour devient paisible, voire agréable. La première expérience que nous faisons du malheur est souvent liée à la perte d'un animal familier. Un enfant aura réussi à oublier la peine que lui aura causée la mort de son chien ou de son chat lorsqu'il pourra s'intéresser de nouveau à quelque autre animal. Mais si cela ne se produit plus jamais, c'est la preuve que le deuil n'a pas été vécu de façon satisfaisante.

C'est un signe d'affliction tout à fait normal que de continuer à mettre deux couverts pour le petit déjeuner, une semaine après l'enterrement de l'aimé(e), et de l'appeler pour lui dire qu'il est l'heure de passer à table. Quand vous aurez pris conscience de cette disparition, il est probable que vous vous assiérez, que vous éprouverez des sentiments de vide, de solitude et de souffrance et que vous pleurerez de façon inconsolable. Mais à mesure que le temps passera, ces moments où la douleur vous saisira brusquement, avec l'intensité qu'elle avait au moment de la perte, s'estomperont. Si toutefois, six mois après la disparition de votre aimé(e), vous continuez à mettre la table pour deux au petit déjeuner et à poursuivre une conversation imaginaire, alors, c'est que le deuil est mal vécu et vous avez sans doute besoin de l'aide professionnelle d'un conseiller ou d'un thérapeute. Le mécanisme sain peut avoir été bloqué par une culpabilité, une peur non parvenues au niveau du conscient. Il nous faut, dans ce cas, une aide spécialisée pour achever le travail de deuil.

Grâce aux avancées de la médecine, l'agonie peut s'étendre sur une plus longue durée. C'est souvent le cas pour les malades du sida. Lorsque quelqu'un que nous aimons souffre d'une maladie incurable, il est possible que nous ayons déjà vécu le stade le plus difficile du deuil avant même que ne survienne la mort. L'amant(e), la famille ou les amis du défunt peuvent être surpris par les sentiments de paix et d'acceptation qu'ils éprouvent, et par l'absence de toute douleur ou tristesse. Ils devraient savoir que, loin d'être une marque d'indifférence, cet état est plutôt la conséquence d'une période de deuil pénible qu'ils ont en réalité déjà traversée.

Il est fréquent, pourtant, étant donné la jeunesse de ceux qui meurent du sida, que le processus de deuil s'avère bien plus long et pénible. Il est relativement plus facile de pleurer la mort d'un être aimé dont la vie a été longue et bien remplie, que celle de quelqu'un qui disparaît à trente-cinq ans — âge moyen des victimes du sida.

Le sanskrit désigne la veuve par un terme qui signifie le « vide ». La détresse que nous éprouvons lorsque quelqu'un que nous chérissons vient à mourir prend effectivement sa source dans ce sentiment de vide. Quand nous aimons quelqu'un profondément, nous ne faisons plus qu'un(e) avec cette personne. Notre amour fait partie de notre réalité la plus intérieure et la plus profonde, c'est-à-dire de notre essence même. Lorsque s'éteint cet être, nous avons donc le sentiment de perdre notre identité, tandis que notre rapport au monde se dépouille aussi de son sens. Nous devons nous redéfinir ainsi que notre rapport au monde. Le processus de deuil permet que cette perte s'intègre à la conscience que nous avons de notre *moi*.

Mais ces divers stades diffèrent d'une personne à l'autre. Il y a fréquemment un choc initial, le sentiment de ne plus être capable de rien éprouver. C'est là une réaction d'autodéfense naturelle qui nous permet de continuer à fonctionner et nous donne le temps nécessaire pour mobiliser nos ressources et faire face à notre perte. A cette période succèdent souvent une réaction et un débordement de type affectif. Nous connaissons alors des moments de douleur, de vide, des larmes de détresse, des sentiments de désespoir, de dépression et de solitude qui peuvent sembler tout à fait écrasants.

Il est normal que nous ayons l'impression de ne plus vouloir vivre. L'existence nous semble privée de sens et de bonheur, c'est comme si nous étions abandonnés et frappés d'immobilité. Il est naturel que des pensées de suicide nous viennent alors. Mais les interdictions religieuses et le souvenir des vœux de notre aimé(e), nous empêchent souvent d'y recourir.

Cette phase du deuil s'accompagne souvent de nombreux symptômes physiques. Il se peut qu'on somatise la souffrance sous forme de douleurs, de fièvre, etc. Des réactions psychologiques tels que des sentiments de panique et de culpabilité intenses apparaissent aussi parfois. Nous pouvons avoir l'impression d'avoir commis une faute impardonnable et d'être ainsi responsable de la mort de l'aimé(e). Nous nous disons : « Si seulement j'avais mieux chéri, été moins égoïste, su modérer mes colères, ne l'avais pas trompé(e), mon amour serait encore vivant ». Quand de tels sentiments deviennent intenses et intolérables, il est bon, une fois de plus, de faire appel à un professionnel.

La colère est toujours la forme primaire de la culpabilité. Celui qui a subi une telle perte passe fréquemment de la culpabilité et de la haine de soi à un sentiment de rage et de colère incontrôlables. Personne n'est à l'abri de cette rage. Elle peut se diriger tour à tour vers soi ou vers l'aimé(e) qui a disparu. Il se peut que nous soyons agressifs envers nos amis, envers le personnel de l'hôpital, nos parents, l'Église et même Dieu. Cela aussi représente un stade naturel, nécessaire et purificateur du processus de deuil.

La troisième phase est d'habitude caractérisée par une lassitude et un épuisement. Nous éprouvons alors un besoin de repos prolongé pour retrouver nos forces. Le partage des joies et des peines constitue l'essence même d'une vraie communauté chrétienne. Le principal rôle qu'elle peut jouer à ce moment précis est d'accueillir celui/celle qui pleure et de compatir à sa peine.

Sentir que nous sommes accompagnés, pouvoir livrer nos sentiments nous aide à mener à bien notre deuil. C'est un appui que de trouver une communauté aimante qui sache nous accepter et nous réconforter, et qui nous maintienne en contact avec le monde des vivants. L'appel plaintif de Jésus à ses disciples dans le jardin de Gethsémani résonne encore à nos oreilles : « Tu n'as pas eu la force de veiller une heure ? » (Mc. 14:37).

Lesbiennes et gays ont souvent du mal à adhérer aux aspects collectifs du deuil. Il est essentiel qu'au cœur de notre affliction, nous puissions partager notre peine et notre tristesse avec des amis capables de nous comprendre. La société hétérosexuelle dispose de rituels et de toute l'infrastructure nécessaire pour cela : l'avis de décès, la veillée mortuaire, les funérailles ou la cérémonie religieuse, la réunion de famille... Mais si un couple lesbien ou gay a dû vivre clandestinement, la détresse du survivant ne peut s'exprimer publiquement ou normalement au sein de la société.

La situation peut même être encore pire. Beaucoup de journaux refusent de mentionner le nom d'un ami gay ou d'une amie lesbienne dans les avis de décès. La famille du défunt décide parfois seule de tous les aspects de la veillée mortuaire et des funérailles, interdisant à l'ami d'afficher sa détresse ou même d'y assister. Les homosexuels se retrouvent souvent exilés, même au moment du trépas et du désespoir, incapables d'exprimer ouvertement leur tristesse, surtout si leur compagnon est mort d'une maladie liée au sida.

L'une des expériences les plus pénibles de ma vie de prêtre a été l'appel aux premières heures du jour d'un ami gay. Celui avec lequel il avait vécu pendant vingt-cinq ans agonisait par suite du sida dans un hôpital catholique. Sa famille, venue de loin, avait réussi avec l'aide de l'aumônier de l'hôpital, à lui interdire l'accès à la chambre du mourant. Leur liaison n'ayant jamais été reconnue sur le plan juridique, il n'avait aucun recours. Nous avons arpenté les rues de Manhattan, pleurant et tâchant de nous consoler mutuellement. Mais le pire devait encore arriver. Le corps de son ami a été ramené dans sa ville natale pour y être enterré, et il a de nouveau été exclu de la cérémonie. La famille a emporté tous les objets de valeur dont ils s'étaient entourés pendant vingt-cinq ans. Dieu merci, il appartenait à une communauté gay qui a été capable de reconnaître et de compatir à sa tristesse et de célébrer avec lui les vingt-cinq années d'amour qu'il avait connues.

Les familles de ceux qui sont morts du sida sont aussi souvent privées de la possibilité d'exprimer leur douleur. Revenant chez eux après l'enterrement de leur fils dans la grande ville, les parents se sentent bien seuls, sans personne avec qui partager leur peine.

Le processus de deuil prend un caractère particulièrement aigu pour la santé psychologique et spirituelle des homosexuels et pour tous ceux que la société exclut du fait de leur différence. Je voudrais recommander à tous mes lecteurs l'ouvrage de John

Fortunato, « Embracing the Exile : Healing Journeys of Gay Christians »[1] (Accepter l'exil : le cheminement des chrétiens gays vers la guérison). Psychothérapeute et ancien président de *Integrity*, organisation nationale des protestants gays, Fortunato insiste sur un point : nous sommes continuellement obligés de gérer notre deuil. Celui-ci comprend toujours les cinq étapes définies par Elizabeth Kübler-Ross : dénégation, compromis, colère, dépression et finalement acceptation[2]. C'est un processus que peut déclencher n'importe quelle déception, que ce soit le simple fait de ne pas pouvoir tourner à gauche au feu, ou la perte de quelqu'un qu'on aime. Fortunato met l'accent sur l'idée que la plupart des gens fondent leur sentiment d'appartenance et de maîtrise sur un mythe. Notre différence en tant qu'homosexuels nous prive toutefois de ce mythe, et a fortiori, de ce sentiment d'appartenance. Que d'homosexuels souffrent, enfants, de se sentir dissemblables de leur famille face à des parents déçus parce que leur fils ne s'intéresse ni à la chasse ni au football, ou que leur fille refuse de se conformer au modèle « féminin » type.

Mon travail de thérapeute m'a fait comprendre que tout enfant gay s'éprouve à un certain niveau comme fondamentalement orphelin. Les adolescents gays sont fréquemment rejetés et physiquement malmenés par leurs pairs. Les jeunes homosexuels atteints par cette impression d'isolement, essaient craintivement de refouler leur particularité, et font des efforts désespérés pour se faire accepter. La peur risque de condamner les homosexuels adultes à vivre dans l'ombre, éprouvant de la rage contre le monde entier, connaissant des rapports sexuels furtifs et anonymes, hantés par la terreur que leur secret ne soit étalé au grand jour.

Il est possible que nous restions bloqués à n'importe quel stade de la douleur. Nous sommes capables de nous enfermer à vie dans la dénégation de notre homosexualité, comme de nous arrêter à la phase du compromis, jouant les hétéros toute la

1. John Fortunato, *Embracing the Exile : Healing Journeys of Gay Christians* (San Francisco : Harper and Row, 1984).
2. Elizabeth Kübler-Ross, *On Death and Dying* (New York : Macmillan, 1969).

journée au travail et ne laissant affleurer notre homosexualité qu'en fin de semaine, de façon tout à fait schizophrène. Autre éventualité : nous ne dépassons pas le stade de la colère et nous laissons le cynisme et la haine envahir notre vie, surtout à l'égard de nos frères gays et de nos sœurs lesbiennes ; nous pouvons aussi en rester au stade de la dépression et ne jamais plus éprouver aucune joie de vivre.

Pour éviter ces pièges, il faut assumer notre deuil. Nous devons constamment réagir aux sentiments de dénégation, de colère et de dépression pour enfin connaître l'allégresse, lorsque nos blessures sont guéries et que notre souffrance a fait place à une acceptation paisible. Il est important de comprendre qu'il nous est quasiment impossible d'accomplir ce trajet seuls. Nous avons besoin pour y arriver d'amis et d'une communauté chaleureuse qui nous aident à parcourir ce chemin.

Fortunato émet l'idée que la maturation psychologique et spirituelle d'une lesbienne ou d'un homosexuel dépend de sa faculté de renoncer au mythe ou au rêve d'appartenir à un groupe, autrement dit, au désir d'être accepté par la société hétérosexuelle, pour remplacer cette aspiration par un processus de maturation spirituelle personnelle plus approfondie :

> « Ce à quoi les gays doivent renoncer en fin de compte, c'est à leur obsession du rejet et à leur besoin que les autres (qui ne peuvent ni ne veulent le faire) reconnaissent leur valeur et le fait qu'ils sont dignes d'être aimés. C'est ainsi : si l'assurance ne nous est pas donnée par les autres et par le mythe que nous sommes intègres et que nous méritons notre place dans l'univers, il nous faut alors passer outre. Nous n'avons pas d'autre choix que celui de rechercher ailleurs la confirmation de notre être, de la rechercher dans un ailleurs plus profond et plus cosmique.
>
> En cessant de nier, de se battre et de se complaire dans l'oppression, on peut se soustraire à la boue et poursuivre sa route. On commence à comprendre que la liberté et le sentiment d'appartenance ne peuvent absolument pas s'atteindre au moyen du mythe. Qu'ils n'en ont même jamais fait partie. Alors s'éclairent les paroles de Jésus : “ Mon royaume n'est pas de ce monde. ” (Jn.18:36). »

Si on a renoncé au mythe de l'appartenance à ce monde, c'est qu'on a déjà fait l'expérience du processus de deuil. Ce cheminement nous rend de plus en plus libres spirituellement de mener une existence authentique et courageuse en ce monde. En nous consacrant toujours plus à notre vie spirituelle, nous pouvons transformer ce que d'aucuns jugent être la malédiction de l'homosexualité en un destin d'exilés jouissant d'une richesse spirituelle inouïe. Matthew Kelty, moine trappiste, évoque cet aspect de l'homosexualité dans son livre, « Flute Solo : Reflections of a Trappist Hermit » :

> « J'aurais parfois envie de ressembler un peu plus aux autres. Je suis conscient d'une différence ; d'une certaine appréhension des choses, d'une aptitude à la poésie et au spirituel qui — sans être exceptionnelle — est encore suffisamment vive pour me différencier des autres. Je n'hésiterai pas non plus à dire que cela est en quelque sorte lié à l'homosexualité. Car bien que je ne l'aie jamais pratiquée, je suis tout à fait conscient d'une orientation qui va certainement autant dans ce sens que dans l'autre ; et conscient également du fait que si la connaissance, l'occasion ou les circonstances m'en avaient été données, j'aurais aisément pu emprunter cette voie.
>
> Mais les gens comme moi semblent souvent se trouver dans cette situation, raison pour laquelle, telle que je la conçois, ils sont en communication plus intime avec l'*anima* que la majorité… Ces individus aspirent à une consolation dans leur solitude et à ce que leur sort ou leur destin soit compris… L'homme dont l'*anima* est forte aura toujours le sentiment d'être imparfait, jusqu'au jour où il se réconciliera à l'esprit qui l'habite et atteindra à une communion — ce qui est un exploit non négligeable. Il ne peut jusque-là agir véritablement comme une personne à part entière, puisqu'il ne l'est pas. Ne l'étant pas, il demeurera incapable de nouer aucun rapport profond avec quiconque.
>
> L'expérience malheureuse dont souffrent beaucoup de gens vient de ce qu'ils ne peuvent entrer en rapport avec les autres, inconscients du fait que leur difficulté relève de l'impossibilité où ils sont de communier avec eux-mêmes. Ils sont dans la situation

de l'aveugle guidant l'aveugle, sans qu'aucun des deux puisse faire que l'autre voie...

Une culture saine permettrait peut-être aux homosexuels qui ont reçu ce don — vienne-t-il de Dieu ou de la nature — de prendre conscience de leur vocation et d'y répondre de façon constructive. »[1]

Comment pouvons-nous, homosexuels, transformer notre malédiction en bénédiction ? En trouvant le temps de prier chaque jour en présence de Dieu, nous établissons avec Dieu un rapport vivant, affectueux et personnel. Nous sommes alors capables de reconnaître que tous les événements en pièces de notre vie — pertes, douleur et tristesse — sont liés aux grands événements de l'œuvre rédemptrice que Dieu a accomplie en Jésus. En priant quotidiennement, nous serons tout à fait préparés à la mort. Car si nous entrons librement en la présence de Dieu, cela devrait être plus facile pour ceux d'entre nous qui ont déjà vécu le deuil et qui se sont détachés du monde, de pénétrer une fois pour toutes en elle lorsque viendra la mort. *Maranatha !* Viens Seigneur Jésus, viens.

Dieu tout-puissant, tu as donné ta parole que ceux qui sont affligés seront consolés. Touche les cœurs de tous ceux qui souffrent à cause du sida ; rends-les conscients de ta présence d'amour et accorde-leur ta paix. Amen.

1. Matthew Kelty, *Flute Solo : Reflections of a Trappist Hermit* (Garden City, N.Y. : Doubleday, 1980).

Septième partie

POUR UNE COMMUNAUTÉ SPIRITUELLE LESBIENNE ET GAY

INTRODUCTION

Les amants se rassemblent

« Que deux ou trois, en effet, soient réunis en mon Nom, je suis là au milieu d'eux. » (Mt. 18:20). Ces paroles surprenantes du Christ mettent l'accent sur la valeur spirituelle de la collectivité.

Nous nous accrochons souvent à un rapport négatif à l'Église, à Dieu et à l'autre dans la crainte de mettre fin à cette relation névrotique et de nous retrouver seuls. Nous aimons mieux avoir un parent indigne, un partenaire sadique, une Église homophobe, un Dieu de peur plutôt que de ne pas en avoir du tout. Nous sommes nos relations ; c'est l'autre qui nous donne à nous-mêmes. Le renoncement à un rapport malsain peut créer le sentiment de ne plus exister ; d'où la difficulté de rompre.

Ce n'est qu'une fois retrouvées une nouvelle communauté, une nouvelle famille et de nouvelles relations, que nous arrivons à tourner le dos au passé. Nous avons vu, dans la première partie, que pour avoir la force d'exorciser un dieu de peur et la pathologie issue d'une religion morbide et d'une foi immature, nous avons besoin de l'appui que peut nous apporter une communauté de foi saine. Il a été démontré, dans la deuxième partie, qu'une collectivité chaleureuse nous est nécessaire pour nous libérer des démons de la peur, de la colère, de la honte, et d'une mauvaise image de soi. Dans la cinquième partie, il est aussi apparu que seule une communauté d'amour peut nous rendre libres de jouer, et que la sexualité ne sera une activité joyeuse et ludique, telle que l'imaginait Dieu, que si elle s'inscrit dans une relation d'amour personnelle. Et enfin, nous avons avancé, dans la sixième partie, que le deuil ne peut se vivre de manière positive qu'avec le soutien d'un groupe attentionné. Il est certain que la force et l'appui que m'ont apportés la communauté gay, et tout particulièrement *Dignity,* m'ont permis de poursuivre mon ministère personnel auprès des gays et d'écrire ce livre.

Je souhaite, dans cette dernière partie, témoigner de ce qu'a signifié pour moi, en particulier, la communauté religieuse gay, et vous faire partager la vision que j'ai du rôle qu'elle doit tenir à l'avenir.

20

Le rôle d'une communauté chrétienne gay

« Vous en effet, mes frères (et mes sœurs), vous avez été appelés à la liberté; seulement, que cette liberté ne se tourne pas en prétexte pour la chair; mais par la charité mettez-vous au service les uns des autres. Car un seul précepte contient toute la loi en sa plénitude : Tu aimeras ton prochain comme toi-même. Mais si vous vous mordez et vous dévorez les uns les autres, prenez garde que vous allez vous entre-détruire. »

Galates 5:13-15

L'une des plus grandes bénédictions de ma vie a été l'existence de *Dignity*, organisation qui a permis à de nombreux homosexuels catholiques d'appartenir à une communauté spirituelle. *Dignity* a tenu sa première réunion il y a près de vingt ans. Nous étions intensément conscients, à l'époque, du fait qu'il n'existait à New York, l'une des capitales gays du monde, aucun ministère, aucune organisation pour les lesbiennes et les gays catholiques. Nous avons décidé, en dépit d'une angoisse extrême, de fonder un tel groupe, en prenant exemple sur nos sœurs et frères catholiques homosexuels de San Diego et de Los Angeles qui avaient constitué la toute première cellule de *Dignity*. C'est ainsi que nous avons fait paraître, en octobre 1972, une petite annonce dans le « Village Voice » pour faire savoir qu'une association du nom de *Dignity* invitait les catholiques homosexuels à assister à sa première réunion d'organisation à la cure de l'Église épiscopale du Calvaire à Gramercy Park. Nous ne savions absolument pas à quoi nous attendre, mais à notre grand étonnement, cette réunion attira plus d'une centaine d'hommes et de femmes, et *Dignity New York* avait ainsi vu le jour.

Depuis, nous avons dû changer six fois de local pour nos réunions. Malgré les tensions internes et externes, *Dignity* a survécu, et tandis qu'il y a vingt ans, le pays ne comptait que trois ou quatre chapitres, *Dignity* est actuellement une organisation nationale de plus de cent chapitres aux Etats-Unis et au Canada, et celui de New York a de plus contribué à en mettre au moins dix autres sur pied dans la région métropolitaine. Des collectivités rappelant *Dignity* ont aussi vu le jour en Angleterre, en Australie, en Amérique du Sud, en France et en Espagne, et dans bien d'autres pays encore. (Voir adresses pour la France p. 301).

Quel était l'esprit des fondateurs de *Dignity* ? Nous souhaitions contre tout espoir que Dieu ferait peut-être de nous les instruments grâce auxquels l'Église prendrait conscience de son sexisme et de son hétérosexisme. Nous désirions, en y travaillant ensemble, trouver un moyen de faire fusionner notre foi religieuse et notre homosexualité selon des modalités que ne condamneraient ni Dieu, ni notre Église, sans que nous eussions à refouler ou à renier en aucune façon notre réalité lesbienne et gay.

Les critiques ne manquaient pas dans la communauté gay comme dans l'Église. Nombreux étaient ceux qui, d'un côté comme de l'autre, nous ridiculisaient, nous taxant de naïveté. Nombreux aussi ceux qui chez les gays, déclaraient que nous étions fous d'espérer que l'Église pourrait un jour cesser d'être homophobe et répressive à l'égard des gays et des lesbiennes. Et cela sans prendre en compte tous ceux qui, au sein des Églises, affirmaient que nous étions fous de croire que Dieu nous manifesterait, de quelque façon que ce soit, sa présence, à nous, les exclus, à travers l'amour qui lie entre eux les couples homosexuels.

Et nous avions pourtant foi en la parole de Jésus : « Que deux ou trois en effet soient réunis en mon Nom, je suis là au milieu d'eux. » (Mt. 18:20). Nous avons cru que Dieu nous protégerait, nous consolerait et nous guiderait, qu'Il nous guérirait de notre aveuglement et soulagerait nos peurs. Nous comprenions vaguement que Dieu s'arrangerait pour nous parler à travers l'amour que nous avions les uns pour les autres. Nous avons donc décidé de parier sur Dieu.

Le sentiment que nous pouvions avoir de notre dignité en tant qu'homosexuels dépendait de notre profonde expérience spirituelle de l'amour que Dieu avait pour nous, précisément parce que nous étions lesbiennes et gays. Cette expérience ne pouvait nous être donnée que si nous arrivions à nous libérer de la haine de soi et à apprendre à nous aimer tels que nous sommes. Je me souviens avoir dit à cette toute première réunion de *Dignity* à New York : « La dignité n'est pas quelque chose que nous pouvons nous offrir à nous-mêmes, mais c'*est* quelque chose que nous pouvons nous offrir les uns aux autres ».

Un ancien récit hassidique [1] insiste sur l'importance que peut avoir une communauté chaleureuse. Un bon rabbin demande à Dieu de lui accorder une faveur particulière : il voudrait visiter le ciel et l'enfer avant sa mort. Dieu accepte sa requête, et il pénètre donc dans une pièce de l'autre monde. Il y découvre un groupe de gens malheureux et émaciés, assis autour d'une marmite où mijotait de la nourriture au-dessus du feu. Ils auraient voulu manger, mais tous leurs efforts restaient vains, car leur cuiller de bois étant trop longue, ils n'arrivaient pas à la porter à leur bouche. On lui dit que c'était l'enfer. Puis, on le mena dans une pièce identique où un autre groupe de gens, semblable au premier, était assis autour d'une autre marmite avec les mêmes longues cuillers de bois, mais il y avait là des rires et de la joie, la seule différence étant qu'ils se nourrissaient les uns les autres. C'était le ciel. Puissions-nous, dans la

1. Hassidisme : doctrine d'une secte juive fondée environ trois siècles avant J.-C. par ceux qui combattaient l'influence hellénique et observaient très strictement le rituel de la purification. Nom également d'une secte juive fondée en Pologne vers 1750 pour raviver les pratiques rigoureuses de l'ancien hassidisme.

communauté chrétienne gay, être capables de nous fortifier tout en nourrissant les autres.

Le mouvement chrétien gay a rendu un sentiment de dignité personnelle à des milliers d'homosexuels chrétiens : c'est là sa plus grande réussite. Je crois que la plupart de mes lecteurs admettront comme moi qu'un jeune chrétien gay aux Etats-Unis ne peut échapper à de très profondes blessures. Nous sommes nombreux à avoir été rejetés par la famille, par nos pairs, par la société, par l'Église, et même par Dieu. Il nous était, en outre, difficile de nous libérer de cette aliénation étant donné la conspiration du silence qui faisait croire à la majorité d'entre nous que nous étions les seuls homosexuels au monde. C'est grâce à des groupes religieux gays qu'un bon nombre a appris alors à s'accepter. Nous avons aujourd'hui la certitude, du fait de notre vécu, que lorsque nous nous réunissons et prions ensemble, le Saint-Esprit est au milieu de nous, nous apportant les dons divins de guérison, de joie et de paix. L'éditeur d'un livre récent sur les attitudes gays a fait remarquer que si cet ouvrage était sorti quelques années auparavant, il aurait mis en évidence beaucoup plus de commisération sur soi. Tandis qu'aujourd'hui, lesbiennes et gays semblent tout à fait heureux de leur identité. Le regard qu'ils portent sur eux-mêmes a changé de façon significative, grâce à l'existence de *Dignity, MCC, Integrity* et de bien d'autres groupes spirituels gays.

Ainsi que je le rappelai dans mon discours d'ouverture au premier congrès national de *Dignity* à Hollywood en Californie en 1973, nous avons, chrétiens et homosexuels, la chance de vivre à notre époque. A ma connaissance, c'est la toute première fois, en deux mille ans d'histoire chrétienne, que perdure une communauté gay chrétienne au sein de laquelle nous pouvons publiquement rechercher l'appui des autres pour intégrer notre vie spirituelle à notre sexualité. Nous avons donc des raisons de nous réjouir et d'être reconnaissants lorsque nous nous souvenons de tous nos frères et sœurs gays, de ces oncles et tantes célibataires qui ont vécu avant nous et qui n'ont jamais pu rencontrer ni prier avec leurs frères et sœurs en Jésus-Christ.

Je souhaite témoigner de l'importance qu'a eue pour moi,

prêtre gay, la communauté spirituelle gay. Lorsque je fus ordonné prêtre il y a quelque trente-cinq années, mon orientation homosexuelle était un secret terrible que je ne pouvais guère admettre, et que je n'avais partagé en privé qu'avec mon directeur spirituel. J'avais toujours craint qu'elle ne m'empêche de devenir le prêtre que je devais être.

Et pourtant, aujourd'hui que sont nés *Dignity* et d'autres groupes chrétiens gays, et que j'ai pu célébrer la liturgie, prêcher et conseiller ouvertement mes sœurs lesbiennes et mes frères gays, j'ai découvert que, loin d'être un désavantage, mon homosexualité m'a permis de mieux servir les autres. La communauté gay a été pour moi une grande bénédiction pour laquelle je serai éternellement reconnaissant à Dieu, à mes frères gays et à mes sœurs lesbiennes. Je prie pour que tous les chrétiens homosexuels aient la chance, grâce au ministère des associations spirituelles gays, de voir en leur homosexualité une raison de célébration spirituelle.

Je crois qu'il est important, au point où nous en sommes, de reprendre conscience du fait que notre engagement n'est pas une simple tâche humaine, mais un ministère, un travail de collaboration avec l'esprit de Dieu. Là où s'accomplit une véritable libération humaine, au plan économique pour le tiers-monde, pour les femmes, ou pour les gays, l'esprit de Dieu est à l'œuvre. Aussi ne devons-nous pas être surpris lorsque s'élève une sérieuse clameur contre cette libération, même au sein de l'Église. Car elle suppose souvent une part de crucifixion.

L'impact de la communauté chrétienne gay sur l'Église américaine a été puissant. Il ne fait aucun doute que la plupart des fidèles se rendent mieux compte désormais de l'existence et des difficultés des chrétiens gays, et adoptent envers eux une attitude pastorale plus ouverte que par le passé.

Beaucoup a été accompli et il reste encore beaucoup à faire. L'Église est en train d'apprendre dans le tiers-monde un style de leadership tout à fait nouveau : elle comprend que le pouvoir dans la communauté chrétienne doit se mériter à l'aune des services que l'on rend ; elle ne cherche pas à imposer une autorité hiérarchique, mais plutôt à écouter et à rester en contact avec la communauté chrétienne. Les groupes chrétiens gays ressemblent à ces communautés de base. Elles se sont déjà ouvertes et devraient continuer à s'ouvrir à la possibilité d'un dialogue respectueux avec tout membre de la hiérarchie qui souhaiterait se mettre à leur écoute.

Le don spirituel de discernement

Je voudrais maintenant examiner certains des aspects spirituels de la tâche qui nous incombe. La communauté chrétienne gay fait aujourd'hui face à un grand danger qu'elle ne pourra affronter que si elle sait faire montre de maturité et d'un nouvel approfondissement spirituel. Je crois que celui qui souhaiterait servir de leader au sein de cette communauté doit à tout prix acquérir le don de discernement spirituel.

Permettez-moi de m'expliquer. Un de mes amis jésuites qui avait passé des années sur un lit d'hôpital, incapable d'exercer aucun ministère, récupéra enfin assez de forces pour être à même de vivre dans un séminaire et de servir de père spirituel à la communauté. Après une première période d'enthousiasme, durant laquelle il accomplit de l'excellent travail, les choses commencèrent à aller mal. Il se concentrait sur tout ce qu'il pouvait repérer de négatif chez les jeunes gens dont il s'occupait. Ceux-ci ayant pris conscience de son esprit critique négatif, cessèrent de venir chercher auprès de lui des conseils spirituels. Se tenant un jour à la fenêtre, il observait un groupe de jeunes jésuites en train de converser entre eux pendant la récréation. La cloche sonna pour marquer la fin de la détente, mais les séminaristes poursuivirent leur discussion. Mon ami jésuite se fit immédiatement la réflexion suivante : « Ils se moquent complètement des règles. Ils sont dénués de tout esprit religieux authentique. » Puis, il reçut tout à coup la grâce de s'apercevoir que cette voix critique et négative semblait indépendante de sa volonté, comme s'il en était possédé. Il comprit qu'elle détruisait l'attitude positive et le respect qu'il avait pu éprouver à l'égard de ses étudiants et rendait vains tous les efforts qu'il était capable de déployer pour les aider dans un esprit de respect et d'amour.

Il est une loi fondamentale de la vie spirituelle : passée une période de lune de miel, lorsque tout semble aller de soi dans un climat d'allégresse et de consolation, arrive souvent une période d'épreuves, de nuit de l'âme. Dès lors que nous nous sommes engagés à accomplir l'œuvre de Dieu, nous pouvons nous attendre à des heurts avec les forces du mal et de l'obscurité. Je crois que chaque groupe chrétien gay a connu une période initiale de travail exigeant, de maturation enthousiaste, suivie d'une période plus difficile. Les premiers leaders s'épuisent, les objectifs se font élusifs et peu clairs, naissent des conflits de personnalité, des guerres de pouvoir, des antagonismes entre hommes et femmes, entre ceux qui veulent apaiser l'Église et ceux qui aimeraient mieux l'attaquer de front.

Nous devons, grâce à un processus de discernement collectif, chercher par la prière à connaître la volonté de Dieu. Il nous faut apprendre à cultiver ces idées et ces sentiments qui augmentent notre amour et notre respect pour tous les membres de la communauté gay et pour l'Église. Nous devons prier et résister à la tentation de nous laisser envahir par un esprit négatif et critique qui sape notre volonté de prendre des risques et de nous mettre au service d'autrui.

Discernement et colère

Ainsi que nous l'avons vu au chapitre 5, (voir p. 61) le processus le plus important du discernement collectif s'applique à l'usage créatif et constructif que nous devons faire de la colère contre l'injustice que nous éprouvons de façon bien légitime. A nous, homosexuels chrétiens, de nous efforcer de devenir des critiques affectueux et des amis critiques de l'Église. Apprenons à manier une juste colère contre le manque d'équité qu'on nous inflige, sans nous croire obligés de nous en excuser. Nous devons continuer à énoncer clairement les idéaux que nous défendons. Souvenez-vous que tous les grands prophètes, hommes et femmes, étaient des révoltés qui ont canalisé leur colère dans un combat pour la justice. La nôtre sera entachée de névrose tant que nous souhaiterons et attendrons de la hiérarchie de l'Église ce que celle-ci ne peut ni ne souhaite nous accorder.

Si elle désire que la communauté lesbienne et gay soit saine et dynamique, la communauté chrétienne gay doit nous apprendre à nous centrer sur nous-mêmes de façon constructive pour que nous soyons capables d'assumer la responsabilité, devant Dieu et devant les hommes, des choix qui sont les nôtres et de la vie que nous menons. Nous devons admettre qu'il n'est pas possible de mener notre existence dans le seul but de satisfaire aux attentes des autres. Le principal moyen de nous libérer de notre colère contre nos parents et contre l'Église est de guérir les blessures qu'ils nous ont causées. C'est pourquoi notre communauté doit être d'abord et avant tout thérapeutique. Si nous pouvons cicatriser ces plaies que sont la haine et le rejet de soi, alors nous pourrons nous libérer du courroux maladif que nous éprouvons envers ceux dont nous pensons qu'ils nous ont meurtris.

Il nous faut entreprendre, dans la prière, une réévaluation personnelle de ce dont nous avons hérité au sein de l'Église — héritage largement empreint d'homophobie pernicieuse. Nous devons chercher à savoir quelles sont les valeurs de l'Église que nous continuons à désirer, à respecter et à aimer ; lesquelles sont compatibles avec notre identité et non destructrices de notre dignité en tant que personnes. La prémisse selon laquelle tout ce qui est psychologiquement nocif ne peut être que de la mauvaise théologie reste valable dans le cadre du processus de discernement collectif. Ce dernier rendra ainsi un grand service à l'Église, puisqu'il l'aidera à mieux départager ses traditions purement humaines et destructrices de la parole authentique de Dieu.

La principale leçon que j'ai apprise au bout de vingt années de travail auprès des communautés chrétiennes gays dans tout le pays, c'est que Dieu s'introduit là où existent des failles. L'esprit de Dieu est actif dans des lieux inattendus, dans les espaces pauvres, brisés et humbles. Le pouvoir de Dieu se fait plus puissant en nous lorsque nous confessons notre vulnérabilité, lorsque nous savons prendre des risques et lâcher prise. Reconnaître que nous sommes fragiles, c'est aussi admettre que nous avons besoin de l'aide de Dieu, et c'est ainsi que nous nous ouvrons à la puissance de son amour.

Merci, Seigneur, du don de communauté ! Fais de nous tes instruments de réconciliation afin d'enrayer l'homophobie du sein de ton Église. Amen.

21

Conversion et communauté chrétienne gay

« Mais si l'Esprit vous anime, vous n'êtes pas sous la loi. »

Galates 5:18

En annonçant son nouveau royaume de Dieu, Jésus appela l'humanité au repentir et à la conversion[1]. Se convertir signifie littéralement revenir sur ses pas, s'arrêter pile et repartir le long d'une nouvelle voie. Jésus nous dit que l'humanité s'est trompée de chemin en s'éloignant de Dieu. Ce que la Bible nomme péché, obscurité, aveuglement, lourdeur, sommeil, ou dureté de cœur correspond dans notre vie à un acharnement obstiné à poursuivre nos buts égoïstes.

La Bible illustre parfaitement ce qu'est le mouvement de conversion qui nous fait passer d'un point à un autre. Il s'effectue du péché au salut, des idoles à Dieu, de l'esclavage à la liberté, de l'injustice à l'équité, de la culpabilité au pardon, du sentiment que nous ne sommes pas dignes d'être aimés à

1. Je souhaite dans ce chapitre dire tout ce que je dois au livre de Jim Wallis, *Call to Conversion : Recovering the Gospel for These Times* (San Francisco : Harper and Row, 1983). Jim a fondé à Washington D.C. une association œcuménique du nom de *Sojourners,* communauté qui s'est engagée à vivre les valeurs de l'Evangile de façon radicale. Je sais aujourd'hui que la compréhension de la conversion et de la communauté que Jim a acquise au cours des années passées avec *Sojourners* s'applique parfaitement à ce que nous vivons dans la communauté gay et lesbienne.

l'assurance que nous le sommes, du mensonge à la vérité, de l'obscurité à la lumière, du moi aux autres, de la mort à la vie. La conversion signifie toujours un retour vers Dieu. Nous répondons à Dieu à travers les particularités de notre situation personnelle — sociale, politique et sexuelle. La question qui se pose à nous, membres de la communauté chrétienne gay et lesbienne, est la suivante : « A quel changement d'attitudes et de comportement Dieu nous appelle-t-il ? »

Rappelez-vous le jeune homme riche qui interrogeait Jésus sur ce qu'il devait faire pour entrer dans le royaume des cieux ? Jésus lui répéta les commandements :

« Tu ne tueras pas, ne voleras pas, ne mentiras pas, ne commettras pas l'adultère », et ainsi de suite.

Le jeune homme répondit :

« Tout cela, je l'ai gardé ; que me manque-t-il encore ? »

Le regardant avec amour, Jésus lui dit :

« Va, vends ce que tu possèdes, donne-le aux pauvres, ... puis viens, suis-moi. » (Mt.19:16-22).

Remarquez que les premiers commandements qu'évoque Jésus sont tous négatifs. Ils nous disent ce qu'il ne faut pas faire, mais non ce que Dieu souhaite que nous fassions de positif. Ces commandements sont fondés sur la vertu de justice. Lorsque nous la pratiquons, Jésus peut alors se tourner individuellement vers chacun de nous et nous inviter à communier avec lui, en adoptant une nouvelle forme d'engagement et d'intimité.

Jésus regarde-t-il avec amour la communauté chrétienne gay et nous demande-t-il quelque chose de plus ? Je ne puis répondre à cette question au nom des autres ; chacun d'entre vous doit y trouver la solution en son cœur.

La conversion nous éloigne toujours de l'idolâtrie. Car les idoles exigent de nous une allégeance qui ne revient de droit qu'à Dieu. Refusant de les reconnaître pour ce qu'elles sont, nous nous y accrochons. La peur qui nous cache à la vue de Dieu vient parfois de la crainte que nos idoles nous soient enlevées. Les faux dieux qui exigent aujourd'hui de nous service et fidélité sont les mêmes que ceux que dénonce la Bible : richesse, pouvoir, statut, fierté individuelle, orgueil des nations, sexisme et racisme. La conversion suppose que nous interprétions littéralement le commandement qui nous a été donné d'aimer Dieu par-dessus toute chose.

Disons-le franchement : essayer de vivre selon les valeurs du Christ constitue un renversement radical pour nous tous. Rêves de grandeur, ambition et agression sont en effet des instincts naturels de la personnalité et de la société. La compétition et la jalousie font partie de la plupart de nos rapports. Notre culture approuve régulièrement l'exercice de la violence. L'égoïsme gâche la plupart de nos rencontres. Il me semble que la communauté gay incarne de manière frappante beaucoup de valeurs chrétiennes, plus particulièrement par ses dons d'empathie, de compassion et d'hospitalité et par son renoncement à la violence. Pourtant, la majorité d'entre nous doivent reconnaître honnêtement devant Dieu que nous ne faisons pas toujours entièrement nôtres les valeurs du Christ.

Le rôle de la communauté

Le premier but que se fixa Jésus après avoir annoncé le royaume fut de rassembler une communauté. Du tout premier appel adressé aux disciples à l'inauguration de l'Église à la Pentecôte, l'appel de Dieu à la conversion a toujours été simultanément un appel à l'esprit de communauté. Accompagner Jésus voulait dire partager sa vie et la partager avec d'autres. Ceux qui le suivaient recevaient le don de vivre les uns avec les autres en groupe. Serviteurs de Jésus, ils étaient aussi inextricablement liés entre eux. L'Évangile avait pour but de créer une famille toute neuve au sein de laquelle ceux qui étaient divisés pouvaient devenir frères et sœurs dans le Christ. L'esprit d'amour et de réconciliation connaissait un plein essor dans cette nouvelle communauté. Les gens n'étaient plus catalogués selon qu'ils étaient Juifs ou Gentils, esclaves ou hommes libres, hommes ou femmes, homos ou hétéros. Cette communauté protégeait les faibles, accueillait les étrangers, guérissait ceux qui souffraient, prenait soin des pauvres et des exclus et s'assurait que justice leur était rendue. Tout était partagé, la joie abondait, et les vies ordinaires résonnaient de louanges.

Le but de Dieu dans le Christ est d'établir une nouvelle communauté qui soit l'incarnation vivante du plan de Dieu pour le monde. Le témoignage de tous les chrétiens est supposé manifester et anticiper l'avenir du monde qui s'est réalisé en la personne de Jésus-Christ.

Notre époque d'individualisme et d'isolement a désespérément besoin de partage authentique. Il ne faut pas croire qu'une communauté rassemble seulement ceux qui sont déjà convertis. C'est un lieu où nous nous ouvrons à la possibilité d'une adhésion réelle. C'est en fait le seul environnement où puisse se poursuivre un travail continu de conversion. Une communauté chrétienne n'existe pas pour elle-même, et ne peut servir d'alternative à l'Église. Elle représente plutôt le lieu de passage menant de la captivité au renouvellement, du conformisme à la transformation. Une communauté chrétienne ne peut échapper aux rivalités, conflits, douleurs et angoisses qui ponctuent sa lutte contre les fausses valeurs qui nous entourent et que nous avons parfois adoptées. Mais nous savons également que la communauté peut être l'espace d'une liberté nouvelle, de guérison profonde, de grand amour et de joie où nous pouvons progresser en vérité et sainteté. Une communauté de foi nous permet de résister aux pressions de notre culture et de proclamer un message véritablement neuf. C'est le lieu où notre propre guérison, en tant que lesbiennes et gays, sert de fondement à celle de nos frères gays et de nos sœurs lesbiennes et de la communauté dans son ensemble.

Nous avons raison de blâmer l'Église de n'avoir pas su créer une vraie communauté, particulièrement pour les gays. Plus nous nous identifions à l'Église, et plus vifs sont notre colère et notre sentiment d'avoir été trahis. Mais que notre exaspération ne se change pas en amertume et en revendication vindicatrice. J'ai compris, au long des années, que la plupart des problèmes rencontrés dans l'Église existent aussi dans notre communauté. Nous avons tendance à nous laisser accaparer par le monde, par les aspects négatifs de notre culture, et notre conversion ne progresse que lentement.

Nous pouvons de plus en plus nous reconnaître non seulement dans la force de notre Église, mais aussi dans ses faiblesses et ses écartèlements. Les fondateurs des diverses organisations chrétiennes gays n'ont pas cherché à créer une nouvelle Église ou une autre secte, puisqu'une telle division n'aurait fait que reproduire les échecs des Églises déjà établies. Il nous importe bien plus de parler d'une vision novatrice et d'un espoir nouveau pour l'Église, d'une Église qui sera enfin devenue maison de prière pour *tous*.

Bien que les prophètes bibliques aient adressé des paroles de courroux à l'Église de leur temps, ils parlaient le cœur brisé car ils connaissaient ceux qui en faisaient partie, les aimaient et s'identifiaient à eux. La vision d'une Église fidèle à l'amour de Dieu sous-tendait les remontrances prophétiques. Celles-ci n'étaient pas pleines d'arrogance, de fierté, d'amertume ou de désespoir : elles disaient l'amour et l'espoir pour tous.

L'espoir plonge ses racines dans l'amour, et l'amour parfait ne connaît pas la peur. Notre amour de l'Église devrait abolir la crainte que nous avons d'elle. Il devrait ressembler à celui des enfants gays pour leurs parents dont ils se savent aimés, sans que ceux-ci soient en mesure de comprendre ou d'accepter leur homosexualité. Cette sorte d'amour ne nous prive pas du droit d'éprouver une juste colère.

Nous n'avons pas fini d'élucider, au sein de la communauté chrétienne gay, le sens du mot *aimer*. Dieu nous a beaucoup appris au cours de ces dernières années, adoucissant nos cœurs, nous rendant plus aptes à nous aimer les uns les autres ainsi que toute la création. En tant qu'humains, nous n'avons pu éviter les conflits et les blessures. Nous avons dû nous initier à deux caractéristiques essentielles de l'amour : le pardon et l'esprit d'humilité. Nous avons dû accepter de nous pardonner les uns aux autres et prendre conscience du besoin que nous avons de la clémence. Sans elle, la communauté chrétienne lesbienne et gay n'aurait pas survécu.

Au commencement, nous étions très ambitieux, pensant que

nous allions réformer l'Église et la société gay. Mais ces grandes tâches nous submergeaient parfois parce que nous oubliions de faire attention, entre-temps, aux choses les plus simples, tel que l'apprentissage d'un amour réciproque et du service que nous nous devons les uns aux autres, tout imparfaits que nous soyons. La leçon fondamentale que nous avons retenue, c'est qu'un témoignage public authentique suppose l'existence d'une communauté authentique. Nous devons commencer par pratiquer entre nous l'amour, l'attention à l'autre, l'acceptation, la justice et la paix que nous désirons voir régner dans le monde.

Nous étions nombreux, à l'époque de nos premiers contacts avec la communauté chrétienne gay, à y apporter notre expérience de vide spirituel. Nous y sommes souvent venus avec une attitude passive et immature, tels des enfants attendant d'être nourris. Mais nous avons dû, tôt ou tard, renoncer à la primauté de nos besoins et à nos concepts étroits de ce que signifiait pour nous l'accomplissement de notre être. Nous avons dû mourir à nous-mêmes pour nous fondre dans ce qui est bien plus grand que nous.

Le changement le plus profond et le plus simple qu'une communauté puisse opérer, c'est d'apprendre le sens de l'amour. « Je vous donne un commandement nouveau : aimez-vous les uns les autres, comme je vous ai aimés. » (Jn. 13:34). L'amour nous transforme. Son approfondissement qui nous lie les uns aux autres, à nos frères gays et à nos sœurs lesbiennes, comme à l'Église, apporte la preuve d'une conversion intérieure radicale. Ceux que des années de frustration, de persécution et de découragement avaient endurcis et rendus cyniques se font plus doux. Ceux que tourmentait une crainte paranoïaque peuvent aujourd'hui aller vers les autres avec confiance. Les forts sont capables de prendre conscience de leur faiblesse et de leur vulnérabilité, et les faibles ont trouvé des forces en eux qu'ils ne soupçonnaient pas. La liberté que nous apporte le fait d'être aimé nous permet de découvrir bien des choses par rapport à Dieu, aux autres et à nous.

Et nous avons surtout été éclairés sur la réconciliation. Chacun apportait à la communauté sa personnalité, sa formation, son tempérament, ses traditions spirituelles et politiques et ses histoires personnelles. Nous n'avions en commun que notre désir de réconcilier notre homosexualité et notre foi chrétienne. La seule façon d'y parvenir était de le faire d'abord les uns avec les autres. Cela doit continuer à représenter notre principal engagement, car, sans réconciliation, il ne peut y avoir de vraie communauté d'amour. Cette volonté suppose que nous soyons prêts à faire le nécessaire pour conserver notre amitié à nos frères gays et à nos sœurs lesbiennes. La décision de revoir et de modifier la langue sexiste de la liturgie en est un exemple fondamental.

Lorsque nous rejoignons un groupe chrétien gay, nous y apportons tous nos défauts, nos limitations et nos préjugés. Si ceux-ci rendent nos rapports difficiles et si nous ne cherchons pas à nous réconcilier, alors, nous avons échoué. L'implication est de taille : car ce que nous ne pouvons harmoniser dans notre vie, nous ne pouvons non plus espérer l'harmoniser au sein de l'Église ou de la communauté dans son ensemble. Nous avons compris beaucoup de choses sur le principe de la réconciliation au fil du temps — comment elle s'effectue et ce qu'elle exige de nous du point de vue de l'attention aux autres et des efforts que nous devons investir dans nos relations avec autrui.

C'est la communauté chrétienne lesbienne et gay qui nous a aidés à accepter que nous n'avions plus besoin, en tant que lesbiennes et gays, d'être reconnus et valorisés par une autorité extérieure. L'amour qui nous vient de la communauté nous procure la force intérieure nécessaire qui nous permet de prouver notre valeur et de mener fidèlement notre action dans le monde, en dépit de la condamnation de l'Église et de la société.

Il existe enfin un équilibre vital, dans la communauté chrétienne gay, entre vision et structures de soutien, entre le prophétique et le pastoral. Si elle n'est pas suffisamment soutenue, la communauté s'épuisera assez vite dans la réalisation de sa conception, faute d'avoir su cultiver une vraie solidarité. La communauté qui n'a pas su se forger un grand projet oublie ce à quoi sert l'amour ; mais une vision qui ne s'accompagne pas de structures de soutien peut aussi s'avérer oppressive et destructrice ; elle chargera les gens de fardeaux écrasants et se soldera par l'exténuation de ceux qui les auront portés. Tout groupe chrétien gay a traversé de tels moments. Faute de se sentir épaulés dans l'accomplissement de la tâche qu'ils se sentent appelés à remplir, les leaders d'une communauté ne peuvent la poursuivre tout seuls. De même, à moins qu'une voix prophétique ne nous incite à aller vers les autres et à transformer le monde, le souci d'autrui peut facilement dégénérer et se transformer en une forme de service égocentrique et en un repli sur soi éminemment égoïste.

La plupart des Églises se trouvent tragiquement partagées entre celles qui insistent sur la nécessité de se convertir et d'avoir une vie intérieure, mais qui ont oublié le but que s'était fixé le Christ, notamment la transformation de la société, et celles qui privilégient l'action sociale, en gommant la nécessité de la conversion. Les convertis d'aujourd'hui doivent garder les yeux ouverts sur les dimensions sociales de leur foi, tout comme les militants actuels doivent rester spirituellement ouverts à la notion de conversion. Ce n'est qu'ainsi que nous pourrons guérir nos divisions douloureuses et témoigner de l'amour de Dieu au sein d'une vraie communauté.

La communauté gay a désespérément besoin des dons spéciaux que les groupes religieux gays peuvent lui apporter. Les nombreux homosexuels qui sont encore pétris de haine de soi et qui l'expriment de façon autodestructrice pourraient grandement bénéficier de ressources spirituelles. Combien de gays ont adhéré à l'image « macho » déshumanisée que véhicule notre culture et s'adonnent à une persécution automutilante du côté féminin de leur moi et à une misogynie exacerbée ? Combien de lesbiennes expriment leur colère contre les hommes par le biais d'actions identiques ? Combien d'homosexuels sont uniquement préoccupés de leur propre plaisir et de ce qui leur profite, sans rien faire pour nourrir les affamés ou vêtir ceux qui sont nus ? Combien refusent de participer activement aux grandes questions de justice et de paix de notre époque, même en ce qui concerne les droits des gays ?

Dieu nous appelle aujourd'hui à jouer un rôle historique au nom de la libération des gays. C'est une cause qui mérite qu'on y engage sa vie. Nous avons la promesse que le Saint-Esprit de l'amour nous servira de guide et d'appui dans ce combat.

Dieu tout-puissant, envoie ton Esprit d'amour au sein de notre communauté lesbienne et gay. Aide-nous à réconcilier les différences qui nous opposent les uns aux autres. Remplis-nous des dons de ton Esprit : amour, joie, paix, patience, bonté, confiance, douceur et contrôle de soi. Nous te le demandons par Jésus, notre frère. Amen.

22

L'avenir de la communauté chrétienne gay

« Refusez l'injustice d'où qu'elle vienne. Soyez prêts à dévoiler au grand jour les blessures cachées, cela dusse-t-il vous coûter la vie. »

Mohandas K. Gandhi.

Quels buts doivent encore se fixer aujourd'hui les groupes de chrétiens gays, y compris ceux qui ont tenu à travailler au sein de leur confession ? Chacune de ces associations a connu des difficultés et a bénéficié d'avantages qui lui sont propres, mais de grandes questions d'ordre général continuent encore à les interpeller tous.

Tout groupe chrétien gay doit avant tout s'efforcer de créer une atmosphère propice à l'évolution psychologique et spirituelle de ses membres. Il faudra, dans la plupart des confessions, assurer longtemps encore l'existence de communautés non homophobes. Car les homosexuels ont besoin d'un milieu chaleureux où ils peuvent se raconter, soigner leurs blessures, apprendre à s'accepter, intégrer leur spiritualité à leur sexualité sous le regard de Dieu, et s'inspirer de modèles à suivre sur le plan relationnel. L'appui d'une communauté où puiser le courage d'entreprendre leur combat pour la justice leur est également essentiel.

La question qui se pose à de nombreuses associations est de

savoir jusqu'à quel point elles doivent continuer à travailler prioritairement au sein de leur confession. Les *Lutherans Concerned* (Luthériens engagés) ont, par exemple, publié un document qui s'intitule : « A Call for Dialogue : Gay and Lesbian Christians and the Ministry of the Church » (Invitation à dialoguer : Lesbiennes et gays chrétiens et le ministère de l'Église). Les auteurs de ce document affirment l'avoir rédigé :

> « ... dans un esprit d'engagement envers l'Église que nous n'abandonnerons pas au moment où elle s'efforce de mieux comprendre et de mieux servir ses membres homosexuels. Nous invitons l'Église à dialoguer avec nous. Le groupe des *Lutherans Concerned* offre, dans le cadre de son ministère auprès des individus, des pasteurs et des congrégations, une gamme de ressources très étendue dans les domaines de l'action pastorale et du conseil psychologique, de l'étude et de la discussion théologique »[1].

Il est encourageant de voir que ces Luthériens gays croient encore à la possibilité d'un dialogue fructueux au sein de leur confession.

Le problème auquel se trouvent confrontés *Dignity* et l'Église catholique romaine est d'un tout autre ordre. Le Vatican a fait clairement savoir, dans ses récentes déclarations, qu'il ne souhaite engager aucune discussion sur la question de l'homosexualité. En s'opposant à toute forme de colloque officiel et en interdisant à *Dignity* le droit élémentaire de se réunir dans tout lieu appartenant à l'Église, le Vatican a démontré que l'Église n'acceptera d'aborder ce sujet qu'avec des individus isolés consentant à assister à des liturgies hétérosexistes et prêts à admettre que leurs sentiments érotiques et l'amour qui les lie entre eux sont « un désordre objectif et une inclination au mal ».

1. *A Call for Dialogue : Gay and Lesbian Christians and the Ministry of the Church.* Déclaration faite par les *Lutherans Concerned/North American Task Force on Theology,* octobre 1985.

A son congrès national de Miami en 1987, *Dignity* a refusé de faire marche arrière face à l'opposition de l'Église. L'organisation a confirmé sa conviction qu'il existe des relations homosexuelles dont la valeur morale est évidente. Elle conclut ainsi sa « Pastoral Letter on Sexual Ethics : A Preliminary Study Document », (Lettre pastorale sur l'éthique sexuelle : Étude préliminaire), publiée en 1987 :

> « Nous sommes Ses disciples, nous appartenons au Peuple de Dieu et nous nous réclamons de la tradition catholique. Tout en continuant à nous dire catholiques, nous rejetons respectueusement, et néanmoins fermement, les enseignements des autorités ecclésiastiques concernant l'homosexualité. Nous le faisons, non pas dans un esprit de défi, mais en fonction de ce que nous avons vu et entendu. Nous continuons à explorer les modalités d'expression de notre sexualité de façon responsable du point de vue de l'éthique, en harmonie avec les enseignements du Christ. Nous le faisons en méditant sur notre expérience personnelle et en écoutant ceux qui poursuivent des réflexions semblables. Nous le faisons en priant ensemble et en célébrant la présence du Christ parmi nous dans le Verbe et dans les Sacrements. Nous le faisons en nous laissant guider par l'Esprit du Christ qui nous conduira enfin à la plénitude de la vérité. »

Tous les diocèses n'ont heureusement pas exécuté l'ordre d'expulser *Dignity* que leur avait intimé le Vatican. Et même dans ceux où *Dignity* a été chassé de tout lieu d'Église, les groupes maintiennent leurs réunions dans une église épiscopale ou unitarienne qui les a accueillis, ou dans le foyer régional des lesbiennes et des gays. Ils ne cesseront pas de fonctionner en tant que communautés de pratiquants en exil pour répondre aux attentes de leurs membres et réfléchir aux moyens de convaincre leur Église de dialoguer avec eux. Ils attendent le moment, ou *kairos*, où l'Esprit-Saint touchera de nouveau les cœurs fermés des autorités.

L'évaluation la plus fine que je connaisse du rôle de la communauté chrétienne gay à l'intérieur d'un cadre confessionnel est celle qu'a faite Gary Comstock [1] dans le discours capital, « Aliens in the Promised Land ? » qu'il a prononcé le 5 juillet 1986 devant l'assemblée nationale de la coalition lesbienne et gay de l'Église Unifiée du Christ [2]. Comstock commença son exposé en déclarant qu'il avait le sentiment d'arriver au bout d'une longue période d'efforts motivés par l'espoir de trouver pour lui, comme pour d'autres gays et lesbiennes, une place dans l'Église Unifiée du Christ. « L'Église reste pour moi ce lieu où l'angoisse me saisit à la gorge et où j'ai l'estomac tourneboulé à l'idée qu'on va me rejeter, où je me sens, en un mot, mal dans ma peau ». Et ceci se passait, affirmait Comstock, dans une Église réputée pour sa très grande tolérance à l'égard des lesbiennes et des gays.

Comstock s'inquiétait aussi de l'inaction de son Église dans le domaine de la justice sociale : « Alors que l'Église devrait être l'endroit où les gens se rassemblent pour défendre la justice, il se trouve que la plupart des combats que j'ai menés contre l'oppression des lesbiennes et des gays ont dû se livrer *contre* mon Église et non de concert avec elle ». Comstock fit remarquer que celle-ci était restée silencieuse sur les questions touchant au sida, à la violence homophobe, aux droits civiques, à la décision de la Cour Suprême relative à la sodomie, et qu'une bonne part de l'énergie que les homosexuels auraient dû consacrer au sein de l'Église à la défense de l'équité s'était gaspillée dans des luttes intestines. Il a ajouté qu'en dépit de toutes ses qualifications, ses diplômes, son expérience, les recommandations qu'il avait obtenues, sa confession refusait toujours de l'ordonner. Il avait même rencontré des comités mis en place pour choisir un pasteur pour leur congrégation ; ceux-ci

1. Gary Comstock : leader gay au sein de l'Église Unifiée du Christ, diplômé du Union Theological Seminary (Séminaire protestant) de New York, mais que son Église refuse d'ordonner à cause de son homosexualité.

2. Église Unifiée du Christ ou EUC : confession protestante aux États-Unis, issue de la fusion de l'Église évangélique, de l'Église réformée et du Conseil des Églises chrétiennes congrégationalistes. Cette Église fut constituée lors d'un synode général d'union en 1957. Le synode général, composé de sept cents délégués, est la plus haute instance de l'Église dont les membres conservent leur autonomie de gestion au niveau de chaque communauté.

l'avaient accepté avec enthousiasme jusqu'au jour où il leur avait fait part de son homosexualité.

L'Église, selon Comstock, n'a aucun mal à comprendre que les homosexuels sont des victimes qu'elle doit secourir. Il lui est pourtant très difficile de reconnaître que lesbiennes et gays sont des gens totalement aptes à répondre aux besoins des autres. Avant que les hétérosexuels admettent le fait que les homosexuels possèdent toutes les qualités requises pour contribuer à l'épanouissement et au bonheur de la société dans son ensemble, ils devront changer radicalement l'idée même qu'ils se font du pouvoir et de l'influence des gays. Il faudra qu'ils nous acceptent comme des gens de valeur égale au sein de la communauté religieuse. La plupart des associations ont jusqu'ici refusé de franchir ce pas.

Nombreux sont les lesbiennes et les gays parmi les prêtres, pasteurs et religieux qui ont renoncé à se battre contre leur Église et préféré assumer un travail pastoral sérieux dans des cadres non traditionnels. Ceux qui s'étaient formés en vue d'exercer un ministère, mais que leur séminaire, leur Église ou leur ordre ont rejetés, ou qui ont eux-mêmes décidé de s'en aller servir plus directement les homosexuels, se retrouvent souvent à la tête de programmes pour les homosexuels jeunes ou moins jeunes, de projets pacifistes, de plans ayant trait au sida, d'organisations pour les droits des lesbiennes et des gays et de centres d'aide psychologique. Je connais personnellement de nombreux pasteurs, prêtres et religieux gays à qui le célibat ne posait aucune difficulté, mais qui ont préféré quitter leur confession, parce qu'ils ne pouvaient plus, en bonne conscience, s'identifier à l'homophobie injuste de leur Église. Comstock s'explique ainsi :

> « C'est comme si nous avions créé un ministère (sans l'approbation de notre confession) qui s'avère plus proche de celui dont parlait Jésus au chapitre 25 de l'Évangile de Matthieu. Nous nous sommes fixé comme priorité de répondre aux besoins des miséreux et de libérer les opprimés. Je dirais que nous sommes nombreux à avoir choisi d'exercer notre ministère dans un lieu

où l'Église est vivante, attentive, charitable, ouverte et en plein essor. »

Bon nombre de confessions ont fait des progrès significatifs en ce qui concerne l'accueil et l'intégration des lesbiennes et des gays au sein de la communauté. Les Méthodistes ont, par exemple, des « congrégations de réconciliation » dont le but est de promouvoir leur participation dans la communauté et de « combler le gouffre qui sépare l'Église Méthodiste Unifiée de ses membres homosexuels ». Les Presbytériens ont des communautés de « Meilleure Compréhension » qui s'inspirent de buts similaires. Une déclaration de la Riverside Church de New York a affirmé que lesbiennes et gays sont des membres à part entière de la congrégation.

Beaucoup d'Églises admettent aujourd'hui ouvertement des postulants homosexuels à l'ordination en vue d'un ministère. L'évêque présidant l'Église luthérienne a tout récemment accepté la candidature de trois homosexuels. Toutefois, la notion erronée selon laquelle les Écritures condamnent toute activité sexuelle amoureuse entre deux individus du même sexe a conduit la plupart des Églises, même celles qui acceptent le mariage du clergé, à exiger officiellement que les candidats homosexuels s'engagent à pratiquer le célibat. (Il y a, toutefois, quelques diocèses où sont tolérés les membres du clergé vivant dans des relations ouvertement gays ou lesbiennes). Cette situation oblige, en général, le clergé homosexuel à exister clandestinement, dans l'angoisse perpétuelle d'être découvert et rejeté.

Gary Comstock a terminé le discours qu'il adressait à l'Église Unifiée du Christ, en déclarant qu'il était temps que la communauté spirituelle lesbienne et gay se définisse de façon strictement autonome et renonce au besoin de se savoir approuvée par quelque confession que ce soit :

> « Si l'EUC ne peut se décider à nous ordonner et à considérer notre combat avec le même sérieux que celui avec lequel elle se penche sur les questions de désarmement nucléaire, d'apartheid,

> de la famille, du troisième âge, du racisme, du sexisme et de l'Amérique Centrale, nous devrons alors nous ordonner nous-mêmes, constituer nos propres Églises, et nouer un rapport au monde à partir d'une indépendance nouvelle. »

Comstock est d'avis que la communauté lesbienne et gay est devenue assez forte pour vivre, apprendre et aimer librement, sans devoir attendre la permission et l'approbation d'aucune confession.

> « Alors que s'impose une critique active et continue des pratiques de notre Église, le regard que celle-ci porte sur nous ne doit plus, en revanche, beaucoup nous préoccuper. Si notre confession n'est pas prête à collaborer aux efforts que nous faisons pour libérer les prisonniers de l'hétérosexisme et de l'homophobie, alors peut-être le moment est-il venu de mettre définitivement fin à un rapport qui n'est ni mutuel ni réciproque. Peut-être finiront-ils quand même par nous rejoindre un jour. »

Je ne pense pas, pour ma part, que les groupes chrétiens gays doivent constituer leur propre Église. Je crois, au contraire, qu'en refusant de se couper de leur Église d'origine, ils peuvent continuer à y jouer un rôle d'opposition. Ce avec quoi je suis cependant tout à fait d'accord, c'est que seuls des adultes sains et indépendants prêts à réagir contre leur Église avec force, courage et autonomie, plutôt que de façon faible, infantile, craintive et soumise, peuvent raisonnablement jouer un tel rôle.

La *Metropolitan Community Church* est sans nul doute un modèle remarquable pour la communauté spirituelle gay. Fondée par le révérend Troy Perry pour répondre aux besoins spirituels de cette communauté, la MCC est une des confessions dont le nombre de fidèles augmente le plus rapidement dans tout le pays. Elle compte une association dans chacune des principales villes américaines et représente une communauté chaleureuse, aimante et réconfortante qui accueille toutes les lesbiennes et tous les gays, spécialement, ceux qui ne peuvent plus tolérer l'homophobie des Églises plus traditionnelles.

Les exemples cités dans ce chapitre montrent clairement que

les groupes homosexuels chrétiens sont confrontés à deux défis majeurs. Le premier est de poursuivre la lutte engagée contre l'homophobie des diverses confessions au nom du droit qui est le leur d'y participer pleinement, et de s'y faire accepter en tant qu'homosexuels vivant une relation. Comme le note Rosemary Reuther, nos liturgies à domicile disparaîtront lorsque mourront ceux qui y prennent part, mais tout changement dans les enseignements, la pratique, et les structures de l'Église sera durable pour des générations à venir.

Le second défi consiste à construire une communauté spirituelle qui prenne en compte tous les besoins des lesbiennes et des gays que n'ont pas su remplir les Églises, du fait de leur homophobie. Cette communauté gay et lesbienne doit créer le contexte humain et spirituel où l'homosexuel puisse se sentir libre de dire son identité. Elle devrait aussi reconnaître, ordonner et nommer lesbiennes et gays à leur ministère particulier au sein de ce groupe. Ce type de mission pourrait se baser sur une nouvelle interprétation de la confirmation, telle que celle-ci doit se comprendre dans la communauté gay. On a toujours associé la confirmation à l'âge adulte et à un certain niveau de maturité : l'individu reçoit de Dieu et du groupe les dons de l'Esprit-Saint — patience, courage et force de l'âme — afin d'assumer sa place dans le monde en tant qu'adulte.

La première confirmation eut lieu alors que les apôtres se cachaient encore. Cette expérience eut pour effet immédiat de leur permettre de conjurer leurs craintes et de mener une action courageuse dans le monde. Nous devons trouver la force et la grâce de combattre l'injustice de l'homophobie et de rendre publiques les iniquités invisibles dont souffrent quotidiennement les homosexuels. Il se trouve que nous avons un besoin particulièrement aigu que l'Esprit-Saint répande sur nous ses dons en abondance pour que, nos blessures guéries, nous puissions nous mettre, avec courage et maturité, au service de Dieu et à celui des uns et des autres.

Dieu tout-puissant, notre Père et notre Mère, envoie ton esprit sur la communauté chrétienne gay ! Remplis-nous des dons spéciaux du Saint-Esprit, dons de discernement, courage et maturité, pour que, connaissant ta volonté, nous ayons l'énergie de nous battre sans peur au nom d'une plus grande justice pour nos sœurs lesbiennes et nos frères gays. Aide-nous à interpeller nos Églises de façon critique et charitable à la fois. Remplis-nous surtout de l'esprit d'amour pour que nous puissions nous aimer les uns les autres et aimer ceux qui sont nos ennemis. Nous demandons cette grâce par Jésus-Christ. Amen.

ÉPILOGUE

Fonder une spiritualité de la libération sur l'expérience gay et lesbienne

J'ai voulu, dans ces pages, explorer les dimensions spirituelle et théologique de la libération gay et lesbienne. Gustavo Gutierrez a donné comme titre à son livre sur l'itinéraire spirituel des pauvres de l'Amérique du Sud, une phrase célèbre de saint Bernard de Clairvaux : « Boire à son propre puits ». La spiritualité, écrit Gutierrez, est comme une eau vive jaillissant des profondeurs de l'expérience de la foi. Boire l'eau de son puits équivaut à méditer sur sa rencontre unique et personnelle avec Dieu, hors de toutes opinions abstraites, convictions ou dogmes. Je veux parler de l'expérience intime et originelle que fait la personne de la présence de Dieu dans sa vie, sans que cette expérience soit relayée par la famille ou par l'Église. Je crois en un Dieu qui communique avec nous collectivement et individuellement. Je crois qu'on peut rencontrer Dieu personnellement et que notre foi d'adulte doit se fonder, en tout état de cause, sur une telle rencontre.

Dans les « Règles pour le discernement des esprits » de ses « Exercices Spirituels », Ignace de Loyola affirme que Dieu poursuit sans cesse un dialogue personnel avec ceux qui ont soif de la présence divine et qu'Il nous parle surtout à travers nos sentiments plutôt qu'à travers notre intellect. Si nous avons pris un engagement fondamental envers Dieu, et si nos actions et nos choix sont en accord avec sa volonté, nous serons consolés et nous connaîtrons un profond sentiment de paix, de joie et de confiance, ainsi qu'une foi et une espérance renforcées. Si nous éprouvons de la désolation et de l'agitation, c'est, en revanche, un signe que Dieu emploie pour nous faire comprendre que quelque chose ne va pas. De notre faculté à prendre conscience de ces sentiments, à croire en eux et à leur permettre d'orienter nos options dépend l'évolution de notre vie spirituelle. Il est donc conseillé de pratiquer le discernement sur le plan individuel aussi bien que collectif.

Ce livre se fonde sur un postulat fondamental, notamment que l'expérience que les homosexuels ont de Dieu a un caractère tout à fait unique. Cette conviction s'énonce très clairement dans une récente déclaration théologique des *Lutherans Concerned* :

> « Il est un fait que les homosexuels chrétiens, comme tous les chrétiens fondamentalement touchés par la parole de l'Évangile, peuvent y voir un sens qui se rapporte directement et profondément à leur propre expérience. Lesbiennes et gays oseront proclamer leur nouvelle interprétation de l'Évangile à toute la communauté chrétienne... Ils contribueront de façon significative à l'élaboration d'une nouvelle éthique relationnelle et à un effort évangélique qui attireront à Jésus-Christ et à la foi beaucoup de ceux qui se sentent étrangers ou rejetés, afin qu'ils poursuivent ensemble la réconciliation déjà commencée. »

Ce manifeste fait allusion à deux des nombreux dons que la communauté homosexuelle peut apporter à l'humanité. Le premier a trait à « l'éthique relationnelle ». Car l'éthique procréative du passé est devenue aujourd'hui positivement nuisible. Nous avons plutôt besoin d'une nouvelle compréhension des relations sexuelles fondée sur une morale d'ordre interpersonnel dont le principe de base serait l'égalité des partenaires. Les couples gays ayant été obligés de se construire une telle éthique, l'émergence d'une communauté chrétienne gay à ce moment précis de l'histoire comporte, à mon avis, un aspect providentiel. Le second don que les homosexuels offrent à leur Église est le défi qu'ils lui posent de s'ouvrir à tous les membres de la famille humaine, et surtout à ceux qui sont sexuellement différents.

Au bout de vingt années de ministère en tant que prêtre — et psychothérapeute auprès de milliers d'homosexuels — je suis convaincu qu'une spiritualité unique et vivace est en train de se définir parmi les chrétiens gays. Je pense aussi que celle-ci possède une qualité particulière à cause même de la souffrance qu'ils ont éprouvée à se sentir rejetés et persécutés par leur Église.

Mais, comme l'a souligné John Fortunato, on a peu écrit sur le parcours d'éveil spirituel de la population gay. Les homosexuels ressentent le besoin aigu d'éclairer leur vie et leur expérience à la lumière des Écritures. Nous gagnerions à entendre les récits de ceux qui ont poursuivi l'aventure spirituelle gay avec ses grâces et ses périls spécifiques. Une des tragédies des homosexuels d'antan venait de leur isolement les uns des autres et de l'impossibilité de transmettre une histoire et un héritage aux générations suivantes. Comme l'observe le père Tom Clarke dans un article paru dans le livre, « Tracing the Spirit » (A la trace de l'Esprit) : « Être privé de son histoire est la forme d'oppression la plus impitoyable. Individus, groupes et peuples que la société a spolié de leur histoire distinctive en raison de préjugés de race, de sexe ou de classe, céderont inévitablement à la tentation de désespérer d'eux-mêmes »[1]. Sortir d'un isolement forcé et partager notre expérience avec d'autres gays et lesbiennes est une des priorités de notre quête de libération spirituelle.

L'Église a gravement fait obstacle à la libération spirituelle et à son aspect sain que recherchent les homosexuels. Les efforts qu'a récemment faits la hiérarchie catholique romaine pour exclure *Dignity* de l'Église et isoler ses membres gays les uns des autres, ou encore pour les regrouper et leur inspirer une haine de soi dans des organisations telle que *Courage*, n'en sont que la plus récente illustration.

1. Thomas E. Clarke, S.J., dans *Tracing the Spirit : Communities, Social Action and Theological Reflection.* Textes réunis par James E. Hug (Mahwah, N.J. : Paulist Press, 1983), pp. 18-50.

On retrouve dans la spiritualité gay et lesbienne bon nombre d'aspects de celle dont parle Gutierrez dans « La libération par la foi : boire à son propre puits ». Dans sa préface à la version américaine de ce livre, Henri Nouwen a fait ressortir que les pauvres et les marginaux d'Amérique Latine ont senti que les forces de la mort et de l'oppression ont fait d'eux des étrangers sur leur propre terre : « Ils comprennent plus clairement à quel point ils ont été enchaînés par l'hostilité, la peur et la manipulation, et ils sont graduellement arrivés à cerner la structure pernicieuse dont ils sont les victimes »[1]. Les homosexuels chrétiens sont aussi en train de prendre conscience de la peur, de l'hostilité et des manipulations de type paranoïaque auxquels ils sont soumis ; ils ont commencé à réagir contre les structures nuisibles qui les briment au nom d'une prétendue moralité et de ce qui passe pour la volonté de Dieu. Ils ont fini par voir dans les messages que leur transmettent la société et l'Église comme une source de pollution. « Grâce à la nouvelle conscience qu'ils ont prise d'eux-mêmes », poursuit Nouwen, « les pauvres ont fait irruption dans l'histoire et ont réappris que le Dieu qu'ils ont adoré pendant des siècles n'est pas un Dieu qui les a prédestinés à la pauvreté, mais un Dieu qui veut les libérer des forces de la mort et leur offrir la vie en abondance ». Lesbiennes et gays ont aussi entrepris leur réintégration dans l'histoire ; la nouvelle appréhension qu'ils ont d'eux-mêmes a brisé en eux l'étau de la culpabilité et de la haine de soi.

Une homophobie intériorisée constitue en effet un obstacle majeur à la libération gay. Les attitudes dont sont victimes les homosexuels sont souvent inculquées par la famille et par l'Église dès la plus tendre enfance. C'est un mal qui existe au coeur même de la société hétérosexuelle et dont l'identité de la personne gay peut facilement s'imprégner. La honte et la haine de soi risquent donc de la hanter tout au long de son existence.

L'homophobie a contaminé jusqu'aux paroles mêmes des Écritures. Un exemple frappant en est apparu lorsque l'Église

1. Henri Nouwen in Gustavo Gutierrez, *We Drink from Our Own Wells : The Spiritual Journey of a People,* traduit par Matthew J. O'Connell (New York : Orbis Press, 1984), xvi.

catholique américaine a publié une nouvelle traduction de la Bible dans laquelle un terme très obscur de l'Épître de Paul aux Colossiens, *arsenokoitai*, a été rendu par l'expression « homosexuels actifs » (ce groupe figurant dans la liste des exclus du Royaume des Cieux). Ce terme que Paul a sans doute utilisé pour désigner quelque forme d'amour déshumanisée, autodestructrice et débauchée entre deux hommes a donc été traduit, deux mille ans plus tard, comme s'il avait été volontairement employé pour condamner un rapport sexuel amoureux entre deux personnes du même sexe — situation dont Paul, du fait de son éducation juive très stricte, ignorait peut-être jusqu'à l'existence.

La conséquence en est, ainsi que nous l'avons vu, que le processus d'autolibération aliène les homosexuels de leur famille et de l'Église trop humaine. Je suis, dans l'exercice de mon métier, tout à fait conscient du fait qu'au fur et à mesure que mes patients — lesbiennes et gays — progressent psychologiquement, qu'ils se dégagent de la haine de soi, qu'ils s'acceptent et se revendiquent plus vigoureusement, leur conflit avec la société et avec l'Église s'aggrave.

Dans une communication émanant de la Congrégation pour les Séminaires, le cardinal William Baum conseille aux directeurs de séminaires de n'accepter comme candidats à la prêtrise que ceux dont l'homosexualité est egodystonique [1]. Ce terme figure dans la classification officielle des désordres mentaux de l'American Psychological Society, et implique que l'orientation sexuelle de l'individu est source chez lui d'un conflit tel qu'il entre dans la catégorie des malades mentaux. Le cardinal Baum recommande de refuser tout candidat dont l'homosexualité serait egosyntonique [2] — autrement dit, qui accepterait son homosexualité. Cela revient à dire qu'il n'y a pas de place au sein de l'Église pour les homosexuels psychologiquement sains et équilibrés.

1. Egodystonique : voir note, chapitre 5, p. 70.
2. Egosyntonique : qui possède un tempérament normalement adapté à l'environnement social et interpersonnel. La racine grecque de ce terme signifie « être en harmonie avec ».

L'image plus tonique et plus consciente que lesbiennes et gays ont d'eux-mêmes provoque nécessairement une hostilité extérieure plus vive qui leur rend d'autant plus nécessaire une spiritualité personnelle issue de l'expérience directe qu'ils ont de Dieu. La société et l'Église acceptent volontiers le gay ou la lesbienne qui se déteste ; elles voient, en revanche, dans ceux qui sont fiers de l'être, les « vrais ennemis » qu'il leur faut réduire.

Étant donné toute l'injustice que nous devons encore dénoncer et combattre, les efforts que nous consacrons à l'émancipation gay doivent passer par un combat contre toute autorité oppressive. Ainsi que l'a fait remarquer un certain théologien de la libération, se défaire de toute oppression est une valeur que prône l'Évangile. La liberté chrétienne nous est donnée de l'intérieur par l'esprit du Christ ; à nous de la revendiquer lorsqu'elle ne nous est pas octroyée par quelque diktat extérieur. Écoutant la voix de l'esprit en nous, et celle des opprimés autour de nous, mobilisons-nous pour défendre les droits de la personne à l'égalité.

Rappelons-nous aussi que nous ne pouvons simplement accepter l'aliénation qui nous a été imposée. L'esprit de Dieu exerce son action puissante au sein de nos communautés chrétiennes gays, et nous sommes en train de comprendre que le Dieu que nous adorons ne souhaite pas que nous nous haïssions, mais désire plutôt nous désentraver des forces de la peur et de la mort et nous offrir la vie dans toute sa plénitude, y compris à travers un amour authentique et personnel qui s'exprime dans une communion sexuelle positive. Notre guérison spirituelle ne pourra se faire qu'à l'intérieur d'une communauté de partage. L'Église a toujours tenté d'isoler les gays, et elle continue encore à le faire aujourd'hui. Tous ceux qui se sont engagés dans la lutte pour la libération gay savent quelle importance ont des rapports chaleureux, affectueux et attentifs. Le groupe spirituel gay s'inspire non pas d'un combat politique contre un ennemi commun ou d'un désir de pouvoir, mais bien d'une expérience personnelle de l'amour de Dieu. C'est l'abondance de l'amour de Dieu, se déversant de façon toute particulière sur les homosexuels, qui les rend aptes à créer une communauté de joie, de paix et d'amour vrai pour tous.

Ce que notre expérience nous a aidés à discerner dans les Évangiles, c'est cet extraordinaire sentiment de l'immense richesse de la personne du Christ. Le Christ a transcendé tous les modèles de comportements hétérosexistes de son temps. Nous pouvons donc nous montrer particulièrement sensibles à cette perfection androgyne et nous sentir tout loisir de réaliser la même plénitude dans notre vie. La spiritualité gay se fonde réellement sur celle de Jésus qui appelait à l'amour universel : « Ma maison s'appellera maison de prière pour tous les peuples. » (Is. 56:7). Les homosexuels possèdent une fabuleuse liberté d'aimer et de donner, même dans une société qui les persécute et les traite avec haine, méfiance et incompréhension. La spiritualité gay suppose une remarquable faculté à mettre en pratique ce commandement qui est, aux yeux de bien des gens, le plus difficile de tous : Aimez vos ennemis ; faites du bien à ceux qui vous haïssent.

Elle est, par sa nature même, très dynamique ; c'est en effet un des nouveaux mouvements qu'inspire le Saint-Esprit à la famille humaine. Seule une oreille bien formée par les Écritures saura toutefois le percevoir. Une discussion constante doit se poursuivre entre la « sagesse ancienne » des Écritures et de la tradition et la « sagesse nouvelle » acquise dans l'expérience quotidienne concrète du peuple homosexuel de Dieu. Celui-ci ayant fait l'objet d'injustices flagrantes et de condamnations moralisatrices, le propos risque souvent de dégénérer en confrontation. Ce dialogue supposera que l'Église, comme la société, aient l'humilité de reconnaître qu'une tradition religieuse longue de deux mille ans a effectivement comporté des structures nocives et condamnables.

La profondeur et l'étendue de notre combat sont délicats à concevoir. C'est avant tout une lutte pour la liberté d'aimer ; pour renverser tous les obstacles à l'amour et à l'intimité. Loin de concerner les seuls homosexuels, cette victoire sera, en fait, celle de l'humanité tout entière. Chacun pourra grandir sans que ses désirs sexuels et la nécessité de les réprimer ou de les nier ne provoquent chez lui la terrible angoisse qu'ont éprouvée des générations d'homosexuels.

La spiritualité gay est intimement liée à la vertu de confiance. Notre action vise d'abord à renforcer la confiance que nous avons en nous, à croire ce que Dieu nous dit directement à travers notre expérience, à nous voir comme des personnes douées de dignité divine et de responsabilité, à considérer notre homosexualité comme une bénédiction plutôt qu'une malédiction. Apprenons à célébrer notre existence gay.

Je voudrais, pour conclure, résumer en quelques mots le sens qu'ont eu pour moi les vingt dernières années que j'ai passées à travailler avec la communauté homosexuelle. Ce livre est le fruit de ma quête personnelle de libération — celle d'un homme blessé cherchant à en guérir d'autres. Je n'avais, au départ, que mes meurtrissures à apporter à mes frères et soeurs : haine de moi, culpabilité, colère et peur. C'est en partageant ma douleur profonde que je m'en suis peu à peu délivré. Ma libération a débouché sur une nouvelle faculté d'aimer, sur le renoncement à la commisération sur soi, au cynisme et au désespoir ; j'ai pu dès lors me consacrer joyeusement au travail du royaume de Dieu et juger mon homosexualité comme une bénédiction. Deo Gratias, Dieu soit loué. Et un profond merci à vous tous, lesbiennes et homosexuels, qui m'ont fait l'honneur de partager avec moi, de façon très approfondie, votre itinéraire personnel de détresse et de tristesse, d'espoir et de joie.

POSTFACE

« DAVID & JONATHAN », comme bien des communautés chrétiennes, des théologiens, des chercheurs, est solidaire de John J. McNeill, exclu d'enseignement dans toute structure gérée par l'Église catholique.

Nous sommes tout autant solidaires du grand nombre de chercheurs, enseignants ou responsables en Église, qui, aujourd'hui, sont interdits d'écrire ou d'enseigner.

Toute institution qui refuse la contestation, le dialogue, la recherche, se sclérose. Nous sommes d'autant plus solidaires que le refus d'une fraction de la hiérarchie catholique d'écouter la vie de femmes et d'hommes telle qu'elle est, et non telle qu'elle voudrait idéalement qu'elle fût, nous choque. Dieu s'incarne d'abord dans nos réalités, nos vécus, et non dans nos utopies, nos rêves, nos règles. Nous sommes tout à fait d'accord pour qu'il y ait des règles, une éthique, des balises qui conduisent plus aisément à Dieu, mais nous ne comprenons pas que l'homme soit suspecté, contraint, enfermé au nom de principes pour le juger coupable, l'asservir dans sa dignité, le pousser dans la spirale de l'autodestruction, voire de la mort (refus de l'usage du préservatif).

John J. McNeill parle de son vécu d'homosexuel, de croyant, de prêtre. Il y a trouvé Dieu et il affirme que nombre de ses sœurs et frères homosexuels témoignent eux aussi de leur foi, de leur rencontre de Dieu dans leur réalité d'homosexuel.

Nous voudrions ajouter à ce témoignage celui de notre association. Ce sont vingt ans de croissance pendant lesquels nous avons permis à des femmes et des hommes de se redresser, de vivre debout, intégrés dans la vie sociale et professionnelle et, pour bon nombre d'entre eux, participants dans leur Église. Nous rejoignons en cela d'autres associations semblables en France, en Europe, d'autres communautés « d'hommes et de femmes de Dieu », lieux d'espoir, de lumière, de vie, de dialogue, d'interrogation mutuelle exigeante.

Vingt ans pendant lesquels nous avons développé l'écoute, l'accueil, l'interrogation mutuelle, la responsabilité, la gestion démocratique pour permettre à chacun de prendre mieux sa place dans la société.

L'enquête que nous avons menée auprès de nos adhérents, financée par l'AFLS (Agence Française de Lutte contre le Sida) et conduite par un chercheur du CNRS pour protéger au mieux l'objectivité et la rigueur, a mis notamment en lumière deux convictions des interviewés :
— celle d'avoir toujours été homosexuel(le), un état de fait ;
— celle d'une foi en Christ (pour les croyants) nullement perturbée par le fait d'être homosexuel ou lesbienne.

Imagine-t-on le temps et l'énergie consacrés pour s'assumer par la plupart de ces interviewés ? Construire son identité sociale n'est pas chose simple quand la société, les Églises vous renvoient encore l'image d'anormalité. Ce passage long et douloureux a été écourté pour ceux-là qui ont été accueillis, écoutés, y compris par des prêtres, afin qu'ils trouvent plus vite un équilibre, souvent consolidé par une relation amoureuse durable.

Mais « DAVID & JONATHAN » n'est pas la seule structure confessionnelle homosexuelle. Le CCL (« Centre du Christ

Libérateur »), puis la MCC (« Metropolitan Community Church ») se sont surtout tournés vers nos amis protestants, le « Beit Haverim » vers nos amis juifs. Au-delà de la France, une trentaine d'associations confessionnelles, réunies en fédération européenne, se retrouvent chaque année depuis douze ans.

Loin d'être un « microcosme », les croyants homosexuels s'organisent, partagent dans un dialogue large avec des groupes de croyants de bonne volonté, avec des non-croyants... Nous nous voulons partie prenante de notre siècle et le dialogue concerne plus largement bon nombre de problèmes de notre société. Nous pouvons les aborder, les enrichir et prendre part, à notre place, au dialogue social, conscients que notre sensibilité ne peut plus être vécue comme une faiblesse, mais comme une force et une richesse à mettre au service de l'autre, des autres.

« DAVID & JONATHAN » s'investit notamment dans quatre directions :

• La juste place de la sexualité, du corps, de l'affectivité, place trop souvent reléguée au dernier rang par les Églises. La sexualité est, à notre sens, une composante fondamentale pour l'accomplissement de chacun, pour l'édification de notre société tant pour les homosexuels que pour les hétérosexuels, tant pour les clercs que pour les « laïcs », au-delà de la seule réduction génétique. Nous avons déjà mis en place un partage entre couples homosexuels et hétérosexuels. Nous appelons à poursuivre cette recherche, ce partage.

• Le rapport à l'autorité : nous croyons que les hommes et les femmes sont capables de construire ensemble leur destin, de le bâtir, entre autres, dans le cadre de l'institution Église, non dans un rapport infantile à l'autorité mais dans une attitude d'adultes.

• La parole aux non-croyants : un tiers des membres de « DAVID & JONATHAN » n'est pas croyant mais adhère à notre approche philosophique et spirituelle. Nos amis non-croyants sont demandeurs d'une parole propre. Nous entendons faire émerger cette parole.

• Le sida : le décès d'un grand nombre d'amis chers, la demande d'associations non confessionnelles accompagnant des malades, nous provoquent à « enfanter » une parole qui dise le vrai sens de la vie et de la mort, celui de la Résurrection. Une fois encore, des chrétiens s'affrontent avec nous à ce défi. Ce 1er décembre au soir, avaient lieu des veillées de prière à Paris et en province, organisées par « Chrétiens et Sida », pour les personnes décédées, malades, séropositives, pour leurs familles et leurs amis. Telle infirmière, tel malade, telle mère ayant perdu son fils, tel chanteur, tel prêtre ont dit avec émotion, ont crié, ont confié leur peine, leur lutte, leur foi. Avec toutes ces personnes et ces communautés, nous continuerons à lutter, à partager, à dialoguer. Le sida bouleverse ; il est aussi révélateur et nous pousse, plus que jamais, à une exigence de sens que nous ne devons pas fuir.

Paris, le 1er décembre 1992

DAVID & JONATHAN

ADRESSES UTILES

ASSOCIATIONS HOMOSEXUELLES CONFESSIONNELLES FRANCOPHONES

France :

• *David & Jonathan,* mouvement homosexuel chrétien
Siège social : 92 bis, rue de Picpus, 75012 Paris
Tél. : (1) 43.42.09.49

David & Jonathan est aussi implanté à :

• Aix-en-Provence :
BP 323
13611 Aix-en-Provence Cedex

• Angers :
BP 5101
49052 Angers Cedex

• Auxerre :
BP 394
89006 Auxerre Cedex

• Avignon :
BP 181
84009 Avignon Cedex

• Bordeaux :
BP 1
33036 Bordeaux Cedex

• Bourges :
BP 3013
18027 Bourges Cedex

- Clermont-Ferrand :
BP 154
63406 Chamalières
Tél. : 73.31.24.58
- Grenoble :
BP 521
38011 Grenoble Cedex 01
Tél. : 76.48.93.71
- Laval :
BP 107
53001 Laval Cedex
- Le Mans :
BP 341
72008 Le Mans Cedex
- Lille :
BP 332
59026 Lille Cedex
- Lisieux :
BP 657
14107 Lisieux Cedex
- Lyon :
BP 2055
69603 Villeurbanne Cedex
- Marseille :
BP 2010
13201 Marseille Cedex
Tél. : 91.91.06.18
- Mulhouse :
BP 2014
68058 Mulhouse Cedex
- Nantes :
BP 935
44075 Nantes Cedex 03
- Nice-Côte d'Azur :
BP en cours (voir note 1 p. 303.)

• Orléans :
BP 46
45390 Puiseaux Cedex

• Paris-Ile-de-France
Voir le siège social

• Rennes :
BP 3905
35039 Rennes Cedex

• Rouen :
BP 561
76006 Rouen Cedex

• Saint-Etienne
BP en cours[1]

• Strasbourg
BP 197
67028 Strasbourg Cedex

• Toulon :
BP 5135
83003 Toulon Cedex

• Toulouse :
BP en cours[1]

• *Centre de l'Esprit Libérateur.* MCC (Metropolitan Community Church) 32, rue Berzélius, 75017 Paris

• *Beit-Haverim :* (Association homosexuelle d'obédience juive) BP 375, 75526 Paris Cedex 11

Belgique :

• « *La Communauté* » (Association chrétienne)
BP 104, B 1000 Bruxelles 1.

1. Pour les BP en cours, s'adresser au Secrétariat national de David & Jonathan, 92 bis, rue de Picpus, 75012 Paris.

Suisse :

• *Groupe* « *C + H* » (Chrétiens homosexuels)
C/o Dialogai, 57, avenue Wendt
Case postale 27 - 1211 Genève

MAISONS DES HOMOSEXUALITES

• Paris :
25, rue Michel-le-Comte, Escalier A, 3e étage
75003 Paris
Tél. : (1) 42.77.72.77

• Lyon :
C/o ARIS, 16 rue Saint-Polycarpe
69001 Lyon
Tél. : 78.27.10.10

• Tours :
22B, avenue Gramont
37000 Tours
Tél. : 47.20.08.99

S.O.S. ECOUTE GAY (S.O.S. PARIS)

Du lundi au vendredi de 18 heures à 22 heures
Tél. : (1) 48.06.19.11

TABLE DES MATIÈRES

Cet ouvrage
a été composé
par l'Imprimerie BUSSIÈRE
et imprimé
sur presse CAMERON
dans les ateliers de la S.E.P.C.
à Saint-Amand-Montrond (Cher)
en février 1993

Illustration de couverture :
Jean Delville : L'École de Platon (1898).
Musée d'Orsay (Giraudon Paris).

Nº d'éditeur : 1287. Nº d'impression : 321-254
Dépôt légal : mars 1993
Imprimé en France

ISBN : 2 85018 388 1